Tercüme

Ayşegül Özdemir

Tashih

Polen Yayınları

Sayfa Düzeni

Polen Yayınları

Kapak Tasarımı

Ramazan Erkut

Baskı

Alioğlu Matbaacılık

Orta Mah. Fatin Rüştü Sok. No: 1-3/a
Bayrampaşa / İSTANBUL   Tel: 0212 612 95 59

Cilt

Alioğlu Matbaacılık

Orta Mah. Fatin Rüştü Sok. No: 1-3/a
Bayrampaşa / İSTANBUL   Tel: 0212 612 95 59

ISBN
978-625-7948-06-7

Mayıs 2020

KARINCA & POLEN YAYINLARI

(Karınca & Polen Yayınları
"Billbao Tekstil Yayıncılık Sanayi ve Tic. Ltd. Şti" kuruluşudur)

Adres ve Telefon

Yakuplu Merkez Mah. 31. Sk. No: 12A
Beylikdüzü / İSTANBUL

(0 212) 875 65 14 - 0532 356 47 44

www.karincakitap.net
karincakitap@hotmail.com

4 Büyük Halife

Hz. Ömer

(radıyallâhu anh)

MAHMÛD EL-MISRÎ

İÇİNDEKİLER

GİRİŞ

Tüm övgüler Yüce Allah'a mahsustur. O'na hamdeder, O'ndan yardım ister, O'ndan bağışlanma dileriz. Nefislerimizin şerrinden ve amellerimizin kötülüklerinden Allah'a sığınırız. Allah (c.c.) kimi doğru yola iletirse o doğru yolu bulmuştur. Kimi saptırırsa ona yol gösterecek bir dost bulamazsın.

Şehadet ederiz ki Allah'tan başka hiç bir ilah yoktur, O tektir ve hiçbir ortağı yoktur. mülk sadece O'nundur, hamd ancak O'na mahsustur. Diriltir, öldürür ve O her şeye kadirdir. Hikmetiyle kaderleri belirlemiş, dilemesiyle zamanı çizmiş, hayatı kural ve nizamına uygun biçimde yürütmüştür. Allah müşriklerin eş koştuklarından münezzehtir.

Yine şehadet ederiz ki efendimiz, nebimiz ve imamımız Muhammed Allah'ın kulu ve elçisidir. O'nu -Peygamberlere ara verildiği bir zamanda-, gözler fırladıktan, akıl ve anlayışlar şaştıktan, insanlar iyice saptıktan sonra, tüm dinlere galip yapmak için hidayet ve hak dinle göndermiştir. O da mesajı ulaştırmış, emaneti eda etmiş ve ölüm gelene kadar Allah yolunda var gücüyle cihad etmiştir. Bizi, gecesi gündüz gibi olan ve ancak helak olmuş ve sapmış kişinin sapacağı beyaz, net bir yol üzere bırakmıştır. Allah'ın hesap gününe kadar devam edecek salat ve selamı; O'nun (sallallâhu aleyhi ve sellem), pak âlinin ve tüm ashabının üzerine olsun.

İmdi...

Bu emaneti O'ndan (sallallâhu aleyhi ve sellem) sonra raşid halifeler, Ebû Bekir, Ömer, Osman ve Ali taşıdı. Allah hepsinden razı olsun.

Her birinin, yaşadığı ve içinde bulunduğu farklı koşul ve olaylara göre- ki bu otuz yıl sürdü- farklılık arz eden bir rolü ve görevi ifa ediş tarzı vardı. Bu dönem, bazen devletin temellerinin ve fethin sağlamlaştırılması şeklinde, bazen ise, hala nefislerde etkisini gösteren kabilecilik/ırkçılık/hizipçilik kalıntılarının harekete geçirdiği "yönetim üzerindeki kavgalar" şeklinde tezahür eden bir hareketlilik ve canlılıkla doluydu.

Ayrıca İslâm ümmeti ve devleti ömrünün yirmilerinin sonlarından itibaren Yahudi'nin İslâm'a yönelik hile ve entrikalarına düçar olmuştu.

Buna rağmen, ortaya hakikatle çıkan bir taife mutlaka oluyor ve bunlar gevşeklik göstermiyor, ihmâlkarlık yapmıyorlardı. İşleri güçleri söz ve kılıçla cihaddı ve kendilerini Allah'a adamışlardı. Bunlar ilim ve amellerinde düzgün metod ve doğru yol üzere gitmeye devam ettiler. Merkezi yönetim ve hükümet muhitinde ses getiren bu kimseler sağa sola ve dört bir yana koşuyor, Allah'ın sancağını ve dinini yayıyor, gücünü kökleştiriyor; putçuluk ve şirkle ezilen halklardan cehalet körlüğünü, Allah'tan başkasına kulluk sarhoşluğunu kaldırıyorlardı.

Raşid halifelerden her birinin hayatını başından sonuna, müslüman olmasından, Rasûlullah'la arkadaşlığına, mesuliyet yüklendiği günlere kadar araştırdığımızda onların çektikleri sıkıntıları daha iyi anlıyoruz! Çünkü onların hiçbiri -Allah hepsinden razı olsun- o bilindik lüks yaşam, keyfi liderlik, saltanatın nimetleri, yönetimin sertliği, insanlar ve halklar üzerinde hakimiyetin zorbalığı içinde keyif sürmüyordu. Bilakis onlar gerçekten ve fiili birer örnek ve önderdiler! Hatta en zenginleri olan Hz. Osman (radıyallâhu anh), devletin düzenlemelerindeki ve yönetim şeklindeki gelişmelere rağmen, geçmiş hayatını (tüccar ve çok zengindi) hilafet sonrasına taşımamıştı.

Kendime ve değerli okuyucuya üç halifenin, Ömer, Osman ve Ali'nin hayatının noktalanış biçimini hatırlatmak istiyorum. Üçü de -üstelik bunların ikisi Allah'ın evinde- şehid oldu.

Hz. Ömer Rasûlullah'ın (sallallâhu aleyhi ve sellem) mescidinde, mihrapta ve bir mecusinin eliyle...

Hz. Osman (radıyallâhu anh) evinde, Allah'ın Kitabı'nı okurken, bir Yahudi olan İbn Sebe'nin teşvikiyle, bir, hatta iki sapığın eliyle.

Hz. Ali (radıyallâhu anh) da, yine mescidde ve Kur'an ayı Ramazan'da. İbn Sebe'nin ektiği fitne tohumunun bitirdiği şâibeli bir ağaç olan Harîcîlerden Abdurrahman b. Mülcem isimli Haricînin eliyle!

Bu kitabımızda şahısların, hatta onların -Allah hepsinden razı olsun- eliyle yetişen bir ümmetin hayatını ele aldık. Allah sabırlarının karşılığında onlara cennet ve türlü nimetler versin!

Allah'tan muvaffak kılınmış olmayı niyaz ediyorum. Bir eksiklik varsa bendendir.

Allah'a temiz bir kalple gelen dışında, hiçbir malın ve oğulların fayda vermeyeceği günde, alemlerin rabbinin hoşnutluğundan başka hiçbir ücret istemiyorum.

Duamızın sonu şudur: Hamd alemlerin rabbi Allah'a mahsustur.

MUHAMMED ÜMMETİNİN FAZİLETLERİ

Bizi diğer tüm insanlara tercih eden, en muhteşem marifet kadehiyle bizi sulayan, nebimizi insanları yönetip yönlendiren en üstün nebi kılan Allah'ı tesbih ederiz. O, Peygamberi bu ümmetin en faziletlisi kılıp bizi de yüce bir hedefe sahip olmakla nimetlendirdiği için şöyle buyurdu: *"Siz insanlar için çıkarılmış en hayırlı ümmetsiniz. İyiliği emreder, kötülükten nehyeder ve Allah'a iman edersiniz."* (Âl-i İmran: 110)

Biz bir risaleti insanlara ulaştırmak için var olan bir ümmetiz. Bu nedenle, bu risaletten vazgeçmemiz asla mümkün değildir. Allah İslâm ümmetini, diğer tüm ümmetler Allah'ın tüm beşeriyet için seçmiş olduğu yönde yürüsünler diye onlara yollarını aydınlatmak için var etmiştir.

Allah, *"Onlar dini yalnızca ona has kılan hanifler olarak Allah'a kulluk etmekten, namazı kılmaktan ve zekatı vermekten başka bir şeyle emrolunmadılar. Dosdoğru din işte budur"* (Beyyine: 5) âyetinde belirtildiği üzere geçmiş ümmetleri kendi içlerinde istikamet üzere olmakla yükümlü tutarken, İslâm ümmetine iki önemli şeyle yükümlü tutmuştur:

1- Allah'a kulluk etme yükümlülüğü: *"Allah'a ibadet edin ve O'na hiçbir şeyi ortak koşmayın."* (en-Nisa: 36)

2- Tüm beşeriyete yol gösteren ve tüm beşeriyete tanıklık eden bir ümmet olma yükümlülüğü: *"Böylece sizi insanlar hakkında şahitler olasınız ve Rasûl de sizin hakkınızda şahit olsun diye vasat bir ümmet kıldık."* (el-Bakara: 143) İşte bu müslüman ümmetin hayırlılığında gizli olan sır da budur: *"Siz insanlar için çıkarılmış en hayırlı ümmetsiniz. İyiliği emreder, kötülükten nehyeder ve Allah'a iman edersiniz."* (Âl-i İmran: 110)

Said el-Hudri'den rivayet edildiğine göre Nebi (sallallâhu aleyhi ve sellem) şöyle demiştir: *"Nuh kıyamet günü çağırılır ve 'Buyur ya Rabbi' der. Allah 'Tebliğ ettin mi?' diye sorar, o 'Evet' karşılığını verir. Ardından onun ümmetine 'Size tebliğ etti mi?' diye sorulur ve onlar 'Bize herhangi bir uyarıcı gelmedi' derler. Bu kez Nuh'a 'Sana kim şahitlik eder?' diye sorulur, o 'Muhammed ve ümmeti' der. Siz de onun halkına tebliğ ettiğine şahitlik edersiniz. İşte o zaman Rasûl de size şahit olur. Bu Allah'u Teâlâ'nın şu sözüdür: "Böylece sizi insanlar hakkında şahitler olasınız ve Rasûl de sizin hakkınızda şahit olsun diye vasat bir ümmet kıldık."* [1]

Ubey ibn Kab'ın (radıyallâhu anh) bu âyet hakkında şöyle dediği aktarılmıştır: *'Şahitler olasınız diye.'* Onlar kıyamet gününde şahitlerdirler. Nuh'un kavmine, Hûd'un kavmine, Salih'in kavmine, Şuayb'ın kavmine ve başkalarına, Peygamberleri onlara risaleti ulaştırdı ve onlar da Peygamberlerini yalanladılar, diye şahitlik ederler.

Ebu'l-Âliye (radıyallâhu anh) şöyle der: Bu Ubey'in kıraatine uygundur. O şöyle okur: "Kıyamet günü insanlar hakkında şahitler olasınız diye."

Cabir'in (radıyallâhu anh) Nebi'den (sallallâhu aleyhi ve sellem) rivayetinde o şöyle der: *"Başka ümmetlere mensup olup da bizden olmayı istemeyen hiç kimse yoktur, ey ümmet. Kavmi*

---

1 Buhârî tahric etmiştir, hd.no:4487, Kitabu't-Tefsir, "Böylece Sizi Vasat Bir Ümmet Kıldık..." Babı.

kendisini yalanlayan her nebinin bizler kıyamet günü şahitleriyizdir. Allah'ın risaletini kendilerine ulaştırdığı ve onlara öğüt verdiğine dair tanıklık ederiz." [2]

Hatta Nebi (sallallâhu aleyhi ve sellem) şöyle der: *"Sizler Allah'ın yeryüzündeki şahitlerisiniz, melekler ise O'nun gökteki şahitleridirler."* [3]

Daha sahâbenin faziletlerinden bahsetmeden, işte size Peygamber'in ümmetinin faziletlerinden bir demet:

"Sizinle ümmetler yetmişe tamamlanır.[4] Siz Allah yanında onların en hayırlısı ve en şereflisisiniz." [5]

"Ümmetim yağmur gibidir; başı mı hayırlıdır sonu mu hayırlıdır, bilinmez."[6]

"Ümmetim kendisine rahmet edilmiş bir ümmettir. Bu yüzden de ona ahirette azab yoktur. Onun azabı dünyada fitneler, zelzeleler, öldürülme ve belalar iledir." [7]

"Allah kulları arasından bir ümmete rahmet etmek isteyince, onlar hayatta iken nebilerini alır ve onu kendilerine selef kılar. Bir ümmeti helak etmek isteyince de, nebileri daha ha-

---

2   Hafız İbn Hacer Fethu'l-Bari'de şöyle der: Bu hadisi İbn Ebi Hâtim ceyyid bir senetle Ebû'l-Âliye-Ubey İbn Ka'b tarıkıyla tahric eder.

3   Taberani, Seleme ibnu'l-Ekva'dan rivayet eder. Elbani 'Sahihu'l-Cami'de bu hadisin sahih olduğunu söyler (1490)

4   Buradaki sayı sınırlama maksadıyla değil çokluk bildirme maksadıyla söylenmiş de olabilir. O zaman mana "Siz gelmiş geçmiş pek çok ümmetin en sonuncususunuz" olur. (çev.)

5   Ahmed, Tirmizi ve İbn Mace Muaviye ibn Hayde'den rivayet etmişlerdir. Elbani 'Sahihu'l-Cami'de hadisin sahih olduğunu söyler (2301).

6   Ahmed ve Tirmizi Enes'ten rivayet etmişler, Elbani 'Sahihu'l-Cami'de hadisin sahih olduğunu söylemiştir (5854).

7   Ebu Davud, Taberani (el-Kebir'de) ve Hakim Ebe Musa'dan rivayet etmişlerdir. Bkz: Sahihu'l-Cami: 1396.

yatta iken onlara azab eder ve onun gözleri önünde onları helak eder ki, kendisini yalanladıkları ve emrine karşı çıktıkları için, onların helakıyla o nebinin gözünü aydın etsin." [8]

Allah'ın bu ümmete nasip olan rahmetleri bunun da ötesindedir ve başka bir ümmete nasip olmamış rahmetlerdir.

"Allah, onunla amel etmedikleri ya da onu dile getirmedikleri sürece, ümmetimin kalbine gelen vesveseleri ve kendilerine ikrah altında yaptırılan şeyleri bağışlamıştır." [9]

"Allah'u Teâlâ ümmetimi sapıklık üzere birleşmekten korumuştur." [10]

"Allah'u Teâlâ bu ümmete her yüzyılın başında, dinlerini yenileyecek birini gönderir." [11]

"Üç özellikle diğer insanlardan üstün kılındık: Saflarımız meleklerin safları gibi kılındı, tüm yeryüzü bize mescit kılındı, Bakara suresinin sonundaki şu âyetler bana Arş'ın altındaki hazineden verildi. Bunlar benden önce bir başka nebiye verilmemiştir." [12]

"Ganimetler sizden önce hiçbir insanoğluna helal kılınmadı. Eskiden onlar toplanır ve gökten üzerlerine bir ateş inerek onları yok ederdi." [13]

---

8 Müslim Ebû Musa'dan tahric etmiştir. Bkz: Sahihu'l-Cami: 1729.

9 İbn Mace ve Beyhaki Ebû Hureyre'den rivayet etmişler, Elbani ise hadisin sahih olduğunu belirtmiştir. Bkz: Sahihu'l-Cami: 1729.

10 İbn Ebi Âsım Enes'ten rivayet etmiştir. Elbani ise hasen olduğunu söylemiştir. Bkz: Sahihu'l-Cami: 1786

11 Ebu Davud, Beyhaki el-Marife'de Ebû Hureyre'den rivayet etmişlerdir. Elbani sahih olduğunu söyler. Bkz: age: 1874.

12 Müslim, Ahmed ve Nesai Huzeyfe'den rivayet ederler. Bkz: Sahihu'l-Cami: 4223.

13 Tirmizi Ebû Hureyre'den rivayet etmiştir. Elbani hadisin sahih olduğunu söyler. Bkz: age: 5196.

Bu mübarek ümmetin ömürlerinin kısalığından dolayı Hâlık celle celaluhu ecirlerini, diğer ümmetlerin ecirlerini katlayarak vermiştir.

"Diğer ümmetlere nazaran sizin varlık süreniz, ikindi namazı ile akşam güneşin batımı arasındaki süre gibidir. Sizin Yahudiler ve Hristiyanlara göre durumunuz ise şöyledir: Kendisine işçiler tutan bir adam düşünün. O önce 'Hanginiz sabah güneşin doğumundan gündüzün ortasına kadar bir kırata çalışır?' diye sorduğunda Yahudiler bunu kabul ederek çalışırlar. Adam 'Kim gündüzün ortasından ikindiye bir kırata kadar çalışır?' diye sorunca, bu kez Hristiyanlar kabul edip çalışırlar. Sonra 'Kim ikindiden güneş batıncaya kadar iki kırata çalışır' diye sorunca bunu kabul edip çalışanlar da sizsiniz.

Yahudilerle Hristiyanlar buna kızarlar ve '(Rabbimiz) Neden biz daha çok çalışıp da daha az ücret alıyoruz?' diye sorarlar. Bunun üzerine (Rab Teala), 'Ben sizin hakkınızı vermeyerek zulmettim mi?' diye sorar. Onlar 'Hayır' deyince, 'Bu benim ihsanımdır, onu dilediğime veririm.' der." [14]

"Müslümanların Yahudiler ve Hristiyanlarla olan misali şuna benzer: Bir adam kendisi için geceye kadar ücret karşılığı çalışmaları için bir grup insanı tutar. Onlar ise gün ortasına kadar çalıştıktan sonra şöyle derler: 'Bize vermeyi vaat ettiğin ücretine bizim ihtiyacımız yok, şu ana kadar çalıştığımızın karşılığını da istemiyoruz.' O ise onlara 'Yapmayın, geriye kalan işi tamamlayın ve ücretinizi de tam olarak alın' dese de dinlemez ve bırakıp giderler. Adam da bunun ardından kendisine başka işçiler tutar ve şöyle der: 'Günün geriye kalanında çalışın, onlar için belirlediğim ücret sizin olsun.' Onlar da ikindi

---

14 Buhârî, Ahmed, Malik ve Tirmizi İbn Ömer'den rivayet ederler. Bkz: Sahihu'l-Cami: 2315.

vaktine kadar çalışırlar ve derler ki: 'Çalıştığımız senin olsun, bize vereceğin ücret de sende kalsın.' Adam onlara 'Geriye kalan işi tamamlayın, günün bitmesine çok az kaldı' der, ama onlar dinlemeyip giderler. Adam da günün geriye kalan kısmında çalışmaları için başka bir grup işçi tutar. Onlar da günün geriye kalan vaktinde, güneş batana kadar çalışır ve her iki grup işçinin ücretini alırlar. Onlarla bu nuru (İslâm'ı) kabul edenin örneği işte budur." [15]

Ahir zamanda İsa (aleyhisselam) yeryüzüne tekrar indiğinde, Nebi'nin (sallallâhu aleyhi ve sellem) ümmetinden birinin arkasında namaz kılar. Bu da bu mübarek ümmeti bir tür onurlandırmadır.

Nitekim Rasûlullah (sallallâhu aleyhi ve sellem) şöyle der: *"İsa ibn Meryem'in, arkasında namaz kılacağı kimse bizdendir."* [16]

Nebi (sallallâhu aleyhi ve sellem) ümmetini ve onların kıyamet günündeki durumlarını, hesaplarının nasıl olacağını vasfetmiş ve onların cennet ehlinin en çoğu olacaklarını belirtmiştir:

"Ümmetim kıyamet günü çağrılır ve üzerilerindeki abdest izlerinden dolayı pırıl pırıl parlar bir halde gelirler." [17]

"Bizler ümmetlerin en sonuncusu ama hesaba ilk çekilecek olanlarız. Denir ki: 'Nerede ümmi olan ümmet ve onların Nebisi?' Bizler hem sonuncular hem de ilkleriz." [18]

"Ümmetimden yetmiş bin ya da yedi yüz bin kişi cennete girer. Birbirlerine yapışmış ve el ele tutuşmuş haldedirler; son-

15   Buhârî Ebû Musa'dan rivayet eder. Bkz: Sahihu'l-Cami, 2852.
16   Ebu Nuaym "el-Mehdi" adlı kitabında Ebû Said'den rivayet eder. Elbani Sahih olduğunu söyler. Bkz: age: 6749.
17   Buhârî ve Müslim Ebû Hureyre'den rivayet etmişlerdir.
18   İbn Mace İbn Abbas'tan rivayet eder. Elbani sahih olduğunu söyler. Bkz: age: 6749.

dakiler girmeden baştakiler girmezler. Yüzleri ayın dolunay gecesindeki hali gibidir." [19]

"Ümmetimden yetmiş bin kişinin cennete hesapsız girmesi bana nasip edildi. Yüzleri ayın dolunay gecesindeki hali gibi, kalpleri tek bir kalp gibidir. Rabbimden bana bunu artırmasını istedim, O da her bir kişi için yetmiş bin daha artırdı." [20]

Bir başka rivayette ise şöyledir: *"Rabbim bana ümmetimden yetmiş bin kişinin hesapsız ve hiçbir azaba uğramadan cennete gireceklerini vaat etti. Her binin yanında yetmiş bin daha ve Rabbimin avucuyla üç avuç[21] daha girer."* [22]

"Diğer ümmetlere mensup insanların kimi cehennemdedir kimi cennette. Benim ümmetimin ise tamamı cennettedir." [23]

Yani tevhid üzere ölen herkesin, -Mutezile'nin inandığının aksine- büyük günah sahibi olsa bile sonunda varacağı yer cennettir. Mutezile ise büyük günah sahibinin cehennemde ebedi kalacağını savunur. Nebi (sallallahu aleyhi ve selem) bu nedenle "benim ümmetim" demiştir. Zira bilindiği gibi müşrik ya da mürted olan onun ümmetinden değildir.

"Cennet ehli yüz yirmi saftır. Bunun seksen safını bu ümmet, geriye kalan kırk safını diğer ümmetler oluşturur." [24]

---

19 Buhârî ve Müslim Sehl ibn Sad'dan rivayet ederler.
20 Ahmed Ebû Bekir'den rivayet eder. Elbani sahih olduğunu söyler. Bkz: age: 1057.
21 Tirmizi şerhinde burada geçen "hasiyye" kelimesi "insanın iki avucuyla, ölçmeden ve tartmadan, bir kerede verdiği şey" olarak açıklanır. İfade "Kıyamet günü gökler onun sağ elinde dürülüdür" âyeti gibidir. Bkz: es-Sindî, Şerhu Suneni İbn Mace, hd.no: 4276 (çev.)
22 Ahmed, Tirmizi, İbn Hıbban Ebû Umame'den rivayet ederler. Elbani sahih olduğunu söyler. Bkz: age: 7111.
23 Hatîb el-Bağdadi İbn Ömer'den rivayet eder. Elbani sahih olduğunu söyler. Bkz: age: 5693.
24 Ahmed, Tirmizi, İbn Mace Bureyde'den rivayet etmişlerdir. Elbani sahih olduğunu söyler: bkz: age:2526.

Keşke bizler de sahâbe kadar İslâm nimetinin değerinin farkında olmuş olsak. Onlar bu değeri bildiler ve tüm dünyaya sahip oldukları gibi, Allah onları tüm yeryüzünde aziz de kıldı.

Hâlık celle celaluhu bizi bu nimeti fark etmeye ve onda sabit kalıp o nimet üzere ölmeye çağırıyor: *"Ey iman edenler, Allah'tan hakkıyla korkun ve ancak müslüman olarak can verin."* (Âl-i İmran: 102)

Nesiller boyunca sahip olduk dünyaya,

Boyun eğdirdik ona, hep yüce kalacaklar olarak.

Nurdan sayfalar yazdık tarihe,

Ne, zaman unuttu geçmişi, ne de biz...

Bizi ezmek isteyen olursa tuğyanla,

Biz onun alnını ezerdik;

Hidayetle dolup taşardı kalplerimiz,

Göz yummazdık zulme hiçbir zaman.

Yeryüzünde öyle bir mülk kurduk ki,

Desteği gayretli gençlerdi,

Öyle gençler ki, yüceye giden yolları çiğnediler

İslâm'dan başka bir din bilmediler.

O din onları yetiştirdi hoş bir bitki gibi,

Böylece hoş bir hayat sürdüler dünyada.

Savaşta yiğitlerdi onlar,

Sığınaklar, kaleler duramazdı önlerinde.

Gece çöktüğünde göremezdin onları

Rablerine secde hali dışında...

İşte İslâm böyle bir topluluk çıkardı,

Muhlis, özgür ve güvenilir gençlerden,

Ve ona öğretti şeref nasıl elde edilir,

Tutsaklıktan ve alçaklıktan nasıl uzak durulur.

İşte zaman böyle ilerledi

Şerefli bir topluluk daha geldi geçti

Ve görülmez oldu ortalıkta kavmim

İçlerinden nice önderler gelip geçtikten sonra.

Bana ve her özgüre acı verir oldu

Zamanın "Müslümanlar nerede?" sorusu...

Acaba geçmiş geri gelir mi?

Hasretten içinde eriyeyim diye...

Bana yalancı ümitlerden bahsetmesin kimse

Ben onları hayallerden ibaret görüyorum.

Bana imandan bir nur getirin

Ve iki yanımdan beni yakinle destekleyin

Ellerimi uzatayım ve dağları yerinden sökeyim

Sonra şerefi oturtayım yerine.[25]

Bize ihsan ettiği İslâm nimeti için Allah'a hamdolsun.

---

25 Dîvanu Haşim er-Rufai, Salâhu'l-Ümmet'ten naklen: 3/497-498.

ÖMER İBNU'L-HATTÂB

(RADIYALLÂHU ANH)

Benden sonra nebi gelecek olsaydı, bu Ömer ibnu'l-Hattâb olurdu.

Hz. Muhammed (sallallâhu aleyhi ve sellem)

Meclislerin onun anılmasıyla güzellik kazandığı "Faruk" lakaplı sahâbî. Şu söz onu ifade eder: "Kim Allah'tan korkarsa, Allah da her şeyin ondan korkmasını sağlar." Çünkü karşılık amelin cinsindendir.

O Kur'an'ı dinlerken bayılır ve baygın halde evine taşınırdı. Allah korkusundan başka bir rahatsızlığı olmaksızın günlerce hasta yatardı.

Çok ağlamaktan gözyaşları yüzünde iki çizgi bırakmıştı.[26]

Herkesin Müslüman olduğunu gizlediği günde bunu açıkça söyleyendir o.

O elinde her imkân varken yamalı elbiseyle gezen bir insandır.

Kendisini görünce şeytanın yolunu değiştirdiği kişidir o.

Allah'ın kitabından hiç şaşmayan, O'nun yolunda cihad edendir.

---

26   Dr. Seyyin Huseyn, el-Cezau Min Cinsi'l-Amel.

Tek başına ayakta durandır.

Adaletten bahsedilecekse, gerçek adil odur.

İnsanlar uyusunlar diye sabahlayan, insanlar doysunlar diye aç durandır o.

O, Müslümanların büyüklerini baba, orta yaşlılarını kardeş, küçüklerini evlat bilirdi ve babasına saygı gösterir, kardeşini sever, oğluna merhamet ederdi.

Allah yolunda kınayanın kınamasından korkmayandı.

O acı da olsa hakkı söylerdi her zaman.

O bir şairden Müslümanların ırzlarını üç bin dirheme satın alandır. Nitekim o şair şöyle demiştir:

Tüm sözleri aldın elimden ve bırakmadın

Ne bir zarar veren yergi, ne bir fayda veren medih.

Cimriye söz söylemekten de men ettin beni

Ve korkmaz oldu benim yergimden, ürkmez oldu.

O, zalimlerin tahtlarını sarsan, kisraların, kayserlerin kalelerini titreten "Faruk" udur ümmetin. Zorbalar, müstekbirler O'nun adaleti karşısında eğilmiş, onun dalgalanan adalet sancağı ve başarılı fetihleri karşısında zulüm ağları parçalanıp yıkılmış, Rumların burnu sürtülmüş, Farsların azametleri yıkılmış, Allah'ın gazabını üzerine çekenler (Yahudiler) Arap Yarımadası'ndan çıkarılmışlardır. O, onları küçülmüş ve alçalmış olarak buradan çıkarmıştır.

O âlim bir zahit, gayretli bir abid ve Allah'tan korkan bir kuldur.

O Ömer ibnu'l-Hattâb'dır, tarihin satırlarını aydınlatan nur, zamanın alnındaki ışık, tek kişinin kimliğine sığmış bir ümmet, yiğit bir önder, fitneleri öldürüp sünnetleri dirilten şahsiyet...[27]

Ömer İbnu'l-Hattâb Kimdir?

O sadelikte büyüklüğü, kuvvette sadeliği, adalet ve merhamette kuvveti temsil eden şahsiyettir.

O Arap Yarımadasının doğurduğu, İslâm'ın eğittiği adam... O zahitti ve vera sahibiydi. Onun zühdü hareket, zeka ve amel doğuruyordu. O pek çok hayat anlayışını doğrultan, ona kendi ahlakından ve davranışlarından azamet ve huşu katan muallimdi, üstattı. O muttakilerin imamıydı.

O tüm insanlık için eskimeyen bir örnektir. O, dünyayı kapısının eşiğinde, tüm zenginlikleriyle birlikte diz çöktüren sonra da onu güzelce serbest bırakan, onu cömertçe insanlara dağıtan, onun tüm güzelliklerini insanlara sunan, tüm kötülüklerini onlardan uzaklaştıran bir kraldır.

O bu geçici metadan elini çektikten sonra da yoluna devam etmiş, ya yakıcı öğle sıcağında sadaka mallarıyla yüklü bir devenin ardında o malları kollamak üzere yollara düşmüş yahut doğum sancıları çeken kimsesiz bir kadına ya da açlık çeken çocuklara yemek pişirmek üzere gecenin karanlığında bir tencerenin başına geçmiştir.

O, Kur'an'ın çeşitli kereler görüşünü onayladığı kişidir.

Onun Müslüman oluşu fetih, hicreti zafer, hilafeti adaletti.

O, ümmetin Faruk'u Ömer ibnu'l-Hattâb'dır.

Gerçek şu ki, böylesine saf ve böylesine muttaki birine yaklaşmak, insanın isteyeceği bir şey olduğu kadar, ürkütücüdür de. Ömer ibnu'l-Hattâb heybetiyle karşısındakini etkisi

---

27 Ali el-Karni, Suverun ve İber (Konuşma kaydı).

altına alan bir insandı. Onun hayatını okumak da onun müte-vazı şahsiyetiyle aynı mekânda bulunmak kadar etkileyicidir. Dolayısıyla, onun tarihini yazan satırlar da neredeyse onun gerçeğinden farksızdır. Sadece onu bu esnada bizzat gözleri-mizle görmemekteyiz o kadar.

Evet, onu sadece gözlerimizle göremiyoruz. Kalplerimize gelince, Ömer'in hayatını okurken onunla yaşıyormuş, onunla oturup kalkıyormuş gibidir. Kalplerimiz onun yüce amellerini, kahramanlıklarını, zamanın alnına nakşettiği zaferleri bizzat görüyor gibidir. O ümmetin Faruku Ömer ibnu'l-Hattâb'dır.[28]

Künyesi Ebû Hafs'tır. Ona bu künyeyi Rasûlullah vermiş-tir.

İbn Hacer Fethu'l-Bari'de[29] şöyle der: İbn İshak'ın es-Sîresinde (sonradan) Nebi'nin onu bu şekilde künyelediği ge-çer. Nitekim onun en büyük çocuğu Hafsa idi.

Zübeyr şöyle der: Ömer ibnu'l-Hattâb Kureyş'in en şe-reflilerindendi. Cahiliyede "Sifara" [30] görevi ona aitti. Kureyş başkalarıyla aralarında bir savaş çıktığında bir elçi gönderirler-di. Kendilerine karşı mufaharada[31] bulunan olursa ona da bu elçiyi gönderirlerdi.

Siyer âlimlerinin belirttiklerine göre Ömer ibnu'l-Hattâb Rasûlullah'la (sallallâhu aleyhi ve sellem) birlikte Bedir'de, Uhud'da, Hendek'te ve Rıdvan Biatında, hayber Savaşı'nda, Mekke'nin

---

28 Eimmetu'l-Huda ve Mesabihu'd-Duca, Muhammed Hassan, Avd el-Cezzar, s: 229-230.
29 7/35.
30 Elçilik.
31 Cahiliye döneminde kabilelerin birbirlerine karşı, sahip oldukları me-ziyetlerle, üstün ahlakla ya da kabilelerine mensup üstün şahsiyetlerle övünmeleri. (çev.)

fethinde, Huneyn'de ve başka savaşlarda bulunmuştur. Kafirlere karşı insanların en serti idi. Nebi (sallallâhu aleyhi ve sellem) onu pek çok yerde övmüş ve göğsüne pek çok şeref madalyası takmıştır.

Ömer'in Müslüman Olmasına Nebi'nin (sallallâhu aleyhi ve sellem) Duası Sebep Olmuştur

Ömer'in (radıyallâhu anh) Müslüman oluşuyla ilgili pek çok rivayet aktarılır. Bunların çoğu zayıf rivayetlerdir. Bunlardan birisi de onun kız kardeşi ve onun eşi Said ibn Zeyd'in yanına girmesinden bahseden rivayettir. Yine Kur'an'ı Kâbe'nin perdesi arkasında Nebi'den dinlemesinden bahseden rivayet bunlardandır.

Allah en iyisini bilir, onun Müslüman olmasının asıl nedeni Nebi'nin kendisi hakkında yapmış olduğu duadır. Nebi (sallallahu aleyhi ve sellem) şöyle diyerek dua etmişti: *"Allah'ım, İslâm'ı şu iki kişiden, Ebû Cehil ibn Hişam'la Ömer ibn Hattâb'dan hangisini daha çok seviyorsan onunla güçlendir."* Şöyle der: *"Bu ikisinden en çok sevdiği Ömer'miş."* [32]

İmam Buhârî onun Müslüman oluşuyla ilgili bir başka sebep aktarır:

Abdullah ibn Ömer şöyle der: Ömer'in bir şey hakkında "Bunun şöyle olduğunu zannediyorum" deyip de o şeyin onun zannettiği gibi çıkmadığını hiç görmedim. Bir keresinde o otururken yanından güzel bir adam geçti ve Ömer "Ya ben yanılıyorum, ya da bu adam cahiliyedeki dini üzere yahut onların kâhini" dedi.

---

32 Tirmizi, Menakib, 3682; Elbani Sahihu't-Tirmizi'de sahih olduğunu belirtir (2907).

Adamı çağırmalarını istedi. Adam gelince ne düşündüğünü ona söyledi. Bunun üzerine adam "Benim bugün karşılaştığım şeyle bir Müslüman hiç karşılaşmamıştır" dedi.

Ömer "Bana söylemelisin" dedi. Bunun üzerine adam "Cahiliye'de onların kâhinleri idim" dedi.

Ömer "Cininin sana getirdiklerinin en ilginci neydi?" diye sordu. Adam şöyle cevap verdi: "Bir keresinde ben çarşıdayken dehşet içinde bana geldi ve (kendisini kastederek) 'Şu cinin (bilgi hırsızlığından) nasıl vazgeçip ümitsizliğe düştüğünü, deveye ve sırtındaki örtüye nasıl sarıldığını gördün mü?' dedi."

Ömer "Doğru söyledi, bir keresinde ben onların ilahlarının yanında uyurken bir adam yanında bir buzağıyla gelerek onu kurban etti. O esnada öyle bir bağırtı duyuldu ki, bundan daha yüksek bir ses duymamıştım. Şöyle diyordu: 'Ey arsız inkârcı, işte doğru bir haber, işte apaçık konuşan ve la ilahe illallah diyen bir adam.' Oradakiler yerlerinden sıçradılar. Ben 'Bunun aslını öğrenene kadar uğraşacağım' dedim. Sonra tekrar, 'Ey arsız inkârcı, işte doğru bir haber, işte apaçık konuşan ve la ilahe illallah diyen bir adam' diye seslendi." [33]

Hafız İbn Hacer Fethu'l-Bari'de şöyle demekte: Musannıf bu olayı "Ömer'in Müslüman Oluşu" babında aktarmakla, Âişe ve Talha'dan gelen ve bu olayın onun İslâm'a girme sebebi olduğunu bildiren rivayetlere göndermede bulunmaktadır.

Ebu Nuaym ed-Delail'de, Ebû Cehl'in Muhammed'i öldürene yüz deve vaat ettiğini söyler. Bunun üzerine Ömer şöyle der: "Dedim ki, 'Ey Ebû'l-Hakem, bunu gerçekten vere-

---

33 Buhârî, Menakibu'l-Ensar, 3866.

cek misin?' O 'Evet' dedi. Ben de kılıcımı kuşanıp onu öldürmek üzere çıktım. Yolda insanların kesmek üzere oldukları bir buzağıya rastladım. Dikilip onlara bakarken buzağının boğazından bir bağırtı duyuldu, şöyle diyordu: 'Ey Âlu Zerîh[34], işte doğru bir haber, işte apaçık dille seslenen bir adam.'

Kendi kendime, 'Bu olayın hedefi benden başkası olamaz' dedim. Ardından kız kardeşimin evine girdim. Kocası Said ibn Zeyd de oradaydı..." Aşağıda bizim de aktaracağımız bu hikayeyi onun Müslüman oluş sebebi olarak sonuna kadar zikreder.

Sonra şöyle der: Onun (Buhârî'nin) bir sonraki (beşinci hadis[35]) Said ibn Zeyd hadisini aktarmasının bu kıssayla ilgisine dikkat et...[36]

Onun Müslüman Oluş Sebebiyle İlgili Meşhur Rivayetler

Onun Müslüman oluş hikâyesini içeren rivayetler ve bunların sıhhat dereceleri:

İbn İshak Ümmü Abdullah binti Ebi Hasme'den şu rivayeti aktarır:

Vallahi biz Habeşistan'a gitmek için hazırlanıyorduk. Anıır (yani eşi) ihtiyacımız olan bazı şeyler için dışarı çıkmıştı. O sırada Ömer ibnu'l-Hattâb geldi ve karşımda durdu. O henüz şirk üzereydi ve biz ondan eziyet ve şiddet görüyorduk.

---

34 O bölgede oturan kabile.

35 Kays ibn Ebi Hazim'den. Şöyle der: Said ibn Zeyd'in şöyle dediğini duydum: "Ömer Müslüman olduğum için beni nasıl da bağlamıştı..." (Buhârî, Menakibu'l-Ensar, 3867)

36 El-Bidaye ve'n-Niyahe, 3/78 (Eimmetu'l-Huda Mesabihu'd-Duca'dan naklen).

Bana "Görülen o ki yolculuk var ey Ümmü Abdullah" dedi. Ben de "Evet, Allah'a ait yeryüzünün başka bir yerine gitmek üzere çıkıyoruz. Bize onca eziyet ettiniz, baskı yaptınız, sonunda Allah bir çıkış yolu gösterdi" dedim. Cevaben "Allah sizinle olsun" dedi. Bu onda daha önce görmediğim bir incelikti. Bunu söyledi ve dönüp gitti. Bizim ayrıldığımızı görmek onu üzmüştü. Biraz sonra Amir ihtiyaçlarımızı almış gelince ona "Ey Ebû Abdullah, biraz önce Ömer'in hassasiyetini ve bizim durumumuza üzülüşünü bir görseydin" dedim. O da bana "Onun Müslüman olacağını mı ümit ediyorsun?" dedi. Ben "Evet" deyince, "Benim bildiğim Ömer'se, Hattâb'ın eşeği Müslüman olur da o yine Müslüman olmaz" dedi. O, onun Müslümanlara yönelik kabalığını ve katılığını gördüğü için hakkında böyle ümitsizdi.[37]

İbn İshak şöyle der: Bana ulaştığı kadarıyla Ömer'in İslâm'a girişi şöyle olmuştur: Onun kız kardeşi Fatıma binti Hattâb, Said ibn Zeyd ibn Amr ibn Nufeyl ile evliydi. Kendisi ve eşi Said ibn Zeyd Müslüman olmuşlardı ve Müslümanlıklarını Ömer'den gizlemekteydiler. Yine onun kabilesinden ve Beni Udey ibn Ka'b'dan olan Nuaym ibn Abdullah en-Nahham da Müslüman olmuştu. O da kavminden olan korkusundan dolayı Müslümanlığını gizlemekteydi. Habab ibn Eret kendisine Kur'an okutmak için Fatıma binti Hattâb'ın yanına sık sık gidiyordu. Ömer bir gün kılıcını kuşanarak çıktı. Hedefi Rasûlullah ve onunla birlikte olan bir grup sahâbeydi. Onların Safa tepesi yanındaki bir evde toplandıkları söylenmişti kendisine. Sayıları, kadınlı erkekli olmak üzere kırk kişiye yakındı.

---

37 İsnadı zayıftır. Senedinde Abdurrahman ibnu'l-Haris vardır. Saduktur ama vehim sahibidir. Hafız ibn Hacer bunu et-Takrib'de söyler. Ahmed ise hadisinin metruk olduğunu belirtir. Ebû Hatim, şeyhtir, der. Nesai kavi olmadığını söyler. Bkz: Zehebi, el-Mizan, 2/554.

Rasûlullah'ın yanında amcası Hamza ibn Abdulmuttalib, Ebû Bekir ibn Ebi Kuhafe (es-Sıddık) ve Ali ibn Ebi Talib de vardı (Allah hepsinden razı olsun). Bunlar Rasûlullah'la birlikte Mekke'de kalıp Habeşistan'a hicret etmeyenler arasındaydı. Yolda Nuaym ibn Abdullah'la karşılaştı. Nuaym kendisine "Nereye böyle ey Ömer?" diye sorunca "Dininden dönen, Kureyş'i bölen, onların akıllarını küçümseyen, dinlerini ayıplayan ve ilahlarına hakaret eden Muhammed'i bulup öldürmeye" dedi. Bunun üzerine Nuaym, "Vallahi sen kendini tehlikeye atıyorsun ey Ömer, bunu yaptığın takdirde Beni Abdi Menaf'ın seni hayatta bırakacaklarını mı sanıyorsun! Hem de öncelikle ailene dönüp onlarla ilgilensen daha iyi olmaz mı?" dedi. Bunu duyan Ömer "Ailemden kim?" diye sordu. O da "Enişten, amcanın oğlu Said ibn Zeyd ibn Amr ve kardeşin Fatıma bintu'l-Hattâb. Vallahi onlar da Müslüman oldular ve Muhammed'e dininde tabi oldular. Öncelikle onlarla ilgilenmen gerekir" dedi. Bunun üzerine Ömer kız kardeşi ve eniştesinin yanına gitmek üzere döndü. Yanlarında Habbab ibn Eret ve beraberinde de âyetlerin yazılı olduğu bir sayfa vardı. Sayfada Ta Ha suresi vardı ve onu ikisine okutuyordu. Ömer'in geldiğini fark edince Habbab onlara ait küçük bir odaya yahut evin herhangi bir yerine saklandı. Fatıma bintu'l-Hattâb da sayfayı alıp dizinin altına koydu. Ömer eve yaklaşınca Habbab'ın onlara Kur'an okuyuşunu duymuştu. Eve girince, "O duyduğum mırıltılar neydi?" diye sordu. Onlar da "Hiçbir şey" diye cevapladılar. Ömer "Hayır, vallahi sizin Muhammed'in dinine girdiğinizi duydum" diyerek eniştesinin üzerine yürüdü. Bunun üzerine kardeşi Fatıma Bintu'l-Hattâb onu eşinden uzaklaştırmak için araya girince ona vurarak başını yardı. O bunu yapınca kardeşi ve eniştesi "Evet, biz Müslüman olduk Allah'a ve onun elçisine iman ettik, istediğini yap" dediler. Kardeşini kanlar içinde gören Ömer yaptığına pişman olarak saldırmaktan vazgeçti. Kardeşine "Bana az önce okuduğunuzu işittiğim sayfayı ver de Muhammed'in getirdiği şey neymiş bir bakayım" dedi. Ömer okuma yazma bilirdi. O böyle deyince, kardeşi "Ona bir şey yaparsın diye korkarız" dedi. Bunun üzerine Ömer "Korkma" diyerek okuduktan sonra onları kendisine iade edeceğine dair bir de ilahları üzerine yemin etti. O böyle konuşunca kardeşi Müslüman olabileceği konusunda ümitlendi ve "Ey kardeşim, sen şirk üzeresin ve bundan dolayı necissin, bu âyetlere ise ancak temiz olan dokunabilir" dedi. Bunun üzerine Ömer kalkıp yıkandı, kardeşi de sayfayı kendisine verdi. Üzerinde Ta Ha suresinden âyetler yazılıydı. Ondan biraz okuyunca "Bu sözler ne kadar güzel, ne kadar şerefli sözler!" dedi. Bunu duyan Habbab saklandığı yerden çıkarak ona "Ey Ömer, vallahi ben Allah'ın, Nebi'sinin duası sonucunda seni seçmiş olmasını ümit ediyorum. Çünkü dün onun 'Allah'ım, İslâm'ı ya Ebi'l-Hakem ibn Hişam'la ya da Ömer ibnu'l-Hattâb'la destekle' diye dua ettiğini duydum" dedi. Ömer bunu duyunca ona "Bana Muhammed'in yerini söyle ey Habbab, yanına gidip Müslüman olmak istiyorum" dedi. Habbab ona "Kendisi Safa yakınlarında bir evde. Yanında da bir grup arkadaşı var" dedi. Ömer kılıcını taktı sonra Rasûlullah'a gitmek üzere çıktı. Oraya varıp kapıyı çaldı. Onun sesini duyunca Rasûlullah'ın ashabından birisi kalkarak kapı deliğinden baktı ve onun kılıcını kuşanmış olduğunu gördü. Endişeli bir vaziyette Rasûlullah'ın yanına dönerek "Ey Allah'ın Rasûlü, gelen Ömer ibnu'l-Hattâb. Kılıcını kuşanmış vaziyette" dedi. Bunu duyan Hamza ibn Abdulmuttalib "Ona izin ver, hayır için gelmişse, istediğini ona veririz, şer için gelmişse kılıcıyla onu öldürürüz" dedi. Rasûlullah da *"Onu içeri al"* dedi. Adam onu içeri alınca Rasûlullah onu odada karşıladı. İzarının yan tarafını ya da ridasının birleştiği yeri tutarak şiddetle çekti ve *"Seni buraya ne getirdi ey İbnu'l-Hattâb? Vallahi Allah başına bir felaket indirene dek yaptıklarından vazgeçmeyeceksin"* dedi. Ömer ise "Ya Rasûlallah, Allah'a, Rasûlü'ne ve Allah katından getirdiğine iman etmek için geldim" dedi. Bunu duyan Rasûlullah tekbir getirince evdekiler Ömer'in Müslüman olduğunu anladılar.[38]

Rasûlullah'ın ashabı toplantı yerinden dağıldılar. Hamza'dan sonra Ömer de Müslüman olunca daha bir güç kazanmışlardı. Artık ikisinin Rasûlullah'ı (sallallâhu aleyhi ve sellem) koruyacağını ve onlar sayesinde düşmanlarından intikam alabileceklerini biliyorlardı.

İbn İshak şöyle der: Abdullah ibn Necih el-Mekki'nin bana Atâ, Mücahit ve başkalarından aktardığına göre, Ömer'in Müslüman oluşundan şu şekilde bahsedilir: Ömer şöyle derdi: Ben İslâm'a karşı soğuktum. Cahiliyede içkiyi sever ve içerdim. Ömer ibn Abdullah ibn İmran el-Mahzumi'nin ailesine ait evlerin yanındaki küçük bir tepede Kureyşlilerin toplandıkları bir meclisimiz vardı. Bir gece meclis arkadaşlarımın yanına gitmek üzere çıktım, ancak oraya vardığımda kimseyi bulamadım. Ben de kendi kendime bari falan kişiye gideyim dedim. Bu kişi Mekke'de içki satardı. Belki onda içki vardır, ben de alır içerim, dedim. Sonra çıkıp onun bulunduğu yere gittim ama onu da bulamadım. Bunun üzerine, öyleyse Kâbe'ye gidip onu yedi kez ya da yetmiş kez tavaf edeyim, dedim. Böylece Kâbe'yi tavaf etmek üzere mescide gittim. Oraya varınca

---

38 Beyhaki, ed-Delail, 2/219; İbn Sad, et-Tabakat, 3/267; Hakim, el-Mustedrek, 4/59'da İshak ibn Yusuf el-Ezrak-Kasım ibn Osman el-Basri-Enes ibn Malik yoluyla rivayet eder. İsnadı zayıftır. İlleti Kasım ibn Osman el-Basri'dir. Hafız el-Lisan'da (4/542) şöyle der: Buhârî "Onun mutabiinin olmadığı (tek kaldığı) rivayetler vardır."

Rasûlullah'ın ayakta namaz kılmakta olduğunu gördüm. O zaman namaz kılarken Şam'a döner, Kâbe'yi Şam'la arasına alır ve namazını er-Ruknu'l-Esved ile er-Ruknu'l-Yemani arasında kılardı. Onu görünce, bu gece Muhammed'i dinleyip neler söylediğine bir baksam, dedim. Ama eğer dinlemek için ona yaklaşırsam korkutabilirdim. Ben de el-Haceru'l-Esved tarafına giderek Kâbe'nin örtüsünün altına girdim ve yavaş yavaş yürümeye başladım. Rasûlullah ayaktaydı ve Kur'an okuyordu. Onun tam karşısına gelene kadar yürüdüm. Aramızda sadece Kabe'nin örtüsü vardı. Kur'an'ı duyunca kalbim yumuşadı ve ağladım. İslâm beni etkilemişti. Rasûlullah namazını bitirene kadar orada dikildim. Namaz bitince o oradan ayrılarak İbn Ebi Huseyn'in evine doğru yöneldi. Onun evi yolunun üzeriydi. Aradaki mesafeyi katedip oraya varınca Abbas ibn Abdulmuttalib'in eviyle ibn Ezher ibn Avf ez-Zuhri'nin evi arasındaki yola girdi. Sonra da Ahnes ibn Şerik'in evi tarafına yöneldi ve sonunda kendi evine girdi. Onun evi Muaviye ibn Ebi Süfyan'a ait olan Daru'r-Rakta'da idi. Abbas'ın evi ile ibn Ezher'in evi arasına girene dek onu takip ettim. Bu yola girdiğinde ona yetişmiştim. Arkasında olduğumu fark eden Rasûlullah beni tanıdı ve kendisine eziyet etmek için takip ettiğimi zannetti, bu yüzden de beni azarladı ve sonra *"Bu saatte ne sebeple geldin ey İbnu'l-Hattâb?"* dedi. Ben de "Allah'a, Rasûlü'ne ve onun Allah katından getirdiklerine iman etmek için" dedim. Bunu duyunca Allah'a hamd ederek "Allah sana hidayet nasip etti ey Ömer" dedi ve göğsümü sıvazlayarak sebat etmem için bana dua etti. Sonra ondan ayrıldım ve o da evine girdi.[39]

---

39 Ata ve Mücahid rivayet etmişlerdir. İbn İshak şöyle der: "Bana Abdullah ibn Ebi Necih İshak'tan aktardı. Senedi mürseldir, şahitleri vardır."

İbn İshak başka bir rivayet aktararak şöyle der: Bana Abdullah ibn Ömer'in azatlısı Nafi, ibn Ömer'den şöyle aktardı: Babam Ömer Müslüman olunca "Kureyşliler arasından en hızlı laf yayan kimdir?" diye sordu. Ona "Cemil ibn Muammer el-Cumehi" dediler. Hemen onun yanına gitmek üzere çıktı, ben de peşinden çıkıp takip ettim. Amacım ne yapacağına bakmaktı. Gördüklerimi anlayacak çağda bir çocuktum. Onun yanına ulaşınca "Biliyor musun ey Cemil, ben Müslüman oldum ve Muhammed'in dinine girdim" dedi. Vallahi o bunu söyler söylemez adam kalktı ve ridasını sürükleyerek çıktı. Ömer adamı takip etti, ben de kendisini takip ettim. Adam mescidin kapısına ulaşınca, Kâbe'nin etrafında toplantıda olan Kureyşlilere doğru sesinin çıktığı kadar bağırarak "Ey Kureyşliler, Ömer ibnu'l-Hattâb dininden döndü" dedi. Ömer ise onun arkasından "Ben sadece Müslüman oldum ve Allah'tan başka ilah olmadığına, Muhammed'in onun kulu ve elçisi olduğuna şahitlik ettim." diyordu.

Onun üzerine yürüdüler. Güneş başlarının üzerine yükselene kadar o onlarla, onlar da onunla mücadele ettiler. Sonunda yorulup oturunca başına dikildiler. O ise şöyle diyordu: "İstediğinizi yapın, Allah'a yemin ederim ki, eğer üç yüz kişi olsak, ya biz Kâbe'yi size terk ederdik, ya da siz bize terk ederdiniz. Onlar bu şekilde tartışırlarken yaşlı bir Kureyşli çıkageldi. Üzerinde yumuşak kumaştan bir cüppe ile işlemeli bir gömlek vardı. Ömer'in başında durarak "Burada ne oluyor?" diye sordu. Oradakiler de "Ömer dininden döndü" dediler. Adam "Ne yani? O kendisi hakkında bunu tercih etmiş, ondan ne istiyorsunuz? Benî Adiy ibn Ka'b'ın arkadaşlarını böyle sizin elinize bırakacağını mı düşünüyorsunuz!! Bırakın adamı" dedi. Vallahi bunun üzerine hemen etrafından dağıldılar.

Medine'ye hicret ettikten sonra babama "Babacığım, Müslüman olduğun gün Mekke'de seninle kavga edenleri azarlayıp dağıtan adam kimdi?" diye sorunca, "Oğlum, o adam Âs bin Vâil es-Sehmi idi" diye cevapladı.

İbn Hişam şöyle der: Bir ilim ehli bana onun "Babacığım, Müslüman olduğun gün Mekke'de seninle kavga edenleri azarlayıp dağıtan adam kimdi? Allah onu hayırla mükâfatlandırsın" diyerek sorması üzerine Ömer'in "Oğlum, o Âs bin Vâil'di, Allah onu hayırla mükâfatlandırmasın" diye cevapladığını aktardı.[40]

Ömer'in (radıyallâhu anh) Müslüman oluşu İslâm'ın yükselip güçlenmesinde önemli bir etken olmuştur. Bunun nedeni onun güçlü ve cesur bir insan olması ve Allah yolunda kınayanın kınamasından korkmamasıdır.

Abdullah ibn Mesud (radıyallâhu anh) şöyle der: Ömer'in İslâm'a girişi bir fetih, hicreti zafer, hilafeti rahmetti. Ömer Müslüman olana dek biz Kâbe'de namaz kılamıyorduk. O Müslüman olduğu zaman Kâbe'de kendisi ve beraberinde bizler namaz kılana kadar Kureyş'le mücadele etti.[41]

Bir başka rivayette şöyle der: Ömer Müslüman olana kadar Kâbe'de namaz kılmaya güç yetiremiyorduk. O Müslüman olunca Kâbe'de kendisi ve bizler de beraberinde namaz kılana kadar Kureyş'le mücadele etti. Onun İslâm'a girişi Rasûlullah'ın ashabından bir kısmının Habeşistan'a göçünden sonradır.

---

40 İbn Hişam, es-Sîre, 1/287.
41 Et-Tabakât, ibn Sad, 1/270; el-Mecme, Heysemi, 9/62. Şöyle der: Taberani rivayet eder, ricali sahihtir, ancak rabilerden Kasım dedesi ibn Mesud'u görmemiştir. Aynı rivayeti Hakim el-Mustedrek'te tahric ederek (3/83,84) "Hadis sahihu'l-İsnad'dır, ancak Buhârî ve Müslim tahric etmemişlerdir" der, Zehebi de kendisini onaylar.

Müşriklere Meydan Okuyarak Hicret Edişi

Ömer (radıyallâhu anh) Rasûlullah'ın (sallallâhu aleyhi ve sellem) ardından hicret etmeye karar verdiğinde müşrikleri aşağılayan, onları aciz bırakan ve kalplerine korku salan bir tavır sergiledi.

İbn Abbas şöyle anlatır: Ali ibn Ebi Talib bana şöyle demiştir: Ömer ibnu'l-Hattâb dışında gizlenmeksizin açıkça hicret eden başka birini bilmiyorum. O hicret etmeye karar verdiğinde kılıcını kuşandı, yayını omzuna astı, oklarını çıkarıp eline aldı, bir eline de kısa bir tür mızrak alarak Kâbe'nin yolunu tuttu. Kureyş'in ileri gelenleri avludaydılar. Kâbe'yi yedi kez tavaf ettikten sonra makama gelerek iki rekat namaz kıldı, ardından oturan grupların önünde teker teker durarak şöyle dedi: "Çirkinleşmiş yüzler... Allah ancak işte bu burunları yere sürter. İçinizden anasını evlatsız, çocuğunu yetim, karısını dul bırakmak isteyen varsa şu vadinin ardında benimle buluşsun."

Ali şöyle der: Kendilerini tembihlediği bir grup mustazaf dışında onu takip eden olmaksızın yoluna devam etti.[42]

Onun Menkıbelerinden Bir Demet

Onun kahramanlıklarını saymaya kalkışacak olursan ciltler dolusu yazmamız gerekir. Biz sadece ondan bize ulaşan bu menkıbelerden birkaçını zikredeceğiz.

Rasûlullah (sallallâhu aleyhi ve sellem) *"Ebu Bekir ne güzel bir insandır, Ömer ne güzel bir insandır..."* [43] demiştir.

---

42 İbnu'l-Esir, Usdu'l-Ğâbe, 4/144, 145'de sahih bir senetle rivayet eder. Bkz: er-Riyadu'n-Nadra, 1/198.

43 Tirmizi, el-Menakib, 3797. Elbani sahih olduğunu söyler. Bkz: es-Sahiha, 875, Sahihu'l-Cami, 6770.

Ebu Said el-Hudri Rasûlullah'ın şöyle söylediğini aktarır: *"(Ahirette) Yüksek derece sahipleri kendilerinden daha yukarıda olanları gökyüzünün ufkundaki parlak yıldızları gördükleri gibi görürler. Ebû Bekir ve Ömer de onlardandırlar ve en büyük nimetler onlarındır."* [44]

Ebu Hureyre'den: Rasûlullah'ın şöyle söylediğini duydum: *"Sizden önceki ümmetler arasında Peygamber olmadıkları halde kendilerine (doğruların) ilham edildiği* [45] *insanlar vardı. Eğer ümmetim arasında da böyle biri olacak olsaydı, bu Ömer* [46] *olurdu."* [47]

Zekeriya ibn Ebi Zaide Sa'd'dan, o da Ebû Hureyre'den Nebi'nin (sallallâhu aleyhi ve sellem) şöyle dediğini rivayet eder: *"Sizden önce yaşamış olan Beni İsrail içerisinde Peygamber olmadıkları halde kendilerine ilham edilen kimseler vardı, eğer ümmetim içerisinde de böyle birisi varsa, o Ömer'in ta kendisidir."*

Enes ibn Malik ve Ali ibn Ebi Talib, Rasûlullah'ın Ebû Bekir'e ve Ömer'e (radıyallâhu anhumâ) şöyle dediğini söylerler:

---

44   Ahmed; Tirmizi; İbn Mace ; İbn Hıbban. Elbani sahih olduğunu söyler, age: 2030.

45   İbnu'l-Esir şöyle der: Buradaki (ilham edilen olarak çevirilen) "muhaddesun" kelimesiyle kastedilen kimseler bir konuda bir konuda fikir yürüttüklerinde yahut tahminde bulunduklarında, sanki o konuda kendilerine ilham edilmiş gibi isabet eden kimselerdir. Nitekim hadisin tefsirinde bu ifade için "ilham edilenler" (mulhemun) denmiştir. Mulhem, içine bir şey doğan ve bunu bir tahmin, zan ve feraset olarak söyleyen kimsedir. Bu Allah'ın Ömer (radıyallâhu anh) gibi seçtiği insanlara has kıldığı bir durumdur (Camiu'l-Usul, 8/610/6434).

46   Ya da "Eğer ümmetim arasında böyle biri varsa bu Ömer'in ta kendisidir" anlamındadır. Muhtemel manalar için bkz: Fethu'l-Bari, ilgili hadisin şerhi. (çev.)

47   Buhârî, el-Fadail, 3689; Müslim, Fadailu's-Sahâbe, 2398.

"Bu ikisi nebiler ve Rasûller dışında, geçmişten ve gelecekten cennete girecek kim varsa hepsinin efendisidirler... Onlara bunu haber verme ey Ali." [48]

Akabe ibn Âmir'den: Rasûlullah'ın şöyle dediğini duydum: *"Benden sonra bir nebi gelecek olsaydı, bu nebi Ömer ibnu'l-Hattâb olurdu."* [49]

Abdullah ibn Ömer'den: Rasûlullah (sallallâhu aleyhi ve sellem) şöyle dedi: *"Allah, hakikati Ömer'in diline ve kalbine yerleştirmiştir."* [50]

İbnn Ömer (radıyallâhu anh) şöyle der: İnsanlar yeni bir durumla karşılaşıp da onlar bu konuda bir şey, Ömer başka bir şey söylemişse, mutlaka Ömer'in söylediğini destekleyen bir âyet inerdi. [51]

Tarık ibn Şihab'dan: Biz aramızda, bir meleğin Ömer ibnu'l-Hattâb'ın diliyle konuştuğundan bahsederdik. [52]

Salim babasının şöyle dediğini aktarır: Nebi (sallallâhu aleyhi ve sellem) Ömer'in üzerinde bir elbise (başka bir rivayette, beyaz bir gömlek) gördü ve kendisine "Gömleğin yeni mi, yoksa yeni yıkanmış mı?" diye sordu. O da "sadece yeni yıkanmış" diye cevapladı. Bunun üzerine Rasûlullah *"Yeni giy, hamd ederek yaşa, şehit olarak öl"* dedi. [53]

---

48 Tirmizi, el-Menakib, 3666. Elbani es-Sahiha'da (824) şöyle der: Tüm tarikleri dikkate alındığında hadisin sahih olduğunda şüphe yoktur.

49 Ahmed, 17336; Tirmizi, 3686. Elbani sahih olduğunu söyler, Sahihu'l-Cami, 5284.

50 Ahmed, 5145; Tirmizi, 3682. Elbani sahih olduğunu söyler, age: 1736.

51 Ahmed, 2/95; Fadailu's-Sahâbe, 313, 314. el-Adevi isnadının sahih olduğunu söyler.

52 Ahmed. Vasiyyullah ibn Muhammed Abbas hadisin mevkuf ve sahih olduğunu söyler. Bkz: Tahricu Fadaili's-Sahâbe, 313-314.

53 Ahmed, 5620; Abdurrazzak, 20382. Elbani hasen olduğunu söyler, es-Sahiha, 352, Sahihu'l-Cami, 1234.

Enes ibn Malik (radıyallâhu anh) şöyle der: Nebi (sallallâhu aleyhi ve sellem) bir keresinde Uhud Dağı'na çıktı, yanında Ebû Bekir, Ömer ve Osman vardı. O esnada dağ onları salladı. Bunun üzerine ayağını yere vurarak, "Dur ey Uhud, senin üzerinde bir nebi, bir sıddık ve iki de şehit var" dedi.[54]

Ebu Hureyre'den: Rasûlullah'ın (sallallâhu aleyhi ve sellem) şöyle dediğini duydum: *"Bir çoban sürüsü arasındayken sürüye bir kurt saldırır ve bir koyunu kapar. Çoban onu kurtarmak için peşine düştüğünde kurt ona dönerek, 'Aslanın saldırdığı günde bu sürüye kim bakar, sürünün benden başka çobanı olmadığı günde onu kim korur?'* [55] *der. Derken, bir adam bir ineğin üzerine binmiş onu sürmektedir. Birden inek başını ona çevirir ve konuşarak şöyle der: 'Ben bunun için yaratılmadım, ben tarla sürmek için yaratıldım.'"* Bunun üzerine insanlar 'Subhanallah!' dediler (şaşkınlıklarını ifade ettiler). Nebi (sallallâhu aleyhi ve sellem) *"Ben buna inanıyorum, Ebû Bekir ve Ömer ibnu'l-Hattâb da inanıyorlar"* dedi.[56]

İbn Ömer'den (radıyallâhu anh) Rasûlullah'ın şöyle söylediği rivayet edilmiştir: *"Ümmetim arasından, ümmetime en çok merhamet gösteren Ebû Bekir'dir, Allah'ın dini konusunda en şiddetli olanı Ömer'dir..."* [57]

---

54 Buhârî, Fadailu Ashabi'n-Nebi, 3686; Ebû Davud, 4651; Tirmizi, 3697.

55 Hafız İbn Hacer Fethu'l-Bari'de (7/27) şöyle der: Davudi demiştir ki, "Bu şu anlama gelir: Onlara aslan saldırıp da senin ondan kaçtığın, aslanın ondan ihtiyacı olanı aldığı ve benim de geride kaldığım gün, bu sürünün benden başka çobanı olmaz." Denmiştir ki, bu durum fitnelerle meşgul olunduğu zamanı ifade eder. O zaman sürü ihmal edilir ve aslan ona saldırır, kurt ise onunla baş başa kaldığı için onun çobanı olur.

56 Buhârî, 3663; Müslim, 2388; Tirmizi, 3677.

57 Ebu Yala ibn Ömer'den rivayet eder. Elbani sahih olduğunu belirtir, Sahihu'l-Cami, 868.

Bir başka rivayette *"Allah'ın emri konusunda..."* şeklindedir. [58]

Abdullah ibn Hantab Rasûlullah'ın (sallallâhu aleyhi ve sellem) şöyle söylediğini aktarır: *"Bu ikisi kulak ve göz yerindedir."* Yani Ebû Bekir'i ve Ömer'i kastetmiştir.[59]

Huzeyfe el-Yemani'den (radıyallâhu anh): Rasûlullah şöyle demiştir: *"Sizin aranızda ne kadar kalacağımı bilmiyorum. Siz benden sonra Ebû Bekir'e ve Ömer'e uyun."* [60]

Nebi'nin Onu Cennetle Müjdelemesi

Her sözünde sadık olan Nebi (sallallâhu aleyhi ve sellem) Ömer ibnu'l-Hattâb'ı cennet ehlinden olmakla müjdelemiştir. Dahası, onun cennetteki köşkünü de görmüştür.

Abdurrahman ibn Avf'tan (radıyallâhu anh): Rasûlullah'ın şöyle dediğini duydum: *"Ebu Bekir cennettedir, Ömer cennettedir, Osman cennettedir, Ali cennettedir, Talha cennettedir, Zübeyr cennettedir, Abdurrahman ibn Avf cennettedir, Sa'd ibn Ebi Vakkas cennettedir, Said ibn Zeyd cennettedir, Ebû Ubeyde ibnu'l-Cerrah cennettedir."* [61]

İbn Mesud'dan (radıyallâhu anh): Rasûlullah (sallallâhu aleyhi ve sellem) *"Şimdi cennet ehlinden birini göreceksiniz"* dedi, Ebû Bekir çıkageldi. Ardından yine *"Şimdi cennet ehlinden birini göreceksiniz"* dedi, Ömer çıkageldi." [62]

---

58   Ahmed, Tirmizi ve Nesai Enes'ten rivayet ederler. Elbani sahih olduğunu belirtir, age: 895.
59   Tirmizi, Hakim. Elbani sahih olduğunu belirtir, age: 7004.
60   Tirmizi, el-Menakib, 3663, 3664. Elbani sahih olduğunu söyler, Sahihu Suneni't-Tirmizi, 2895.
61   Tirmizi, el-Menakib, 3748. Elbani sahih olduğunu söyler, Sahihu'l-Cami, 50.
62   Tirmizi, el-Menakib, 3695; Hakim, Müstedrek'te rivayet eder ve sahih olduğunu söyler, Zehebi de onu onaylar.

Enes ibn Malik Rasûlullah'ın (sallallâhu aleyhi ve sellem) şöyle söylediğini aktarır: *"Cennete girdim ve birden kendimi altından bir sarayda buldum. "Bu kimin?" diye sorunca, "Kureyş'ten bir gencin" dediler. Ben de o kişinin ben olduğumu düşündüm. "O kimdir?" diye sorunca "Ömer ibnu'l-Hattâb" diye cevapladılar."*[63]

Ebu Hureyre'den (radıyallâhu anh): Rasûlullah şöyle dedi: *"Uykudayken kendimi cennette gördüm. Bir sarayın yanında abdest alan bir kadın gördüm. "Bu saray kimin?" diye sorduğumda, "Ömer'in" dediler. Onun kıskanç olduğunu hatırlayarak hemen geri döndüm."* (Bundan kendisine bahsedince) Ömer ağladı ve "Ben senden hiç kıskanır mıyım ya Rasûlallah?!" dedi.[64]

Hz. Ömer'in İmanı

Abdullah ibn Hişam şöyle anlatıyor: Bir keresinde Rasûlullah ile birlikteydik ve o Ömer'in elini tutuyordu. Ömer kendisine "Seni kendim dışında her şeyden daha çok seviyorum" dedi. Nebi ona *"Hayır, canım elinde olana yemin ederim ki, beni kendinden de çok sevmedikçe (olmaz)"* diye karşılık verince Ömer "Öyleyse şu anda vallahi seni kendimden de çok seviyorum" dedi. Bunun üzerine Nebi *"Şimdi oldu ey Ömer"* dedi.[65]

Onun veciz sözlerinden birisi şudur: "Hayâsı az olanın verası az olur, verası az olanın kalbi ölür"

---

63 Tirmizi, 3689; Ahmed, 11985; İbn Hıbban, 2188; bkz: Sahihu'l-Cami, 3364.
64 Buhârî, 3680; Müslim, 2395.
65 Buhârî, 6632, Ahmed, 5/293.

Bir diğer sözünde ise şöyle der: "Hayâ eden gözlerden uzak durur, gözlerden uzak duran günahtan kendini korur, günahtan kendini koruyan korunur." [66]

Hz. Ömer'in Dini

Ebu Said el-Hudri'den (radıyallâhu anh): Rasûlullah'ın (sallallâhu aleyhi ve sellem) şöyle dediğini duydum: *"Uykumda insanlar bana gösterildi. Üzerlerinde gömlekler vardı. Bu gömleklerden kimininki göğüslerinin üzerine, kimininki de daha aşağılara kadar ulaşıyordu. Bana Ömer gösterildi, üzerinde (uzun oluşundan) yerde sürünen bir gömlek vardı."* Biz "Bunu neye yordun ya Rasûlullah?" diye sorduk, *"Dine"* diye cevapladı.[67]

Hz. Ömer'in İlmi

Zühri şöyle der: Hamza'nın bana babasından aktardığına göre Rasûlullah şöyle der: *"Uykumda (süt) içtim. Öyle ki, tırnaklarıma kadar kandığımı hissettim. Sonra da kalanını Ömer'e verdim."* Oradakiler "Bunu neye yordun ya Rasûlullah" diye sorunca, *"İlme"* cevabını verir.[68]

---

66 İbn Ebi'd-Dünya, Mekarimu'l-Ahlak, s: 20.
67 Buhârî, 3691; Müslim, 2390; Tırmizi, 2286.
68 Buhârî, 3681; Müslim, 2391; Tirmizi, 3687.
Hafız İbn Hacer Fethu'l-Bari'de şöyle der: Buradaki ilimden amaç insanları Kitap ve Sünnet'e uygun biçimde yönetmedeki siyasettir. Bu ilim Ebû Bekir'den daha uzun süre hilafette kalmasından ve Osman'a nispetle insanların kendisine itaat noktasında ittifak halinde olmalarından dolayı ona has kılındı. Ebû Bekir'in hilafet süresi kısa olduğu için ihtilafların başlıca sebebi olan fetihler onun döneminde gerçekleşmemiştir. Fakat Ömer –hilafet süresinin uzun olmasına rağmen- insanların kendisine muhalefet etmelerine fırsat vermeyen bir siyaset yürütmüştür. Osman döneminde ise İslâm toprakları daha da genişlemiş, farklı fikirler ortaya çıkmış ve yayılmıştır. Bundan dolayı da Ömer'in döne-

Ömer (radıyallâhu anh) ilim öğrenme konusunda hırslı, hatta bu noktada yüce hedefleri olan kimselerdendi.

Kendisi şöyle der: Ben ve Beni Ümeyye ibn Zeyd'den[69] olan Ensari bir komşum Nebi'nin yanına sırayla iniyorduk. Bir gün o gidiyor, bir gün ben gidiyordum. Ben gittiğim gün, o gün için vahiy olsun başka bir şey olsun, her ne yeni haber varsa ona getiriyordum. O gittiği gün de aynı şeyi o yapıyordu.[70]

Zehebi şöyle der: Abdullah ibn Ömer şöyle demiştir: Ömer Bakara suresini on iki senede öğrendi ve onu öğrenmeyi bitirdiğinde bir deve kesti.[71]

Tarık ibn Şihab şöyle der: Bir Yahudi Ömer ibnu'l-Hattâb'a gelerek "Ey emirelmü'minin, kitabınızda bulunan ve sizin okuduğunuz bir âyet var ki, eğer bu âyet biz Yahudilere inmiş olsaydı ve onun indiği günü biliyor olsaydık, o günü bayram edinirdik" dedi. Ömer "Hangi âyetten bahsediyorsun?" diye sorunca Yahudi, *"Bugün size indirdiğim dininizi kemale erdirdim, üzerinize olan nimetimi tamamladım ve sizin için din olarak İslâm'dan razı oldum."* (el-Maide: 3) âyetini okudu.

Bunun üzerine Ömer ibnu'l-Hattâb "Ben bu âyetin indiği günü ve mekanı biliyorum; bu âyet Rasûlullah'a Arafat'da, Cuma günü biz de onunla birlikte vakfedeyken indi" dedi.[72]

---

mindeki ittifak onun döneminde olmamış, onun öldürülmesine de yol açan fitneler baş göstermiştir. Onun yerine Ali geçmiş ama ihtilaflar daha da artmış, fitneler daha fazla yayılmıştır. (7/46)

69 Medine'nin yüksek kesimlerindendirler.
70 Buhârî, Nikah, 5191; Müslim, Talak, 1487.
71 Zehebi, Siyeru'l-Hulefa, s: 81.
72 Buhârî, İman, 44; Müslim, Tefsir, 3017.

Faruk'tan (radıyallâhu anh) Değerli Bir Nasihat

Şöyle demiştir: "Liderlik görevi üstlenmeden önce fıkıh sahibi olun" [73]

Hafız ibn Hacer Fethu'l-Bari'de şöyle der: "Ömer (radıyallâhu anh) liderlik görevi üstlenmenin dinde fıkıh sahibi olmaya engel olabileceğini söylemek istemiştir. Çünkü lider konumuna gelen kişi kibir ve utanma dolayısıyla öğrencilerin meclisine oturmayabilir. Bu yüzden İmam Malik yargı ile ilgili kusurlardan bahsederken, bir kâdı'nın azledildikten sonra ilim öğrendiği meclise geri dönmeyeceğini söyler."

Ömer'in fıkhına, ilmine ve sahâbenin onun hakkındaki görüşlerine dair örnekler:

Haris ibn Muaviye el-Kindi'den aktarıldığına göre, kendisi üç konuda sormak için Ömer ibnu'l-Hattâb'ın yanına gider. Medine'ye gelince Ömer kendisine "Seni buraya getiren şey nedir?" diye sordu. O da "Sana üç şey hakkında sormak istiyorum" dedi.

Ömer "Nedir onlar? deyince "Ben ve yanımda bir kadın dar bir yerde olsak, o esnada namaz vakti gelse, ben namaza durduğumuzda o benim hizama geliyor olsa, o arkama durduğunda ise ben binanın dışına çıkıyor olsam ne yapmak gerekir?!" diye sordu.

Ömer "Aranızı bir kumaşla örtersiniz ardından istersen senin yanında o da kılar" diye cevapladı.

Adam "Peki ikindiden sonraki iki rekat hakkında ne diyorsun?" diye sorunca, Ömer "Rasûlullah onları kılmaktan beni nehyetti" cevabını verdi.

---

73 Buhârî İlim bölümünde muallak olarak rivayet eder. İbn Hacer, "İbn Ebi Şeybe tahric etmiştir, isnadı sahihtir" der. Bkz: Fethu'l-Bari, 1/219.

Adam "Peki kıssalar konusunda ne dersin? Zira insanlar benim kıssa anlatmamı istiyorlar" dedi.

Ömer, "Sen bilirsin..." dedi. Sanki onu tamamen men etmek istememişti.

O, "Senin söyleyeceğin şeye göre karar vermek istiyorum" dedi.

Bunun üzerine Ömer "Onlara kıssa anlata anlata onlar yanında kendini yüceltmenden ve sanki Süreyya yıldızı konumundaymış gibi kabul edilmenden, kıyamet gününde de Allah'ın seni onların ayakları altında bir o kadar alçaltmasından korkuyorum" dedi.[74]

Kubeyda ibn Cabir şöyle der: Tebasına karşı Ebû Bekir Sıddık'tan daha merhametli olanını ve ondan daha hayırlısını görmedim. Allah'ın kitabını Ömer'den daha iyi anlayanını, Allah'ın dininde ondan daha çok fıkıh sahibi olanını, Allah'ın hudutlarını ondan daha fazla gözetenini ve insanlar tarafından ondan daha çok saygı duyulanını görmedim. Osman ibn Affan'dan ise daha hayâlı olanına rastlamadım.[75]

Abdurrahman ibn Abdulkari şöyle demekte: Bir Ramazan gecesi Ömer ibnu'l-Hattâb'la birlikte mescide gittik. İnsanlar grup grup olmuşlardı. Kimi tek başına namaz kılıyordu kimi de kendisine başkaları uymuş vaziyette kılıyordu. Ömer "Bunların bir kişinin arkasında toplanıp kılmaları en iyisi olur" [76] dedi. Sonra kesin bir kararlılıkla onları Ubey ibn Kab'ın ar-

---

74 Ahmed, 111. Ahmed Şakir isnadının sahih olduğunu belirtir.
75 İbnu'l-Esir, Usdu'l-Gâbe, 4/147.
76 İbn Hacer Fethu'l-Bari'de şöyle der: İbnu't-Tîn ve başkaları şöyle derler: Ömer bu sonuca, Ramazan gecelerinde Nebi'nin kendisiyle birlikte kılanları onaylamasından yola çıkarak varmıştır. Nebi'nin bunu sonradan kerih görmesinin nedeni ise üzerlerine farz olması korkusudur.

kasında topladı. Başka bir gün çıktığımızda gördük ki insanlar imamlarının arkasında kılıyorlar. Ömer "Bu ne güzel bir bidat, şu an uyuyanların (gecenin sonunda kılacakları) namazları ise şimdi kılanlarınkinden daha faziletlidir –O esnada gecenin başlangıcı idi-[77]

Abdullah ibn Mesud (radıyallâhu anh) şöyle der: Ömer yaralandığında –kötülük düşünenler hariç- halkının üzerine hüzün çökmeyen bir ev kaldığını sanmıyorum.

Ömer içimizde Allah'ı en iyi tanıyan, Kur'an'ı en iyi anlayan ve Allah'ın dinindeki fıkhı en ileri düzeyde olandı.[78]

Bir başka sözünde şöyle der: Salihler anıldığında, kendisinden ilk bahsedilecek kişi Ömer'dir. Ömer içimizde Allah'ın kitabını en iyi bilen ve onun dininde en çok fıkıh sahibi olandır.[79]

Yine şöyle der: Ömer'in ilmi bir kefeye ve tüm insanların ilmi bir kefeye koyulsa Ömer'in ilmi ağır basardı.

A'meş şöyle der: Ben bunu kabul etmeyerek İbrahim en-Nehai'ye gittim ve bu sözü kendisine zikrettim. O da bana şöyle dedi: Bunun nesini kabul etmiyorsun ki, vallahi Abdullah bundan daha iyisini söyleyerek "Ben Ömer öldüğü gün ilmin onda dokuzunun yok olduğunu düşünüyorum" demiştir.[80]

Nebi vefat ettikten sonra ise böyle bir endişe kalmamıştır. Ömer ayrılık ihtilaf meydana getireceği ve birlikte kılmanın, çoğu namaz kılan için daha şevk verici olması nedeniyle bunu tercih etmiştir.

77 Buhârî, Salatu't-Teravih, 2010.
78 İbn Ebi Şeybe, 7/480; İbn Asakir; Hakim.
79 Zehebi, Siyeru'l-Hulefa, s: 81.
80 İbn Ebi Şeybe, el-Musannaf, 7/483; Hakim. Hakim sahih olduğunu söylemiş Zehebi de kendisini onaylamıştır.

Allah Azze ve Celle'nin Hükmüne Uygun Hüküm Vermesi

Bu, ümmetin Faruk'una Allah'ın ihsan ettiği ne yüce bir konum ve ne şerefli bir menkıbedir. Onun hükmettiği pek çok yerde Allah Ömer'in görüşüne uygun hükümler indirmiştir.

Enes'ten (radıyallâhu anh): Ömer şöyle demiştir: Üç yerde Rabbime muvafakat ettim[81]:

Rasûlullah'a "Ey Allah'ın Rasûlü, İbrahim'in makamında bir musalla edinsen" demiştim, "İbrahim'in makamında musalla edinin." âyeti indi.

"Ya Rasûlullah, eşlerine söylesen de örtünseler; zira onlarla salih kimse de konuşuyor facir kimse de" dedim, ardından hicap âyeti indi.

Eşleri onunla ilgili kıskançlık gösterince kendilerine "Sizi boşadığı takdirde, umulur ki Rabbi ona sizden daha hayırlısını verir" dedim ve aynı şeyi söyleyen âyet indi.[82]

Müslim'in rivayetinde ise şöyledir: "Üç şeyde Rabbime muvafakat ettim: Makamı İbrahim konusunda, hicab konusunda ve Bedir esirleri konusunda." [83]

---

81 İbn Hacer Fethu'l-Bari'de şöyle der: Onun "Üç şeyde Rabbime muvafakat ettim" sözünden kasıt üç olaydır. Şöyle demek istemiştir: "Bu konularda Rabbim beni onaylayarak benim görüşüme uygun âyetler indirdi. Ama edebinden dolayı onaylama eylemini kendisine izafe etmiş yahut kendi düşündüğünün gerçekleşmesine işarette bulunarak hükmü öne almıştır. Onun sayıyı üçle sınırlaması bu durumun daha fazla kez olmasına engel değildir; zira bu muvafakat durumu daha fazla kez olmuştur. Bunların en meşhurlarından birisi Bedir esirleriyle ilgili olanı, bir diğeri münafıklar için cenaze namazı kılınması olayıdır. Bizim üzerinde en çok durduğumuz on beş olaydır. Ancak bu nakle göre değişir. Bkz: 1/665.

82 Buhârî, Salat, 402; Ahmed, 157; Nesai el-Kubra'da, 7/13.

83 Müslim, Fadailu's-Sahâbe, 2399.

İbn Abbas'tan (radıyallâhu anhumâ): Ömer ibnu'l-Hattâb şöyle dedi: Bedir Savaşı günü Rasûlullah müşriklere baktı, bin kişilerdi; ashabı ise üç yüz on dokuz kişiden ibaretti. Nebi kıbleye yönelerek ellerini açıp Rabbine şöyle seslendi: *"Allah'ım, bana vaat ettiğin şeyi gerçekleştir. Allah'ım, bana vaat ettiğin şeyi ver. Allah'ım, eğer Müslümanlardan oluşan bu topluluğu helak edersen, yeryüzünde sana ibadet edecek kimse kalmaz."*

Sırtındaki ridası omuzlarından kayıp yere düşene dek bu şekilde ellerini uzatmış ve kıbleye yönelmiş halde Rabbine seslenmeye devam etti. O esnada Ebû Bekr gelerek ridasını yerden alıp tekrar omuzlarına koydu ve arkasından onu tutarak, "Ya Nebiyyallah! Rabbine bu kadar seslenmen yeter; kuşkusuz o sana olan vadini gerçekleştirecek" dedi. Bu konuda Allah azze ve celle *"Siz Rabbinizden yardım istediğinizde o size (şöyle diyerek) icabet etmişti: Kuşkusuz ben sizi birbiri ardınca gelecek bin tane melekle destekleyeceğim."* (el-Enfal: 9) âyetini indirdi.

İbn Abbas şöyle der: O gün Müslümanlardan birisi müşriklerden birinin peşindeyken hemen yukarısı tarafından bir kamçı darbesi ve atını harekete geçiren bir süvarinin bağırışını duyar. Karşısındaki müşrike baktığında onun yerde uzanmış vaziyette olduğunu görür. Burnunun üzerinde kamçı izi vardır ve yüzü yarılmıştır. Bu Ensari Rasûlullah'a gelerek olayı kendisine anlattığında Rasûlullah (sallallâhu aleyhi ve sellem) şöyle der: *"Söylediğin doğrudur; bu üçüncü semadan gelen yardım."* O gün yetmiş kişiyi öldürdüler ve kırk kişiyi de esir aldılar. Bu kişiler esir alındıklarında Rasûlullah (sallallâhu aleyhi ve sellem) Ebû Bekir'e ve Ömer'e dönerek *"Sizce bu esirleri ne yapalım?"* diye sordu.

Ebu Bekir "Ey Allah'ın Nebisi! Onlar amca çocukları ve aşiretimizden kimseler; ben onlardan fidye alarak serbest bırakman görüşündeyim. Böylece aldığımız fidyelerle biz kafirlere karşı daha güçlü oluruz ve umulur ki, Allah da onları İslâm'a iletir.

Rasûlullah bu kez Ömer'e dönerek *"Sen ne diyorsun ey ibnu'l-Hattâb?"* dedi.

Ömer (radıyallâhu anh) kendisi şöyle diyor: "Hayır, vallahi ya Rasûlallah! Ben Ebû Bekir'le aynı fikirde değilim. Bence, bize onların boyunlarını vurma imkanı vermelisin. Ali'ye izin ver, Akîl'in boynunu vursun; bana izin ver (akrabası olan) falan kişinin boynunu vurayım. Bunlar kafirlerin başını çeken ve onların liderleri konumundaki kişiler" dedim.

Rasûlullah Ebû Bekir'in söylediğinden hoşlandı, benimkinden hoşlanmadı. Ertesi gün yanlarına gittiğimde Rasûlullah ve Ebû Bekir oturmuş ağlıyorlardı. Ben "Ya Rasûlallah! Sen ve arkadaşın neden ağlıyorsunuz bana söyle; eğer ağlanacak bir durum görürsem ben de ağlarım; eğer ağlanacak bir durum göremezsem siz ağladığınız için ağlamaya çalışırım" dedim.

Rasûlullah şöyle cevap verdi: *"Fidye almaları sebebiyle arkadaşlarının durumları bana gösterildi; onların azapları (kendisine yakın bir ağacı işaret ederek) şu ağaçtan daha yakın bir mesafeden gösterildi; bu nedenle ağlıyorum."* Allah azze ve celle şu âyeti indirdi: *"Bir nebiye, yeryüzünde (kafirleri) yeterince öldürüp zayıflatmadıkça esir edinmek yoktur... Öyleyse, ganimet olarak elde ettiklerinizden helal ve temiz olarak yiyin."* (el-Enfal: 67-69) Böylece, Allah ganimeti onlara helal kıldı.[84]

---

84 Müslim, Cihad, 1763; Ahmed, 298, 221; Tirmizi, Tefsiru'l-Kur'an, 3081.

Ömer ibnu'l-Hattâb (radıyallâhu anh) yine şöyle der: Abdullah ibn Ubey ibn Selul öldüğünde Rasûlullah'ı namazını kıldırması için çağırdılar. Kendisi gitmek üzere kalkınca ona doğru fırlayarak "Ya Rasûlallah, ibn Ubey'e dua mı edeceksin?! Falan gün şöyle şöyle, bir başka gün ise şöyle şöyle demişti" diyerek onun sözlerini sıraladım. Rasûlullah gülümsedi ve *"Sözünü (ya da fikrini) benden sonra söyle ey Ömer"* dedi.

Ben onun karşısında çok konuşunca şöyle dedi: "Ben muhayyer bırakıldım ve seçimim şu: Eğer onun (İbn Ubey) için yetmiş kereden fazla istiğfar ettiğimde bağışlanacağını bilirsem bunu yaparım." Sonra Rasûlullah onun namazını kıldı ve orada fazla durmayarak ayrıldı ve Berae suresinin şu iki âyeti indi: "Onlardan ölen biri için asla dua etme.... Onlar fasıklardır." Bu olaydan sonra o gün Rasûlullah'a karşı gösterdiğim cüretkarlığa ben de şaşırdım. Allah ve Rasûlü en iyisini bilir.[85]

Şeytanlar Hz. Ömer'den Kaçıyorlar

İnsanın Rabbinden korkusu arttıkça Allah onun çevresindeki insanların kalplerine de onun heybetini koyar. Bu sınıftaki insanlardan birisi de ümmetin Faruk'udur. Allah şeytanların kalplerine onun korkusunu salmıştır. Bu yüzden onlar kendisini görür görmez korkup kaçarlardı!

Said ibn Ebi Vakkas (radıyallâhu anh) şöyle der: Bir keresinde Ömer Nebi'nin (sallallâhu aleyhi ve sellem) yanına girmek için izin istemişti. O sırada Nebi'nin yanında Kureyş'ten kadınlar vardı ve kendisiyle konuşuyorlardı (bir diğer rivayette "kendisinden çok fazla istekte bulunuyorlardı" şeklindedir). Konuşmaları esnasında sesleri onun sesinden daha yüksek

---

85 Buhârî, Cenaiz, 1366; Müslim, Fadailu's-Sahâbe, 2400.

çıkıyordu. Ömer girmek için izin isteyince kadınlar hemen gizlenmeye kalkıştılar. Rasûlullah ona girmesi için izin verdi. O içeri girdiğinde Nebi (sallallâhu aleyhi ve sellem) gülüyordu.

Ömer kendisine 'Allah seni hep güldürsün;[86] anam babam sana feda olsun, ne için gülüyorsun?' dedi. Nebi (sallallâhu aleyhi ve sellem) şöyle cevap verdi: *"Yanımdaki şu kadınlara şaşırdım; senin sesini duyar duymaz gizlenmeye kalkıştılar"* dedi. Bunun üzerine Ömer (radıyallâhu anh) "Halbuki sen kendisinden çekinilmeye daha layıksın ey Allah'ın Rasûlü" dedikten sonra kadınlara seslenerek "Ey kendilerinin düşmanları, benden çekiniyorsunuz da Nebi'den çekinmiyor musunuz?" dedi. Kadınlar da cevaben "Evet, sen daha sert ve daha katısın[87]" dediler.

Bunun üzerine Rasûlullah şöyle dedi: *"İstediğini söyle (ya da istediğin kadar çok söyle) ey ibnu'l-Hattâb, nefsim elinde olana yemin ederim ki, şeytan girdiğin yolda seninle karşılaşsa hemen yolunu değiştirir."*[88]

Bir rivayette ise şöyle der: *"Ben cinlerden ve insanlardan olan şeytanların Ömer'den kaçtıklarını görüyorum"*[89]

Hafız ibn Hacer (rahimehullah) şöyle demekte: Bundan onun masum olduğu anlaşılmaz. Zira bu Nebi hakkında vacip ancak başkaları hakkında mümkündür...[90]

---

86 İbn Hacer şöyle der: Bundan amacı çok gülmesi için dua etmek değil, mutlu olması için dua etmek, yahut bunun zıttı olan hüznü nefyetmekti.

87 Buradaki ifade fiilin aslında ikisinin de ortak oldukları izlenimi verse de, bu Allah'u Teâlâ'nın "Eğer sen kaba ve katı kalpli olsaydın, etrafından dağılırlardı" âyetine aykırı düşer. (Bkz: Fethu'l-Bari, 7/58)

88 Buhârî, Fadailu Ashabi'n-Nebi, 3683; Müslim, Fadailu's-Sahâbe, 2396.

89 Tirmizi Âişe'den rivayet eder. Elbani sahih olduğunu belirtir, bkz: Sahihu'l-Cami, 2496.

90 Fethu'l-Bari, 7/58.

İmam Nevevi (rahimehullah) ise şöyle der: Bu hadis zahiri manasına hamledilir. Dolayısıyla, şeytan ne zaman Ömer'le bir yolda karşılaşsa korkusundan kaçar ve Ömer ona bir şey yapmasın diye başka bir yola girerdi.[91]

Âişe (radıyallâhu anhâ) şöyle anlatır: Bir keresinde Nebi'ye kendisi için pişirmiş olduğum hazira'yı[92] getirmiştim. Nebi benimle Sevde arasında oturmaktaydı. Sevde'ye "Yesene" dedim, o yemek istemedi. Ben de kendisine "Ya yersin, ya da yemekten alır yüzüne sürerim" dedim. O yine yemek istemeyince elimi yemeğe batırdım ve yüzünü sıvadım. Nebi güldü ve onun elini yemeğe batırarak *"Sen de onun yüzüne sür"* dedi. Bir taraftan da ona gülüyordu. O esnada Ömer çıkageldi. Nebi onun içeri gireceğini düşünerek, girmemesi için seslendi ve ardından bize *"Hemen kalkıp yüzünüzü yıkayın"* dedi. O gün Nebi'nin kendisinden nasıl çekindiğini gördükten sonra ben de Ömer'den hep çekindim." [93]

Tebuk Gazvesindeki Zekice Tavsiyesi

Onun aşağıda anlatacağımız tavrı kendisinin Nebi'ye (sallallâhu aleyhi ve sellem) olan güven derecesinin ve onun Allah'a ve onun Rasûlü'ne olan desteğinin göstergesidir.

Ebu Hureyre (radıyallâhu anh) şöyle anlatır: Tebuk Gazvesi esnasında insanlar açlıkla karşı karşıya kaldılar ve Rasûlullah'a gelerek "Ey Allah'ın Rasûlü, bize izin versen de su taşıyan develerimizi kessek, onlardan yesek ve yağından faydalansak" dediler. Rasûlullah da (sallallâhu aleyhi ve sellem) kendilerine "Tamam öyle yapın" diye karşılık verdi.

---

91 Müslim Bi Şerhi'n-Nevevi, 7/180.
92 Bir tür et yemeği.
93 Ebu Yala, el-Müsned, 7/449. Adevi isnadının sahih olduğunu söyler.

Ardından Ömer (radıyallâhu anh) geldi ve "Ya Rasûlallah, eğer bunu yaparsan bineğimiz azalır; bence onları çağır, fazla olan erzaklarını getirsinler sonra da bunların bereketlenmesi içi dua et. Umulur ki, Allah bunları bereketlendirir" tavsiyesinde bulundu.

Rasûlullah "Peki" dedikten sonra bir sergi istedi ve onu yaydıktan sonra ellerinde kalan yiyecek parçalarını getirmelerini istedi. Sergi üzerinde bunlardan az bir miktar birikmişti. Bunların bereketlenmesi için dua ettikten sonra "Kaplarınızı alıp gelin" dedi. Bunun üzerine herkes kabını alıp geldi ve kampta boş bir kap kalmayana dek herkes bunları oradaki yiyecekle doldurdu. Herkes doyana kadar yediği halde yiyecek artmıştı.

Rasûlullah şöyle dedi: *"Allah'tan başka ilah olmadığına ve benim onun Rasûlü olduğuma şehadet ederim. Bir kul şüphe etmeksizin bu şehadetle Allah'a kavuşursa mutlaka cennete girer."*[94]

Güçlü Şahsiyeti ve İnsanların Ona Olan Saygıları

Faruk (radıyallâhu anh) güçlü bir şahsiyete sahipti ve Allah yolunda kimsenin kınamasından korkmazdı. Öyle ki, bazen ondan bir şey istemek üzere yanına gelen kimse onun heybeti nedeniyle isteğini söyleyemez ve ihtiyacı görülmeden geri dönerdi.

İbn Abbas'tan bu konuda şu rivayet aktarılır: Ömer ibnu'l-Hattâb'a bir âyet hakkında sormak için bir sene bekledim, ama ondan çekindiğim için soramadım. Sonunda o hac için yola çıktı ve ben de onunla çıktım. Dönüşte yolda iken o

---

94   Buhârî, Cihad, 2982; Müslim, İman, 27. Lafız Müslim'e ait.

ihtiyacı için yoldan uzaklaştı. Ben durup kendisini bekledim ve sonra onunla birlikte yürüdüm. O esnada kendisine "Ey mü'minlerin emiri, eşleri arasından Nebi'ye karşı anlaşan iki tanesi kimdi?" diye sordum. O da "Bunlar Hafsa ve Âişe idi" dedi. Ben "Vallahi bir senedir sana bunu sormak istiyorum ama çekindiğim için soramıyorum" dedim. Bunun üzerine o "Böyle yapma, bir konuda bir şey bildiğimi düşünürsen onu bana sor. Eğer bir şey biliyorsam bu bildiğimi sana söylerim" dedi.[95]

İkrime şöyle der: Ömer heybetli bir insandı. Bir keresinde berber kendisini traş ettiği sırada öksürünce adam korkudan altına yaptı. Ömer ona kırk dirhem verilmesini emretti.[96]

Feraseti

Ömer (radıyallâhu anh) bu kainatta eşine az rastlanır bir ferasete ve anlayışa sahipti. Bu özellikler Allah'ın, ümmetin Faruku'na bahşetmiş olduğu birer nimetti.

Yahya ibn Said'den: Ömer ibnu'l-Hattâb bir adama "Adın ne?" diye sordu. Adam "Cemra[97]" dedi. "Kimin oğlusun?" diye sorunca "İbn Şihab'ın" diye cevapladı. "Kimlerdensin?" dedi, adam "Huraka" dan dedi. "Sonra kimlerdensin?" deyince adam "Beni Dıram'dan" dedi. "Nerede oturuyorsun?" dedi, adam "Harra'da" diye cevapladı. "Neresinde?" deyince, "Zati Laza" da dedi. Bunun üzerine Ömer "Ailene yetiş, çünkü yandılar" dedi. Ömer'in söylediği gibi olmuştu.

---

95 Buhârî, Tefsir, 4913.
96 Müslim; Ahmed Ebû Hureyre'den rivayet eder. Bkz: Sahihu'l-Cami, 1009.
97 Adamın verdiği cevapların tümü alev, kor, yanma, tutuşma gibi ateşle ilgili anlamlar taşıyordu.

Zehebi es-Siyer'de şöyle der: Şurahbil bize şöyle aktarmıştır: Esved el-Ansi Yemen'de Peygamberlik iddiasında bulunmuş ve Ebû Müslim el-Havlani'yi getirterek büyük bir ateş yaktırmış ve kendisini bu ateşin içine attırmıştı. Fakat ateş ona hiçbir zarar vermedi. Bunun üzerine yanındakiler Esved'e "Eğer bunu uzaklaştırmazsan tabilerin sana uymaktan vazgeçecekler" deyince Esved onu şehirden çıkardı. O da Medine'ye gelerek bineğini çöktürüp namaz kılmak üzere Mescid'e girdi. Ömer onu görünce –onun Ebû Müslim olduğu içine doğmuş gibi- kalkarak yanına gitti ve kendisine nereden olduğunu sordu. Ebû Müslim "Yemen'den" diye cevapladı. Ömer bunu duyunca "Yalancı'nın ateşe attığı kişi ne oldu?" diye sordu. O cevaben "Bu Abdullah ibn Sûb'dur." dedi. Ömer "Allah için bana söyle, yoksa sen o musun?" deyince Ebû Müslim "Evet" dedi. Bunu duyan Ömer hemen onu kucakladı ve ağladı. Sonra onu alıp götürdü ve kendisi ile Sıddık arasına oturttu. "İbrahim el-Halil'in başına gelenin aynısının Muhammed ümmetinden birinin de başına geldiğini bana gösteren Allah'a hamdolsun" dedi.[98]

Çok İbadet Edişi

Ömer (radıyallâhu anh) ümmetin tüm yükünü omuzlarında taşıyor olmasına rağmen, Rabbine giden yolda kendisinin azığı olan ibadetten payını almayı da hiçbir zaman ihmal etmiyordu.

Ebu Katade'den (radıyallâhu anh) şöyle rivayet edilir: Rasûlullah (sallallâhu aleyhi ve sellem) Ebû Bekir'e "Vitir'i ne zaman kılıyorsun?" diye sordu. O da "Gecenin başında" diye cevapladı. Sonra Ömer'e dönerek "Sen ne zaman kılıyorsun?"

---

98 Tarihu'l-Hulefa, 9; el-İsabe, 1/262; et-Turuku'l-Hikemiyye, 29. Ahbaru'l-Ömer, s:359'dan naklen.

dedi, o "Gecenin sonunda" karşılığını verdi. Bunun üzerine Rasûlullah (sallallâhu aleyhi ve sellem) Ebû Bekir için "Bu ihtiyatla amel etmeyi tercih etti" , Ömer içinse "Bu güçlü olanla amel etmeyi tercih etti" dedi.[99]

Eslem'den rivayet edildiğine göre Ömer ibnu'l-Hattâb (radıyallâhu anh) Allah'ın dilediği sürece namaz kılar, gecenin sonuna girince ev halkına "Namaza, namaza..." diye seslenerek "Ehline namazı emret ve sen de ona devam et." âyetini okurdu.[100]

Ziyad ibn Hudayr (rahimehullah) şöyle diyor: Ömer ibnu'l-Hattâb gördüğüm en çok oruç tutan ve en çok misvak kullanan kişidir.[101]

İbn Ömer babası hakkında "Ömer, peş peşe oruç tutmadan ölmedi." demekte.[102]

Hüseyn şöyle diyor: "Osman ibn Ebi'l-Âs Ömer ibnu'l-Hattâb'ın eşlerinden biriyle evlenmişti, kendisi bu konuda şöyle demekte: "Vallahi onunla ne mal ne de evlat istediğim için evlendim; amacım bana Ömer'in gecelerini nasıl geçirdiğini anlatmasıydı..!" [103]

Hafız İbn Hacer Ömer'in (radıyallâhu anh) geceleri hakkında şu açıklamayı yapar: "O insanlara yatsıyı kıldırdıktan sonra evine girer ve fecre kadar namaz kılardı."

---

99 Ebu Davud, es-Salât, 1434. Elbani sahih olduğunu belirtir, bkz: Sahihu Süneni Ebi Davud, 1271.
100 Ebu Davud, Zühd; Malik, Muvatta, 1/119; Beyhaki, eş-Şuab, 2822.
101 İbn Sad, et-Tabakat, 3/220.
102 Sıfatu's-Safve, 1/286.
103 Heysemi el-Mecme'da (9/73) şöyle der: Taberani tahric etmiştir, ricali sikadır.

Ömer (radıyallâhu anh) Muaviye ibn Hadic'e şöyle der:"Gündüzleri uyusam tebaamı ihmal etmiş olacağım, geceleri uyusam nefsimi ihmal etmiş olacağım; bu ikisi varken nasıl uyurum ey Muaviye?!" [104]

Onun Dine Uymadaki Sağlam Tutumu

Ömer (radıyallâhu anh), el-Haceru'l-Esved'i selamladıktan sonra şöyle der: "Biliyorum ki sen sadece bir taşsın, ne zarar ne de fayda verirsin; eğer Rasûlullah'ın öptüğünü görmemiş olsaydım seni öpmezdim."

Nafi şöyle anlatmakta: İnsanlar Rasûlullah'ın (sallallâhu aleyhi ve sellem) altında Rıdvan biatını aldığı ağaca gelip yanında namaz kılıyorlardı. Ömer bunu duyunca onları tehdit etti ve o ağacın kesilmesini emretti.

Marûr şöyle der: Ömer ibnu'l-Hattâb'la birlikte hac için yola çıktık. Sabah namazını bize Fîl ve Kureyş sureleriyle kıldırdı. Sonra insanlar bir mescid görüp içinde namaz kılmak için koşuşturdular. Ömer "Bu ne demek oluyor?" diye sorunca "Nebi bu mescitte namaz kılmıştı" diye cevapladılar. Bunun üzerine onlara "Sizden önce Ehli Kitap böyle yaparak helak oldu. Nebilerinden kalma eserleri ibadethane haline getirdiler. (Böyle bir yere rastladığınızda) Namaz vakti ise kılın, değilse yolunuza devam edin" dedi.

Ömer ibn Meymun babasından şöyle dediğini aktarır: Ömer ibnu'l-Hattâb'a bir adam gelerek "Ey mü'minlerin emiri, biz Medain'i fethettiğimizde elime bir kitap geçti ki, içerisinde hoş sözler var" dedi. "Bunlar Allah'ın kitabından mı?" diye sordu, adam "Hayır" dedi. Bunun üzerine sopasını istedi ve adama bununla vurmaya başladı. Bu arada şu âyetleri oku-

---

104 İmam Ahmed, ez-Zühd; s: 123.

yordu: *"Elif lâm ra, bunlar apaçık Kitab'ın âyetleridir. Biz onu Arapça bir kitap olarak indirdik, umulur ki akledersiniz...."* diye devam etti ve şuraya kadar okudu: *"Ondan önce gafillerden (bunları bilmeyenlerden) olmuş olsan da."* [105]

Ardından şöyle dedi: Sizden öncekiler âlimlerinin ve din adamlarının kitaplarına yönelip Tevrat'ı ve İncil'i terk ettikleri için helak oldular. Sonunda bu kitapları tahrif edilmiş ve içlerindeki ilim yok olmuştu.[106]

Cömertliği

Rabbinin vaadinin gerçekleşeceğinden emin olan mü'min rızkın Allah azze ve celle'nin elinde olduğunu bilir ve buna yakinen iman eder. Bu yüzden de hiç kimse mü'min kardeşlerine verme konusunda onun cimrilik ettiğini göremez. Nitekim o Allah yolunda harcadığı her şeyin yerine Allah'ın kendisine yenisini vereceğini bilmektedir.

Ümmet'in Faruk'u (radıyallâhu anh) bu kez de cömertlik konusunda bize örnek olmakta:

Zeyd ibn Eslem babasından aktarıyor: Ömer ibnu'l-Hattâb'ın şöyle dediğini duydum: "Rasûlullah bize sadaka vermeyi emretti. Bu emir benim malımın olduğu bir zamana denk gelmişti. Kendi kendime "Eğer bir gün Ebû Bekir'i geçeceksem, o gün bu gündür" dedim ve malımın yarısını getirdim. Rasûlullah "Ailene ne bıraktın?" diye sordu, ben "Bir bu kadar da onlara bıraktım" dedim.

Biraz sonra Ebû Bekir tüm malını alıp geldi. Rasûlullah ona da "Ailene ne bıraktın ey Ebû Bekir?" diye sorunca o

---

105 Yusuf, 1-3.
106 İbnu'l-Cevzi, Menakibu Emiri'l-Mü'minin Ömer ibnu'l-Hattâb, s:123, Tahkik: Dr. Zeyneb İbrahim, Daru'l-Kütübi'l-İlmiyye.

"Onlara Allah ve Rasûlü'nü bıraktım" diye cevapladı. Anladım ki, onu asla geçemeyeceğim.[107]

Ömer'in "Onu asla geçemeyeceğim" sözüyle kastı faziletlerdir. Zira kendisinin malının çok olduğu, Ebû Bekir'in malının ise az olduğu vakit bunu yapamamışsa sonra hiç yapamayacaktır.[108]

A'meş şöyle der: Bir keresinde ben onun yanındayken kendisine yirmi iki bin dirhem getirildi. O bunu dağıtmadan o meclisten kalkmadı. Malından hoşuna giden bir şey olursa onu tasadduk ederdi. En çok da sukker[109] tasadduk ederdi. Sebebi sorulduğunda "Çünkü ben onu seviyorum, Allah'u Teâlâ 'Sevdiklerinizden infak etmedikçe iyiliğe ulaşamazsınız' demekte" diye cevapladı.[110]

Mücahid şöyle der: Ömer kendisi için Celula soyundan bir cariye satın alması için Ebû Musa'ya bir mektup gönderdi. O da dediğini yaptı. Ömer cariyeyi çağırarak azat etti ve "Sevdiğiniz şeylerden infak etmedikçe iyiliğe ulaşamazsınız" âyetini okudu.

Ömer'in azatlısı Eslem şöyle demekte: İbn Ömer bana onunla ilgili bazı şeyler sordu ve ben de kendisine cevap verdim. Bunun üzerine şöyle dedi: Rasûlullah'ın (sallallâhu aleyhi ve sellem) vefatından sonra işini Ömer'den daha iyi yapanını ve

---

107 Ebu Davud, 1678; Hakim, el-Müstedrek, 1/414. Hakim hadisin Müslim'in şartına uygun olduğunu söylemiş, Zehebi de kendisini onaylamıştır. Elbani hasen olduğunu söyler, bkz: Sahihu Süneni Ebi Davud, 1472.

108 Tuhfetu'l-Ahvezi, 10/111, Daru'l-Kutubi'l-İlmiyye; Avnu'l-Mabud, 5/72, Daru'L-Fikr.

109 Bir tür üzüm (çev.)

110 Ed-Durru'l-Mendud Fi Zemmi'l-Buhli ve Medhi'l-Cûd, Abdu'r-Rauf el-Munavi, s: 64, Daru's-Sahâbe, Tanta.

ondan daha cömert olanını görmedim. O ömrünün sonuna kadar böyleydi.[111]

Hafız İbn Hacer Fethu'l-Bari'de şöyle der: Yani işini yapmada ondan daha iyisi, mal konusunda da ondan daha cömerdi yoktu. Ama bu durum –Nebi'nin ve Ebû Bekir'in bunun dışında kalması açısından- onun hilafeti dönemine hamledilir.

Rasûlullah'ın (sallallâhu aleyhi ve sellem) Ölümü Esnasındaki Tutumu

Enes (radıyallâhu anh) şöyle anlatır: Nebi ağırlaşınca örtüsüne iyice sarındı. Bunun üzerine Fatıma aleyhasselam: "Âh babacığım, ızdırap çekiyor" dedi. Nebi ona "Bugünden sonra babana ızdırap yok" diye karşılık verdi.

O öldükten sonra ise şöyle dedi: "Ah babacığım... kendisini çağıran Rabbe icabet etti; babacığım... gideceği yer Firdevs Cennetinde; babacığım... ölümünü Cibril'e haber verelim. O gömülünce Fatıma aleyhasselam bana dönerek, "Ey Enes, Rasûlullah'ın üzerine toprak serpmeye içiniz nasıl elverdi?" dedi.[112]

Yine Enes'ten şöyle dediği rivayet edilir: Nebi'nin Medine'ye girdiği gün Medine'nin her yanı aydınlanmıştı, onun öldüğü gün ise onun her tarafı karanlığa boğuldu. Ellerimiz Nebi'den (onu gömme işinden) çekilir çekilmez kalplerimizin eskisi gibi olmadığını fark ettik.[113]

Hafız ibn Receb (rahimehullah) şöyle der: Rasûlullah (sallallâhu aleyhi ve sellem) vefat edince Müslümanlar bir sarsıntı

---

111 Buhârî, Fadailu Ashabi'n-Nebi, 3687.
112 Buhârî, el-Meğazi, 7/755; İbn Mace, el-Cenaiz, 1630.
113 Tirmizi, el-Menakıb, 13/104. Elbani "Muhtasaru'ş-Şemail" de hadisin
     sahih olduğunu söyler.

yaşadılar. Kimi dehşete düştü ve şok geçirdi, kimi oturduğu yerden kalkamadı, kiminin dili tutuldu konuşamadı, kimiyse hepten onun ölümünü inkar etti.[114]

Ömer (radıyallâhu anh) durmuş şöyle bağırıyordu: "Bazı münafıklar Rasûlullah'ın (sallallâhu aleyhi ve sellem) öldüğünü iddia ediyorlar. Oysa Rasûlullah ölmedi. O Musa ibn İmran gibi Rabbine gitti. Musa kırk geceliğine kavminden ayrılmıştı; ama kendisi için "öldü" denildikten sonra geri döndü. Vallahi Rasûlullah da dönecek ve kendisinin öldüğünü iddia eden bir takım kişilerin ellerini ve ayaklarını kesecek.[115]

O esnada Ebû Bekir (radıyallâhu anh) bir atın üzerinde Sunh'taki evinden geldi. Attan inerek hiç kimseyle konuşmadan doğruca mescide, oradan da Âişe'nin yanına girdi ve Yemânî bir kumaşa sarılmış olan Rasûlullah'a yönelerek yüzünü açtı sonra üzerine eğilerek onu öptü ve ağladı. Ardından "Anam babam sana feda olsun. Vallahi Allah sende iki ölümü bir araya getirmeyecek. Bunlardan sana yazılmış olan birincisine ulaştın" dedi.

Sonra dışarı çıktı. Baktı ki, Ömer konuşuyor, ona "Otur ey Ömer" dedi. Ömer oturmak istemedi ama insanlar onu bırakıp Ebû Bekir'e yöneldiler. Ebû Bekir onlara şöyle dedi: "İçinizden kim Muhammed'e kulluk ediyorsa, bilsin ki Muhammed öldü; içinizden kim Allah'a kulluk ediyorsa, bilsin ki Allah diridir ve asla ölmez. Allah şöyle demekte: *'Muhammed sadece bir elçidir. Ondan önce nice elçiler gelip geçmiştir. O ölecek ya da öldürülecek olsa gerisin geri dönecek misiniz? Kim gerisin geri dönerse bilsin ki, (böyle yapmakla) Allah'a*

---

114 Lataifu'l-Mearif'ten özetle, s: 113-114.
115 İbn Hişam, es-Sire'de İbn İshak'tan rivayet eder. İbn Sa'd et-Tabakat'ta rivayet eder. İbn Hıbban sahih olduğunu söyler (14/6620).

hiçbir zarar veremez. Allah şükredenleri mükafatlandıracaktır.' (Âl-i İmran: 144)

İbn Abbas şöyle diyor: "Vallahi Ebû Bekir bu âyeti okuduğunda insanlar onu Allah'ın indirdiğinden habersiz ve daha önce hiç duymamış da ilk defa ondan duyuyor gibilerdi. Onu duyan herkes âyeti okumaya başladı."

İbnu'l-Müseyyeb Ömer'in şöyle dediğini aktarır: Vallahi Ebû Bekir'in âyeti okuduğunu işitir işitmez dehşete düştüm ve ayaklarım beni çekmedi, yere çöküp kaldım. Nebi'nin gerçekten öldüğünü anlamıştım.[116]

Ebu Bekir'e Biatı

Enes ibn Malik(radıyallâhu anh) , Ömer'in(radıyallâhu anh) Nebi'nin (sallallâhu aleyhi ve sellem) ölümünden bir gün sonra minbere çıkarak yaptığı konuşmayı dinlediğini söyler. Ebû Bekir de Ömer'in yanındadır ve konuşmadan oturmaktadır. Şöyle der:

'Ben Rasûlullah'ın bizden sonraya kalacağını ümit ediyordum (ama öyle olmadı). Her ne kadar Muhammed öldüyse de, Allah sizin aranızda kendisiyle Rasûlü'ne yol gösterdiği kitabını bıraktı. Rasûlullah'ın arkadaşı ve mağaradaki iki kişiden ikincisi olan Ebû Bekr ise sizin başınıza geçmeye en layık kişidir. Hadi kalkın ve ona biat edin.'

Zühri Enes ibn Malik'in şöyle dediğini aktarır: Ömer'in o gün Ebû Bekir'e "Minbere çık" dedi ve o çıkana kadar ısrar etti. Sonunda insanların hepsi ona biat ettiler.[117]

---

116 Buhârî, el-Meğazi, 4452, 4453.
117 Buhârî, el-Ahkam, 7219.

Hilafet ve Yargı

Ömer'in ilimde, fıkıhta ve hikmette ulaştığı düzey onu Sıddık döneminde kâdı olmaya, ondan sonraki dönemde de mü'minlerin emiri olmaya ehil kılmıştı.

İbrahim en-Nehai şöyle der: Ebû Bekir'in Müslümanların işleriyle ilgili olarak kendisine ilk görev verdiği kişi Ömer ibnu'l-Hattâb olmuştur. Ebû Bekr onu kadâ (yargı) işiyle görevlendirdi. Kendisi İslâm'daki ilk kâdıdır.[118]

Ebu Bekir hayatının son anlarında kendisinden sonra hilafet görevini üstlenmek üzere Ömer ibnu'l-Hattâb'ı (radıyallâhu anh) görevlendirdi.

İbnu'l-Cevzi "el-Muntazam" da şöyle der: Ebû Bekir bunu yapmayı –yerine Ömer'i bırakmayı- istediğinde Abdurrahman ibn Avf'ı çağırarak "Ömer hakkında ne dersin?" diye sordu. O "Vallahi o düşünebileceğin en uygun insan, sadece biraz katılığı var" dedi.

Ebu Bekir "O şimdi böyle davranıyor, çünkü beni yumuşak görüyor. Eğer sorumluluk kendisine verilirse şu anki tutumlarının çoğunu bırakacaktır" diye karşılık verdi.

Sonra Osman ibn Affan'ı çağırarak "Ömer hakkında ne dersin?" diye ona da sordu. O cevaben "Sen onu hepimizden daha iyi tanırsın." dedi.

Ebu Bekir "Öyle de olsa sen fikrini söyle ey Ebû Abdullah" deyince, Osman "Vallahi benim onun hakkında bildiğim şey, içinin dışından da hayırlı olduğudur. Aramızda onun gibisi yoktur." dedi.

Bunun üzerine Ebû Bekir "Allah sana rahmet etsin, val-

---

118 İbnu'l-Cevzi, Menakibu Ömer ibnu'l-Hattâb, s: 52.

lahi eğer onu düşünmemiş olsam seni atlamazdım" dedikten sonra ona "Yaz" dedi ve şunları yazdırdı: "Bismillahirrahmanirrahim. Bu Ebû Bekir'in dünyadan ayrılmadan ve kafirin iman edeceği, fasığın yakinen inanacağı, yalancının doğruyu söyleyeceği ahirete geçmeden önceki son atamasıdır... Ben yerime..." dedikten sonra kendisinden geçti. Bunun üzerine Osman "Yerime Ömer ibnu'l-Hattâb'ı bırakıyorum." yazdı.

Ebu Bekir kendine gelince "Yazdığını oku" dedi. Osman da yazdığını ona okudu. Bunun üzerine tekbir getirdi ve "Görüyorum ki, baygınlığım esnasında öleceğimden ve insanların ihtilafa düşmelerinden korktun" dedi. Osman da "Evet" diye cevapladı. Bunun üzerine "Allah seni hayırla mükafatlandırsın" dedi.

Dolayısıyla Ebû Bekir (radıyallâhu anh) onun yazdığını onayladı ve yazılı kağıdı dışarı insanların yanına çıkarmasını emretti. Herkes ismi kayıtlı kişi için ona biat etti. Bu kişinin Ömer olduğunu öğrenince bir grup Ebû Bekir'in yanına girerek "Katılığını gördüğün halde yerine niye Ömer'i bıraktın diye Rabbin sana sorunca ona ne cevap vereceksin?" dediler.

Bunun üzerine Ebû Bekir "Beni oturtun" dedi ve onlara dönerek "Beni Allah'la mı korkutuyorsunuz? Sizi zulümle yöneten hüsrana uğrar. Bana sorduğunda Allah'a derim ki, 'Onların başına senin ehlin olanların en hayırlısını bıraktım.'"

Sonra Ömer'i çağırıp ona vasiyette bulundu.[119]

Ali ibn Ebi Talib (radıyallâhu anh) şöyle der: Ebû Bekir'in vefat vakti geldiğinde kendisi Ömer'in buna –hilafete- en uygun

---

119 El-Muntazam Fi Tarihi'L-Umem ve'l-Muluk, 4/125, 126; İbnu'l-Esir Usdu'l-Ğabe'de tahric eder, 4/157; bkz: el-Metalibu'l-Âliye, 4313. İbn Hacer isnadının sahih olduğunu belirtir.

kişi olduğuna karar verdi. Eğer seçiminin nedeni kayırma olmuş olsaydı, hiç kuşkusuz oğlunu seçerdi. O bu konuda Müslümanlarla istişare etti ve onlardan kimi buna olumlu bakarken kimi olumsuz bakarak "Bile bile başımıza böyle katı birini mi bırakıyorsun?! Rabbinin karşısına çıktığında ona ne cevap vereceksin?" dediler. O "Karşısına çıktığımda Rabbime 'İlahi, onların başlarına senin ehlin olanların en hayırlısını geçirdim' derim" diye karşılık verdi.

İşte böylece Ebû Bekir başımıza halife olarak Ömer'i bıraktı. O da arkadaşından aldığı görevi, yaptığı hiçbir şeyi reddedemeyeceğimiz şekilde aramızda icra etti. Gün be gün hem dinimizdeki hem dünyamızdaki artışı görüyorduk. Allah ona topraklar fethetmeyi, şehirler inşa etmeyi nasip etti. Allah yolunda kınayanın kınamasından korkmuyordu. Adalet ve hakkını alma konusunda onun için yakın da birdi uzak da. Allah, hakkı onun diline ve kalbine yerleştirmişti. Öyle ki, bizler sekine onun diliyle konuşuyor, iki gözünün arasında bir melek var da onu sürekli doğrultuyor ve muvaffak kılıyor sanırdık.[120]

Ümmetin Faruku ve Yargı

İbn Abdilber Urve ve Mücahid'den şu rivayeti aktarır: Beni Mahzum'dan bir adam bir yer konusunda Ebû Süfyan ibn Harb'in kendisine zulmettiği gerekçesiyle Ömer'i onun aleyhine kışkırtmak istedi. Ömer "Ben orayı en iyi bilen kişiyim, belki de sen ve ben çocukken orada oynamışızdır, bana Ebû Süfyan'ı getir" dedi. Adam onu alıp geldi. Ömer ona "Ey Ebû Süfyan, bizi falan yere götür" dedi. Oraya gittiklerinde Ömer baktı ve "Ey Ebû Süfyan, şu taşı buradan al ve şuraya

---

120 Abdullah ibnu'l-İmam Ahmed Müsned üzerine yaptığı Zevaid'de tahric eder, 1/106; Lâlikâi, Keramatu'l-Evliya, s: 64'da ve başkaları Şabi-Ali (radıyallâhu anh) yoluyla rivayet ederler, ricali sikadır.

koy" dedi. O "Vallahi yapmam" diye cevap verdi. Ömer "Vallahi yapacaksın" dedi, o tekrar "Vallahi yapmayacağım" diye cevapladı. Bu kez sopasını ona doğru kaldırarak "Al o taşı ey anasız kalasıca ve koy şuraya; senin geçmişinde işlediğin zulmü ben biliyorum." dedi. Ebû Süfyan taşı aldı ve Ömer'in söylediği yere koydu.

Bunun üzerine Ömer (radıyallâhu anh) kıbleye dönerek "Allah'ım, ölmeden önce Ebû Süfyan'ın bana boyun eğdiğini gösterdiğin ve İslâm yoluyla onu benim karşımda zelil kıldığın için sana hamd olsun" dedi.

Bunu gören Ebû Süfyan da kıbleye döndü ve "Allah'ım, kalbimde Ömer'in karşısında zelil olmamı sağlayacak şeyi yarattığın için sana hamd olsun" dedi.[121]

Müslümanların İdarecilerine

Bu satırları, büyük ya da küçük Müslümanlara ait herhangi bir iş üstlenen herkese hediye ediyoruz ki, yolları bununla aydınlansın.

Ebu Bekir'in yumuşaklığından dolayı çocuklar kendisini görünce ona doğru koşar ve kendisine "Babacığım" diye seslenirlerdi, o da onların başlarını okşardı. Ömer de öylesine heybetliydi ki, insanlar onu görünce korkudan oturdukları meclisi terk edip dağılırlar ve onun ne yapacağını gözlerlerdi. Bu durumdan Ömer'e bahsedilince "Cemaatle namaza" diye seslendi. İnsanlar toplanırken minbere, Ebû Bekir'in ayaklarını koyduğu yere oturdu. Herkes toplanınca ayağa kalktı, Allah'a gereği gibi hamd ve sena etti, Nebi'ye salât okudu ve ardından şöyle dedi: "Bana söylendiğine göre insanlar benim sertliğimden ve katılığımdan korkuyorlar ve diyorlarmış

---

121 El-Muğni Ala Muhtasari'l-Hiraki, 10/49.

ki, 'Rasûlullah aramızdayken Ömer bize karşı sert davranırdı. Ebû Bekir radıyallahu anhu başımızdayken de sert davrandı. Başımıza bizzat kendisi geçtikten sonra böyle davranmaması nasıl düşünülebilir?'

Bunu söyleyen doğru söylemiş. Ben Rasûlullah'la birlikte onun hizmetindeydim kimse onun kadar yumuşak ve merhametli değildi. O Allah'ın belirttiği gibi "Mü'minlere karşı rauf ve rahim" di. Ben onun elinde çekilmiş bir kılıç gibiydim. Ta ki, bu kılıcı kınına sokana, ya da onu elinden bırakana kadar... Ben, o benden razı bir şekilde vefat edene kadar bu konumda oldum. Bundan dolayı Allah'a sonsuz hamd olsun. Ben bundan dolayı mutluyum.

Sonra Müslümanların başına Ebû Bekir geçti. Onun sakinliğini, yumuşaklığını ve cömertliğini kimse inkâr edemez. Ben onun da hizmetçisi ve yardımcısıydım. Benim şiddetim onun yumuşaklığına karıştı ve ben onun için de çekilmiş bir kılıç oldum. Ta ki, o bu kılıcı kınına koyana ya da elinden bırakana kadar... Allah azze ve celle, o benden razı bir halde onun ruhunu alana kadar, ben onun yanında hep bu konumda oldum. Bundan dolayı Allah'a sonsuz hamd olsun. Ben bundan dolayı mutluyum.

Sonra ey insanlar, başınıza ben geçtim. Bilin ki, bu şiddet zayıflamıştır ve bu şiddet sadece zalimlere ve Müslümanlara düşmanlık edenlere yöneliktir. Selamet, din ve hidayet ehline gelince, onlar kendi aralarında yumuşaklarsa, ben onlara karşı daha yumuşağım. Şu var ki, hiç kimsenin kimseye zulmetmesine ya da saldırmasına izin vermem. Bunu yapan olursa, onun bir yanağını yere koyar, ayağımla diğer yanağına basarım; ta ki o; hakka boyun eğene kadar... Bu şiddetimle birlikte ben iffet sahibi ve zulümden kaçınan kimseler için yanağımı yere koymaktan da çekinmem.

Sizin benim üzerimde birazdan sayacağım bir takım haklarınız var ki, onları benden alın:

- Sizden haraç alırken ve Allah'ın size ganimet olarak verdiğinden alırken meşru biçimde almak.

- Elime geçeni hak ettiği yere vermek.

- Size verdiğim bağışları ve rızkınızı –Allah'u Teâlâ dilediği takdirde- artırmak.

- Ülkenizin sınırlarını korumak.

- Sizi, helake götürecek tehlikelere atmamak.

- Sizi uzun süre sınırlarda tutarak ailenizden mahrum bırakmamak.

- Ailenizden uzağa gönderildiğinizde siz dönene kadar onların sorumluluğunu üstlenmek.

Allah'tan korkun ey Allah'ın kulları! Bana, benden kendinizi sakınarak "kendiniz" hakkında; emri bilmaruf ve nehyi anilmünker yoluyla ve Allah'ın bana yüklemiş olduğu sorumluluklar konusunda nasihat ederek "kendim" hakkında yardımcı olun.

Sözlerimi bitirirken, Allah'tan kendim için ve sizler için bağışlanma diliyorum.[122]

İbn Firas şöyle der: Ömer ibnu'l-Hattâb bir konuşma yaparak şöyle dedi: ' Ey insanlar, Nebi (sallallâhu aleyhi ve sellem) aramızdaydı, vahiy iniyordu ve Allah sizin haberinizi bize veriyordu da sizi öyle tanıyorduk. Ama artık Nebi yok ve vahiy kesildi. Bugün sizden kim hayır ortaya koyarsa, onun hak-

---

122 Ebu Yusuf, Kitabu'l-Harac, s: 140. "Ahbaru Ömer" den naklen, s: 56.

kında hayır düşünür ve bundan dolayı onu severiz; kim şer ortaya koyarsa, onun hakkında şer düşünür ve bundan dolayı ona buğzederiz. Gizledikleriniz ise Rabbinizle sizin aranızdadır. Ben insanların Allah rızasını umarak Kur'an okuduklarını sanırken öyle bir zaman geldi ki, bazı kimselerin insanlar için Kur'an okuduklarını fark eder oldum. Okuduğunuz Kur'an'la Allah'ın rızasını amaçlayın, amellerinizin amacı sadece Allah rızası olsun.

Ben valilerimi ne size sopa vursunlar diye ne de mallarınızı alsınlar diye gönderiyorum. Onları göndermedeki amacım size dininizi ve sünnetinizi öğretmeleridir. Eğer onlardan birisi herhangi birine bunun dışında bir şey yaparsa, o kişi bunu bana bildirsin. Nefsim elinde olana yemin ederim ki, o valiye kısas uygularım.

O bunu söyler söylemez Amr ibnu'l-As fırlayarak kendisine "Ey mü'minlerin emiri, Müslümanlardan birisi tebasının başında iken onlardan birini terbiye edecek olsa sen ona kısas mı uygulayacaksın?" dedi.

Ömer'in cevabı şu oldu: 'Ömer'in nefsi elinde olana yemin olsun ki, evet. Böyle bir şey yaptığı takdirde ona kısas uygularım. Ben Rasûlullah'ın kendisine kısas uyguladığını gördüm. Sakın Müslümanlara vurup da onları küçük düşürmeyin. Onları sınırlarda uzun süre tutup da fitneye düşürmeyin. Onların haklarını ellerinden alıp da küfre düşürmeyin. Onları sık ormana indirip de düşman tarafından yok edilmelerine neden olmayın.' [123]

---

123 Ahmed, Müsned,286. Şeyh Ahmed Şakir isnadının hasen olduğunu söyler. Hakim de aynısını söyler (4/439) ve Müslim'in şartına göre sahih olduğunu belirtir, Zehebi de kendisini onaylar. Bkz: Kenzu'l-Ummal, 44212.

Verası ve Allah Korkusu

İşte bu konuda kalemlerin vasfetmekten aciz kaldığı birkaç sahne:

Osman ibn Affan, Âliye'de kendine ait bir yerde olduğu çok sıcak bir günde, birinin iki genç deveyi sürerek geldiğini gördü. Yer alev saçıyordu. Kendi kendine 'Şu adam Medine'de kalsa da hava biraz serinleyince çıksa olmaz mıydı?' dedi. Adam yaklaşınca hizmetçisine 'Bak bakalım kimmiş?' dedi.

Hizmetçi baktı ve "Ridasına sarınmış, iki genç deve süren bir adam görüyorum." dedi.

Adam biraz daha yaklaşınca tekrar bakmasını söyledi. Hizmetçi baktı, bir de ne görsün; bu Ömer ibnu'l-Hattâb'dı!!

'Bu mü'minlerin emiri!' dedi.

Osman hemen kalkıp başını kapıdan dışarı uzattı, ama sıcak rüzgâr yüzüne çalınca başını kapının hizasına geri çekti. Ömer'e "Bu saatte seni çıkaran sebep nedir?" diye sordu.

Ömer "Zekât mallarına dâhil olan şu iki deve geride kaldılar. Diğer zekât develeri ise ilerlediler. Bunları diğerlerine yetiştirmek istedim. Bunlar kaybolur da, Allah benden hesabını sorar diye korktum." dedi.

Osman, "Ey mü'minlerin emiri, gel su iç ve gölgelen, biz senin yerine onları götürürüz" deyince, Ömer onu "Gölgene geri dön ey Osman!" diye cevapladı.

Bunun üzerine Osman " 'Güçlü ve güvenilir' olanı görmek isteyen varsa ona baksın" dedi.

Abdullah ibn Ömer'den (radıyallâhu anh): Bir deve satın almış ve onu koruluğa sürmüştüm. Deve semirince onu alıp pazara götürdüm. Ömer pazara girip de semiz bir deve görünce "Bu kimin?" diye sordu. Ona "Abdullah ibn Ömer'in" dediler.

Bunu duyunca "Vay canına, hem de mü'minlerin emirinin oğlu!" dedi.

Ben koşarak yanına geldim ve "Ne oldu ey mü'minlerin emiri?" dedim.

O "Bu deve neyin nesi?" deyince, "Zayıf bir deveydi, ben onu satın alıp diğer Müslümanlar gibi koruluğa gönderdim" diye cevapladım.

Ömer "Mü'minlerin emirinin oğlunun devesini güttüler! Mü'minlerin emirinin oğlunun devesini suladılar! Ey Abdullah, anaparanı al, kâr kısmını müslümanların beytülmaline koy." dedi.[124]

İbn Abbas (radıyallâhu anh) şöyle anlatır: Ömer ibnu'l-Hattâb beni çağırdı, ben de yanına gittim. Önünde bir sergi ve serginin üzerinde saçılmış altınlar vardı. Bana "Gel ve bunları kavmin arasında paylaştır. Vallahi bunları Allah Nebi'ye ve Ebû Bekir'e vermedi de bana niye verdi, hayır için mi şer için mi? bilmiyorum. Bunu en iyi bilen Allah'tır" dedi.

Ben onları ayırmak ve paylaştırmak üzere eğildiğimde bir ağlama sesi duydum. Bu Ömer'in sesiydi. Kendisi hem ağlıyor hem de "Nefsim elinde olana yemin ederim ki, Allah Nebisine ve Ebû Bekir'e şer dilediği için bunları onlara vermemiş de, Ömer'e hayır dilediği için vermiş olamaz." diyordu.[125]

---

124 Ahbaru Ömer; 292.
125 İbn Sad, et-Tabakat, 3/230. İsnadı sahihtir.

Mücahit'ten şöyle dediği rivayet edilir: Yapmış olduğu bir hacda Ömer Medine'den Mekke'ye gidişte ve Mekke'den Medine'ye dönüşte seksen dirhem harcamıştı. Bunun üzerine bir eliyle diğerine vurup üzgünlüğünü ifade ederek " Bize bu mal Allah'ın malını israf edelim diye verilmedi." diyordu.[126]

Abdullah ibn Âmir ibn Rabîa şöyle der: Bir keresinde Ömer'i gördüm, yerden bir saman tanesi almış şöyle diyordu: Keşke şu saman tanesi olsaydım, keşke hiç var olmasaydım, keşke annem beni doğurmasaydı.[127]

Katade'den (radıyallâhu anh) şöyle rivayet edilir: Ömer Şam'a gelince kendisine daha önce görmediği bir yemek yapılır. Yemek önüne getirilince "Biz bunu yiyeceğiz de sadece arpa ekmeği yiyip de doymadan geceleyen fakir Müslümanlar ne olacak?" dedi.

Halid ibn Velid (radıyallâhu anh) "Onlar için cennet var" deyince, Ömer'in gözleri doldu ve "Eğer bizim payımız bu da onlarınki cennetse, aramızdaki fark çok büyük demektir." karşılığını verdi.[128]

Ömer (radıyallâhu anh) elini ateşe yaklaştırır ve "Ey İbnu'l-Hattâb, buna dayanabilir misin?" der.[129]

Bera ibn Ma'rur Ömer hakkında şöyle der: Bir gün çıktı ve minbere kadar geldi. Sağlığıyla ilgili bazı şikâyetleri vardı. Oradakiler kendisine balın özelliklerinden bahsettiler. Beytülmalde bir küp kadar bal vardı. Ömer onlara "Eğer izin ve-

126 İbnu'l-Esir, Usdu'l-Ğâbe, 4/161. Senedi sahihtir.
127 Zehebi, Siyeru'l-Hulefa, s: 83; İbnu'l-Cevzi, el-Muntazam, 4/ 141. Senedindeki Asım ibn Abdullah ibn Asım dışında ricali sahihtir.
128 İbnu'l-Cevzi, Menakibu Emiri'l-Mü'minin.
129 Ahbaru Ömer, s: 307. İbnu'L-Cevzi'den naklen.

rirseniz ondan alırım, eğer vermezseniz ondan almak bana haramdır." dedi.[130]

İbnu'l-Cevzi Menakibu Ömer'de şöyle der: Emirul mü'minin Ali ibn Ebi Talib'den (radıyallâhu anh): Bir keresinde Ömer ibnu'l-Hattâb'ı hayvanının üzerinde hızla giderken gördüm. "Ey mü'minlerin emiri, nereye böyle?" diye seslendim, "Zekât develerinden bir tanesi kaçtı, onun peşindeyim" dedi. Ben de kendisine "Senden sonraki halifeleri zor durumda bırakmaktasın" deyince cevabı şu oldu: "Ey Ebû'l-Hasen, beni kınama. Muhammed'i Nebi olarak gönderene yemin olsun ki, eğer Fırat kıyısında bir oğlak kaybolsa, Ömer'e kıyamet gününde ondan sorulur."

Katade şöyle der: Muaykib Ömer'in beytülmalinden sorumluydu. Bir gün beytülmali süpürürken yerde bir dirhem buldu ve bunu ibn Ömer'e verdi. Muaykib kendisi şöyle anlatır: "Sonra beytülmale döndüm. Ben oraya varır varmaz Ömer'in elçisi gelerek beni çağırdı. Yanına gittiğimde o bir dirhem Ömer'in elindeydi. Bana "Yazıklar olsun sana ey Muaykib! Bana karşı bir kastın mı var?" dedi. Ben "Ne oldu ki?" diye sorunca, "Sen bu dirhem sebebiyle kıyamet gününde Muhammed ümmetinin bana düşman olmasını mı istiyorsun?" dedi.[131]

Enes ibn Malik'ten (radıyallâhu anh): Bir keresinde Ömer ibnu'l-Hattâb'la birlikte çıkmıştım. O bir bahçeye girdi, aramızda bir duvar vardı. Bahçenin ortasında şöyle dediğini duydum. "Ömer ibnu'l-Hattâb, mü'minlerin emiri! Vay canına! Vallahi, ya Allah'tan gereği gibi korkarsın ey ibnu'l-Hattâb ya da sana azab eder!"[132]

---

130 İbn Sad, et-Tabakat, 3/209; Tarihu't-Taberi, 2/569. Senedi sahihtir.
131 İbnu'l-Cevzi, Menakibu Emirilmü'minin (Ömer ibnu'l-Hattâb).
132 İsnadı sahih ve muttasıldır; mevkuftur. Ahmed "ez-Zühd" de, İbn Ebi'd-Dünya Muhasebetu'n-Nefs'te tahric eder.

Onun Zühdüne Dair

Kendisi tevazu sahibiydi, alelade yaşar ve alelade yemekler yerdi. Allah uğrunda sert bir insandı. Elbisesini deri ile yamar, heybetine rağmen omuzlarında kırba taşırdı. Eşeğe semersiz biner, lifle gemlenmiş deve sürer, az güler ve kimseye espri yapmazdı. Yüzüğüne şöyle yazdırmıştı: "Öğüt verici olarak ölüm yeter ey Ömer" [133]

Hilafet görevini üstlendiğinde şöyle dedi: "Allah'ın malı içerisinden bana biri kışlık biri yazlık olmak üzere iki elbise ile ailem için Kureyş'in zengininin değil, Kureyş'ten herhangi birini yediği kadar yiyecek dışında bir şey almak helal olmaz. Bunun dışında, ben Müslümanlardan herhangi biriyim!!"

İbnu'l-Cevzi "Menakibu Ömer" adlı eserinde Abdulaziz ibn Ebi Cemile'nin şöyle dediğini nakleder: Bir keresinde Ömer Cuma namazına gecikmişti, mescide gelince minbere çıktı ve insanlardan özür dileyerek "Şu gömleğim yüzünden geciktim; başka gömleğim yok" dedi.[134]

Cabir ibn Abdullah şöyle der: Ömer ibnu'l-Hattâb elimde bir parça et gördü ve "Bu nedir ey Cabir?" dedi. Ben de "Canım et çekmişti, ben de satın aldım" diye cevapladım. Bunun üzerine Ömer "Her canın bir şey istediğinde onu satın mı alırsın?! Şu âyetten korkmaz mısın: *"Tüm temiz nimetlerinizi dünya hayatınızda tükettiniz"* [135] diye karşılık verdi.

Humeyd ibn Hilal'den aktarıldığına göre Hafs ibn Ebi'l-Âs Ömer'in yiyeceğini getirirdi ama ondan yemezdi. Ömer kendisine "Yemeğimizi yememenin sebebi nedir?" diye sorunca,

---

133 Hafız İbn Kesir, el-Bidaye ve'n-Nihaye, 5/214.
134 İbn Sad, et-Tabakat, 3/251. İsnadı sahihtir.
135 İmam Malik, el-Muvatta; İmam Ahmed, ez-Zühd, s: 153; Beyhaki, eş-Şuab, 5284.

Hafs "Senin yiyeceğin kalın ve sert, ben ise yumuşak yiyeceğe alışkınım. Bana öyle pişirilir, ben de ondan yerim" dedi.

Ömer ona şöyle karşılık verdi: "Sen benim bir koyun kesilip yüzülmesini, ekmeğimin ununun birkaç kez elenmesini, ardından incecik bir ekmek pişirilmesini emretmekten, bir miktar kuru üzüm getirtip onu bir kabın içine koydurttuktan sonra üzerine su doldurmaktan ve ceylan kanı gibi olduktan sonra onu içmekten aciz olduğumu mu sanıyorsun?" dedi.

Hafs "Gördüğüm kadarıyla sen iyi yaşamayı da biliyorsun!" deyince, Ömer onu "Elbette! Nefsim elinde olana yemin ederim ki, eğer hasenatım eksilecek olmasa sizin bu hoş yaşamınıza ben de ortak olurdum!" diye cevapladı.[136]

Ömer'i paylayarak "Daha iyi yiyecekler yesen hakkı yerine getirmede daha güçlü olursun" dediler. Onun cevabı şu oldu: "Ben iki arkadaşımı öyle bir yolda bıraktım ki, eğer onların yolunu terk edersem bulundukları menzile ulaşmam imkânsızlaşır."

Kuraklık yılında ekmek ve zeytinyağından başka bir şey yemiyordu ve cildi kararmıştı. Buna rağmen "Ben ne kötü bir sorumluyum, ben doyuyorum, insanlar aç!!" diyordu.

Enes (radıyallâhu anh) şöyle der: Kuraklık yılında bir keresinde Ömer'in karnı guruldamıştı; zira o sadece zeytinyağı yiyordu ve tereyağını kendisine yasaklamıştı. Parmaklarıyla karnına vurarak "İnsanlar normal hayatlarına dönene dek başka bir şey yok" dedi.[137]

Muaviye'den (radıyallâhu anh): Ebû Bekir dünyayı isteme-

---

136   İbn Sad, et-Tabakat, 3/212. Ricali sikadır.
137   Ahmed Kitabu'z-Zühd'de tahric eder, s: 150.

mişti, dünya da onu istemedi; Ömer'i dünya istedi ama o dünyayı istemedi. Bize gelince, biz onun içinde yuvarlandık."[138]

Talha ibn Ubeydullah şöyle der: Ömer bizden önce İslâm'a girmediği gibi, bizden önce hicret de etmedi. Ama o dünya konusunda bizim en zahidimiz, ahirete ise en düşkünümüzdür.[139]

Tevazusu

Mü'minlerin emiri Ömer (radıyallâhu anh) ümmete tevazu konusunda en güzel örnekleri sergilemiştir.

Katade (radıyallâhu anh) şöyle der: Bir gün Ömer mescitten çıktı, yanında Cârud[140] vardı. Yürüdükleri yol üstünde bir kadının oturuyor olduğunu gördüler.[141] Ömer kadına selam verdi, o da selamını aldı veya kadın ona selam verdi ve Ömer onun selamını aldı.

Kadın "Hele biraz dur Ömer; ben senin çocukluğunu bilirim; sana Ukaz çarşısında "Umeyr" (Ömercik) diye seslenilirdi, o zamanlar çocuklarla güreşirdin. Günler geçti sen "Ömer" oldun, sonra günler geçti "Mü'minlerin emiri" oldun. Halkın konusunda Allah'tan kork; ölümden korkan, bir şeyleri kaçırmaktan da korkar" dedi.

Ömer onun bu sözleri üzerine ağladı. Bunun üzerine Cârud kadına "Mü'min lerin emirine karşı cüretkârlık ettin ve onu ağlattın" dedi.

Ömer "Onu bırak, onun kim olduğunu biliyor musun? O Havle binti Hakîm'dir. Allah yedi kat göğün üzerin-

---

138 Zehebi, Siyeru'l-Hulefa, s: 81.
139 İbn Asakir, 52/224; İbnu'l-Esir, Usdu'l-Ğabe, 4/147, hasen bir senetle rivayet eder.
140 Bişr ibn Amr.
141 Havle binti Hakim. O zaman yaşlı bir kadındı.

den onun sözlerini dinlediyse, vallahi Ömer'in dinlememesi düşünülemez.[142]

Enes ibn Malik'ten: Bir keresinde Ömer ibnu'l-Hattâb'la birlikte çıkmıştım. O bir bahçeye girdi, aramızda bir duvar vardı. Bahçenin ortasında şöyle dediğini duydum. "Ömer ibnu'l-Hattâb, mü'minlerin emiri! Vay canına!! Vallahi, ya Allah'tan gereği gibi korkarsın ey ibnu'l-Hattâb ya da sana azab eder!"[143]

Talha, Ömer'in bir gece karanlıkta dışarı çıktığını görür. Kendisi bir yere gider ve oradaki bir eve girer sonra oradan çıkıp başka bir eve girer. Sabah olunca Talha onun girdiği eve gider ve evde yaşlı, kör ve yatalak bir kadının yaşadığını görür. Kadına "O adam buraya ne diye geliyor?" diye sorunca kadın "O benim şu şu işlerimi yapmayı üstlendi. İhtiyacım olan şeyleri getiriyor, çöplerimi atıyor" dedi.

Bunu duyan Talha kendi kendine "Anan sensiz kalaydı Talha! Ömer'in kusurlarının peşine mi düştün?!!" diye söylendi.[144]

Ömer ibnu'l-Hattâb'ın yanına Irak'tan bir heyet geldi. Heyettekiler arasında Ahnef ibn Kays da vardı ve o gün oldukça sıcak bir yaz günüydü. Ömer abasına sarınmış, zekât develerinden birini katranla sıvıyordu. Ahnef'e seslenerek "Üzerindekileri çıkarıp buraya gel ey Ahnef ve mü'minlerin emirine yardım et, zira bu deve zekât develerinden birisi ve bunda yetimin, dulun, fakirin hakkı var." dedi.

---

142 El-Misbah, 2/37; bkz: el-Ikdu'l-Ferid, 2/357. Muhtasaru Minhaci'l-Kasidin'den naklen, s: 170-171.

143 Malik, el-Muvatta, 2/992. Camiu'l-Usul'ün muhakkiki "isnadı sahihtir" der.

144 Ebu Nuaym, Hilye, 1/48, isnadı sahihtir.

Heyettekilerden birisi " Allah seni bağışlasın ey mü'minlerin emiri, zekât kölelerinden birine emretsen de, bunu senin yerine o yapsa olmaz mı?" deyince Ömer şöyle karşılık verdi: "Kölelikte benden ve Ahnef'ten daha ileri olan var mı? Müslümanların velayetini üstlenmiş birisi olarak onun da kölenin efendisine gösterdiği sadakati göstermesi ve kendisine emanet edilen görevi yerine getirmesi gerekir." [145]

Ömer Beytu'l-Makdis'e oranın fatihi olarak bir katırın üzerinde girerken, üzerinde olduğu hayvan çalımla yürümeye başlar, bunun üzerine ona sırtındaki ridasıyla vurarak, "Sana bunu öğretenin Allah canını alsın, bu bir kibirlenmedir" der. Ardından hayvanın üzerinden iner ve oradakilere "Beni bir şeytana bindirmişsiniz; (o böyle yapınca) kendimi tanıyamadım[146] ve ondan indim" diye açıklamada bulunur.[147]

Muhammed ibn Ömer el-Mahzumi babasından şöyle aktarır: Ömer ibnu'l-Hattâb "Cemaatle namaza!" diye seslendi. İnsanlar toplanınca minbere çıkarak Allah'a hamd ve senada bulunup Nebisine salât okuduktan sonra şöyle dedi: "Ey insanlar, ben bir zamanlar Beni Mahzum'dan olan teyzelerime çobanlık yapardım, onlar da bana bir avuç hurma ve kuru üzüm verirlerdi, o günü bununla geçirirdim..." dedi ve minberden indi. Abdurrahman ibn Avf kendisine yaklaşarak "Ey mü'minlerin emiri, hala kendini değersiz mi görüyorsun?!" dedi. Ömer'in buna verdiği karşılık şu oldu: "Yazıklar olsun sana ey ibn Avf!! Ben nefsimle baş başa kalınca o bana 'Sen mü'minlerin emirisin, senden daha üstün kim var?!' dedi, ben de bunun üzerine ona kim olduğunu öğretmek istedim." [148]

---

145   Ahbaru Ömer, s: 343.
146   Kalbinde bir kendini beğenme duygusunun oluştuğunu ima ediyor. (çev.)
147   Taberi, 2/450; İbn Şebbe, Tarihu'l-Medine, 3/822, 823.
148   Tabakatu ibn Sad, 3/293.

Hasen şöyle der: Bir keresinde Ömer sıcak bir günde ridasını başının üzerinden örterek çıkar ve bir eşeğin üzerinde giden bir gence rastlar. Ona "Ey genç, beni yanına bindir" der. Bunun üzerine genç hemen eşekten atlar ve "Bin ey mü'minlerin emiri" der. Ömer "Hayır, sen bin, ben arkana bineceğim. Beni rahat yere oturtup kendin sert yere oturmak istiyorsun!!" der ve gencin arkasına biner. Ömer Medine'ye bu şekilde gencin arkasında, insanların bakışları arasında girer.[149]

Ebu Mahzura'dan nakledildiğine göre kendisi şöyle der: Ömer'in yanında oturuyorken Safvan ibn Ümeyye bir kazanla çıkageldi. Kazanı bir grup insan bir abanın içinde taşıyorlardı. Onu getirip Ömer'in önüne koydular. Ömer çevresindeki bir takım fakirleri ve köleleri çağırdı ve kendisiyle birlikte onlar da yemek yediler. O esnada şöyle dedi "Allah kölelerinin kendileriyle birlikte yemesinden kaçınan bir topluluğu lanetlemiştir!!" dedi. Bunun üzerine Safvan "Vallahi biz onlarla yemekten kaçınmıyoruz; ama kendi yemeğimiz bize özel oluyor. Vallahi biz kendimiz için bile güzel yemek bulamıyoruz ki onlara yedirelim" dedi.[150]

Urve ibnu'z-Zübeyr (radıyallâhu anh) şöyle der: Ömeri omzunda bir su kırbası ile gördüm ve kendisine "Ey mü'minlerin emiri, sana bu yakışmıyor" dedim. Şöyle karşılık verdi: "Heyetler bir bir gelip bana boyun eğince içimde bir kibirlenme hissettim ve bu duyguyu kırmak istedim."[151]

Hürmüzan Onun Tevazusuna Şaşırıyor

İçlerinde Enes ibn Malik, Ahnef ibn Kays'ın da bulun-

149 Hayatu's-Sahâbe, 2/551.
150 Buhârî, Edebu'l-Mufred. Elbani sahih olduğunu söyler, bkz: s: 93.
151 Medaricu's-Salikin, 2/330.

duğu Müslümanlardan oluşan heyet yanlarında Hürmüzan ve ganimetlerin beşte biri olduğu halde Medine'ye girerler. Mü'minlerin emirinin evine yaklaşınca yakınlarda kimseyi göremeyerek geri dönerler. Yolda çocukların oynadığını görürler ve onlara Ömer'i sorarlar. Onlar da kendisinin mescitte uyuyor olduğunu söylerler. Bunun üzerine heyet mescide döner. Oraya vardıklarında onu bir heyeti karşılamak üzere giydiği başlıklı giysisine yaslanmış uyuyor halde bulurlar. Heyet gittikten sonra o, başlığa yaslanıp uyuyakalmıştır ve o esnada mescitte ondan başka kimse yoktur. Asası ise elinde asılı kalmıştır.

Hürmüzan "Ömer nerede?" diye sorduğunda "İşte Ömer bu" diye karşılık verirler.

İnsanlar o uyanmasın diye seslerini kısarak konuşurlar. Hürmüzan "Kapıcıları ve nöbetçileri nerede?" diye sorar, "Onun ne kapıcısı ne nöbetçisi, ne kâtibi ne de divanı vardır" derler. Hürmüzan "O bir nebi olmalı" deyince, onlar "O bir nebi gibi davranır" diye karşılık verirler.[152]

Allah Rasûlü'nde Sizin İçin Güzel Bir Örnek Vardır

Ümmetin Faruku (radıyallâhu anh) Nebi'ye (sallallâhu aleyhi ve sellem) uyma ve onun izini takip etme konusunda en muhteşem örnekleri sergilemiştir.

Bunlar arasından şu okuyacaklarımız üzerinde düşünmek bizim için yeterli olacaktır:

Ömer ibnu'l-Hattâb'ın eşi Âtike binti Zeyd ibn Amr (radıyallâhu anhum) mescide gitmek için kendisinden izin istediğinde Ömer susar ve hiçbir şey söylemez!! Zira o eşine "Valla-

---

hi biliyorsun ki, ben bundan hoşlanmıyorum" diye daha önce belirtmişti; çünkü kendisi kıskanç bir insandı.

Eşi "Vallahi bana engel olmadığın sürece çıkacağım" der ve Ömer de ona engel olmaz. Nitekim Ömer yaralandığında eşi de mescitte idi.

Bir başka rivayette onun sabah ve yatsı namazlarını mescitte cemaatle kıldığı belirtilir. Kendisine "Onun bundan hoşlanmadığını ve kıskandığını bildiğin halde neden mescide çıkıyorsun?" diye sorulunca "Bana engel olmaktan onu ne alıkoyuyor ki?!!" der. Bunun üzerine onlar "Onu Rasûlullah'ın (sallallâhu aleyhi ve sellem) *'Allah'ın kullarını (kadınları) mescitlere gitmekten alıkoymayın'* sözü engelliyor" diye cevap verirler.[153]

Ömer (radıyallâhu anh) ailesi konusunda son derece kıskançtı ki bu kıskançlık Rasûlullah tarafından da bilinmekteydi. Nitekim o şu olayı anlatmıştır: *"Ben rüyamda kendimi cennette gördüm. O esnada bir sarayın yanına abdest alan bir kadın dikkatimi çekti. 'Bu saray kime ait?' diye sorduğumda 'Ömer'e ait' diye cevapladılar. Ben de onun ne kadar kıskanç olduğunu hatırladım ve hemen arkamı döndüm."* [154]

İşte tüm bu kıskançlığa rağmen o Rasûlullah'ın emrine muhalefet etmekten kaçınmıştır. Nasıl böyle olmasın ki?! Kur'an sofrasında yetişmiş ve insanlığın efendisi tarafından eğitilmiş olan Faruk'un kendisi için bir model ve en yüce örnek olan Allah Rasûlünün emrine muhalefet etmesi düşünülemez.[155]

Zeyd ibn Eslem'den: Ömer ibnu'l-Hattâb ilk Muhacirleri üstün tutmuş ve onlardan sonra gelen evlatlarına onlara ver-

---

153 Buhârî, Cuma, 900.
154 Buhârî, Fadailu Ashabi'n-Nebi, 3680.
155 Eimmetu'l-Huda ve Mesabihu'd-Duca, Muhammed Hassan ve Avd el-Cezzar, s: 340.

diğinden daha az vermiştir. Usame ibn Zeyd'i de Abdullah ibn Ömer'den üstün tutmuştur.

Abdullah ibn Ömer (radıyallâhu anh) şöyle der: "Bana bir adam 'Mü'minlerin emiri yaşça senden daha büyük, hicret etme açısından ise senden daha efdal olmayan ve senin katıldığından daha fazla savaşa katılmamış olan birini sana tercih etti' dedi. Ben de gidip kendisiyle konuştum ve ona 'Ey mü'minlerin emiri, yaşça benden daha büyük, hicret yönünden benden daha efdal olmayan ve benim katıldığımdan daha fazla savaşa da katılmamış olan birini bana tercih ettin' dedim. O 'Kimmiş bu kişi?' diye sorunca 'Usame ibn Zeyd' diye cevapladım. Bunun üzerine Ömer 'Allah'a yemin olsun ki, doğru söyledin! Böyle yaptım; çünkü Zeyd ibn Harise'yi Rasûlullah Ömer'den daha çok severdi, Usame ibn Zeyd'i de Abdullah ibn Ömer'den daha çok severdi. Ben de bundan dolayı onu üstün tuttum.' diye cevapladı." [156]

Harise ibn Madrab, Ömer ibnu'l-Hattâb'la birlikte hac yapar. O esnada Şam eşrafından birileri kendisine gelerek "Ey mü'minlerin emiri, bizim mallarımız arasında kölelerimiz ve binek hayvanlarımız var, bizim bu mallarımızdan zekât al da bizi bununla arındırmış ol" dediler.

Ömer (radıyallâhu anh) onlara "Bu benden önce iki arkadaşımın da yapmadıkları bir şey; ama bekleyin de Müslümanlara bir sorayım" karşılığını verdi.[157]

Abbas ibn Rabîa'dan aktarıldığına göre Ömer Haceru'l-Esved'in yanına gelerek onu öper ve ardından şöyle der: "Biliyorum sen sadece bir taşsın ve ne zarar ne de fayda verirsin.

---

156   Sahih li ğayrihidir, İbn Sa'd et-Tabakat'ta rivayet eder (4/ 52).
157   Ahmed, Müsned, 82, 218. Şeyh Ahmed Şakir isnadının sahih olduğunu belirtir.

Eğer Nebi'nin (sallallâhu aleyhi ve sellem) seni öptüğünü görmemiş olsaydım seni öpmezdim."[158] İşte bu en yüce şekliyle ve en üstün anlamıyla "ittiba" dır.

Hafız İbn Hacer Fethu'l-Bari'de şöyle der: Taberi demiştir ki, "Ömer'in böyle söylemesinin nedeni insanların daha çok kısa bir süre önce putlara tapıyor olmalarıdır. O, cahillerin Haceru'l-Esved'i istilamı bir taşa karşı tazimde bulunmak olarak algılamalarından korkmuştur. Nitekim Araplar cahiliye döneminde bunu yapmaktaydılar. Ömer Haceru'l-Esved'i öpmesinin sadece Nebi'ye uymak babından olduğunu insanların bilmelerini istemiştir."

İbn Hacer (rahimehullah) ardından şöyle der: Ömer'in bu sözü din kapsamına girip de anlamı tam olarak anlaşılamayan şeylerde hüküm koyucuya teslimiyet ve tam bir ittibadır. Bu, hikmeti bilinmese bile yaptığı şeylerde ona uyma hususunda önemli bir kuraldır.[159]

Saib ibn Yezid şöyle der: Bir keresinde mescitte iken biri bana çakıl taşı attı, dönüp baktığımda bunun Ömer ibnu'l-Hattâb olduğunu gördüm. Bana "Git bana şu iki kişiyi getir" dedi. Ben de gidip söylediği iki kişiyi kendisine getirdim. Onlara "Kimsiniz?" ya da "Neredensiniz?" diye sordu, onlar "Biz Taifteniz" dediler. Bunun üzerine onlara "Eğer buralı olsaydınız canınızı yakacaktım; Rasûlullah'ın mescidinde nasıl sesinizi yükseltebilirsiniz?!" dedi.[160]

İşte bu da onun genel olarak ümmete nasihati: Kendi görüşünü delilin önüne geçirenlerden sakının. Onlar sünnet düşmanlarıdır. Hadisleri ezberlemek onlara yorucu geldiği için

---

158 Buhârî, Hac, 1597.
159 Fethu'l-Bari, 3/590-591.
160 Buhârî, Salât, 470.

kendi görüşleriyle konuşur, böylece hem kendileri saparlar hem de başkalarını saptırırlar.[161]

Ömer (radıyallâhu anh) ve Keramet

Kuşkusuz ki keramet Allah'ın salih kullarına ihsan ettiği sabit olan nimetlerdendir. Allah azze ve celle bu kulları şöyle niteler: *"Dikkat edin, Allah'ın dostları için ne bir korku vardır ne de onlar üzüleceklerdir. Bu kullar iman etmiş olan ve Allah'tan korkan (günahlardan sakınan) kimselerdir. Dünya hayatında da ahirette de onlar için müjde vardır. Allah'ın kelimeleri (hükümleri, vaatleri) için hiçbir değişiklik söz konusu değildir. İşte büyük başarı (ve kurtuluş) budur."* (Yunus: 62-64)

Allah Ömer'e (radıyallâhu anh) pek çok keramet bahşetmiştir, biz bunlardan bir kaçına değinmekle yetineceğiz:

Dağa Ey Sâriye!

İbn Ömer'den (radıyallâhu anh): Ömer bir orduyu başına Sariye adında birini geçirerek sevk eder. Kendisi tam insanlara konuşma yapıyorken "Ey Sariye dağa, ey Sariye dağa..." diye üç kez seslenir. Ordunun elçisi geri geldiğinde Ömer kendisine durumu sorar. Adamın cevabı şu olur: "Ey mü'minlerin emiri, biz aslında yenilmişlik; ama o esnada birinin 'Ey Sariye dağa' diye üç kez seslendiğini duyduk ve arkamızı dağa verdik. Bunun sonucunda Allah düşmanımızı yenilgiye uğrattı." Bunun üzerinde oradakilerden birisi "Sen aynen böyle seslenmiştin!" dedi.[162]

---

161 Ahmed, Müsned, 213. Ahmed Şakir isnadının sahi olduğunu söyler. Buhârî, el-Meğazi, 4235.

162 Beyhaki, ed-Delail; İbn Asakir; İbn Kesir el-Bidaye ve'n-Nihaye'de zikreder (7/135) ve İsnadının "ceyyid ve hasen" olduğunu söyler, El-bani de kendisini onaylar. Bkz: es-Sahiha, 1110.

Şeyh el-Elbani (rahmetullahi aleyhi) şöyle der: Bu kıssa sahih ve sabittir ve Allah'ın Ömer'e bahşettiği bir keramettir. Bu şekilde Allah Müslümanlardan oluşan orduyu esir olmaktan ya da tamamen yok edilmekten kurtarmıştır. Şu var ki, bu olayda tasavvufçuların iddia ettikleri gibi gaybı bilme durumu söz konusu değildir. Meydana gelen şey şeri örfe göre bir tür ilham yahut hatadan masum olmayan günümüz örfüne göre bir tür hatarattır ve kimi zaman –bu olayda olduğu gibi- isabetli olur, kimi zaman da –çoğunlukla olduğu üzere- hatalı olur.[163]

Ömer ibnu'l-Hattâb'dan (radıyallâhu anh) Nil Nehrine

Kays ibnu'l-Haccac kendisine rivayet eden kişiden şunu aktarır: Mısır fethedildiğinde Mısırlılar Kıpti takviminin onuncu ayı girdiğinde Amr ibnu'l-Âs'a gelerek şöyle derler: "Ey emir, bizim Nil nehrimizle ilgili öyle bir gelenek var ki, o olmadan Nil nehri akmaz (taşıp etrafını sulamaz)." O da kendilerine "Nedir bu bahsettiğiniz gelenek?" diye sordu. Şöyle cevaplarlar: "İçinde bulunduğumuz aydan on iki gece geçince bakire bir genç kız seçerek onu anne babasından isteriz ve kendilerini razı ettikten sonra o kızı süsler, üzerine en iyi elbiseleri giydirir sonra da Nil nehrine atarız." Amr onlara "Bu söylediğiniz şey İslâm'da olmayan bir şeydir. İslâm kendisinden önce var olan bu gibi şeyleri geçersiz kılar" der. Bunun üzerine onuncu, on birinci ve on ikinci ay boyunca beklerler ve Nil nehri bu süre içerisinde az bir miktar bile olsa taşmaz. Öyle ki, insanlar oradan göç etmeğe kalkışırlar. Amr Ömer ibnu'l-Hattâb'a bir mektup yazarak durumu kendisine bildirdiğinde Ömer şöy-

---

163   Elbani, es-Silsiletu's-Sahiha, 1110.

le bir cevap yazar: "Sen doğru bir davranışta bulunmuşsun. Mektubumun arasında sana bir pusula gönderiyorum; onu al ve Nil nehrine at." Mektup kendisine ulaşınca Amr pusulayı alıp okur ve içinde şunların yazılı olduğunu görür:

"Mü'minlerin emiri Ömer'den Mısır halkının Nil'ine... Eğer sen kendiliğinden ve kendi iradenle akıyor idiysen, akma! Bu durumda bizim sana ihtiyacımız yok. Ama eğer tek ve kahhar olan Allah'ın emriyle akıyor idiysen ve seni akıtan o ise, bu takdirde biz ondan seni akıtmasını diliyoruz."

Amr bu pusulayı Nil'e atar. Cumartesi gününün sabahında, yani sadece bir gece sonra Allah'ın Nil'i on altı zira'[164] taşırdığını görürler. Böylece Allah Mısırlılara ait kötü bir geleneği ortadan kaldırır.[165]

Muaviye ibn Kurra'dan: Ömer ibnu'l-Hattâb (radıyallâhu anh) Yemenli bazı kimselerle karşılaşır ve onlara "Siz kimsiniz?" diye sorar. Onlar "Biz mütevekkilleriz" diye karşılık verirler. Ömer onlara "Siz (mütevekkiller değil) olsa olsa müttekillersiniz;[166] zira mütevekkil tohumunu toprağa attıktan sonra Allah azze ve celle'ye dayanan kimsedir" der.[167]

Ma'rur ibn Suveyd Ömer'in şöyle dediğini rivayet eder: Ey Kurra başlarınızı dik tutun, yolunuz ne kadar aydınlık! Hayırlar işlemeye devam edin, Müslümanlar için yük olmayın.[168]

---

164 Bir uzunluk ölçü birimi.
165 İbn Kesir, el-Bidaye ve'n-Niyahe, 7/102-103.
166 Müttekil: İşini tamamen bir başkasına bırakan.
167 İbn Ebi'd-Dünya, Tevekkül, s: 48. İsnadı sahihtir. Bkz: Tahkiku'd-Devseri.
168 El-Cami Li Şuabi'l-İman, 2/136. İsnadı hasendir.

Affa sarıl, İyiliği Emret, Cahillerden Yüz Çevir

Bizler hemen her gün Müslümanlar arasında meydana gelen hoşnutsuzluklara tanık olmaktayız. Bununla birlikte onlardan sadece çok azının bağışlama ve müsahama yolunu tercih ettiğini görmekteyiz. Bunun nedeni ise iman zayıflığı ve affı, müsamahayı ve cahillerden yüz çevirmeyi emreden Allah'ın kitabına bağlılıktaki eksiklikten başkası değildir.

Şimdi Ömer'in (radıyallâhu anh) mü'minlerin emiri olarak intikam alma gücüne sahip olduğu halde Allah'ın kitabından bir âyet işitir işitmez ona nasıl boyun eğerek bundan vazgeçtiğini göreceğiz:

İbn Abbas (radıyallâhu anh) anlatıyor: Uyeyne ibn Hısn ibn Huzeyfe gelmiş ve kardeşinin oğlu Hur ibn Kays'ın yanında konuk olmuştu. Hur, Ömer'in yakın çevresine aldığı kimselerdendi. Nitekim kurradan (alimlerden) olan kişiler ister yaşlı ister genç olsunlar Ömer'in meclis arkadaşları ve danışmanlarıydı.

Uyeyne kardeşinin oğluna "Ey kardeşimin oğlu, senin emir yanında bir konumun var; kendisiyle görüşebilmem için izin istesen" dedi. O da "Yanına girmen için ondan izin isteyeceğim" karşılığını verdi.

Hur, Uyeyne için izin istedi Ömer de (radıyallâhu anh) ona izin verdi. Uyeyne onun yanına girince Ömer'e "Ey İbnu'l-Hattâb, vallahi ne bize cömertçe verdin, ne de aramızda adaletle hükmettin" dedi. Ömer bu söz üzerine öyle öfkelendi ki, neredeyse ona vuracaktı. O esnada Hur "Ey mü'minlerin emiri, Allah'u Teâlâ Nebisi'ne *"Affa sarıl, iyiliği emret ve cahillerden yüz çevir"* demekte, bu adam ise cahillerden" dedi. Vallahi o âyeti okuyunca Ömer âyete aykırı düşecek bir şey yapmadı, zira o Allah'ın kitabının dışına çıkmayan birisiydi.[169]

---

169   Buhârî, Tefsir, 4642.

Tebâsına Karşı Merhametli Oluşu

İşte onun hilafetinin gölgesinde yaşayan tebaasına gösterdiği merhamet ve şefkate örnekler:

Zeyd ibn Eslem babasından rivayet ediyor: Bir keresinde Ömer'le birlikte Vâkım Harra'sına[170] çıkmıştım. Sırar kuyusuna geldiğimizde bir ateş gördük. Ömer bana "Ey Eslem, bunlar gece ve soğuk yüzünden mahsur kalmış bir kafile olmalı, hadi yanlarına gidelim" dedi. Onlara doğru hızlı adımlarla ilerledik. Kendilerine yaklaştığımızda yanında çocukları olan bir kadın ve ateşin üzerine koyulmuş bir tencere gördük. Çocuklar ağlaşmaktalardı. Ömer "Esselamu aleykum ey ışık ehli" dedi; zira "ateş ehli" demek istememişti.

Kadın "Ve aleykesselam" diye cevapladı.

"Ömer yanınıza gelebilir miyim?" diye sorunca kadın, "Hayır içinse gel, yoksa çek git" diye karşılık verdi.

Ömer onlara yaklaşarak "Size ne oldu?" diye sordu. Kadın "Gece ve soğuk nedeniyle mahsur kaldık" dedi.

Ömer "Peki çocuklar niye ağlaşıyorlar?" diye sorunca, kadın "Açlık yüzünden" dedi.

Ömer "Şu tencerede ne var?" dedi, kadın "Sadece su var. Bununla onları susturuyorum ki, uyusunlar; Allah Ömer'le aramızda hükmünü versin" dedi.

Bunun üzerine Ömer (radıyallâhu anh) "Allah sana rahmet etsin; Ömer sizin halinizi nereden bilsin?!" dedi. Kadın "Hem bizim başımıza geçerek sorumluluğumuzu üstleniyor, hem de bizden habersiz!" karşılığını verdi.

---

170 Harra: Taşlık arazi. Vâkım Harra'sı: Medine'nin doğusundaki bir arazi. (çev.)

Bunun üzerine Ömer bana dönerek, "Hadi yürü" dedi. Hızlı adımlarla yürüyerek erzak deposuna ulaştık. Ömer oradan içinde bir top içyağı olan bir torba çıkardı ve "Şunu sırtıma yükle" dedi. Ben "Senin yerine ben taşırım" dediysem de o "Sen onu benim sırtıma yükle" diye iki ya da üç kez ısrarla söyledi. Ben her seferinde "Ben taşırım" dedim. En sonunda bana "Kıyamet günü benim yükümü sen mi taşıyacaksın, anasız kalasıca?!" deyince torbayı onun sırtına yükledim. Ardından birlikte yürüdük. Kadının yanına varınca sırtındakini indirdi ve biraz un çıkarıp kadına "Sen undan serp, ben de onu senin için karıştırayım" dedi ve tencerenin altına üflemeye başladı. Büyük bir sakalı vardı ve ben sakalının arasından çıkan dumanlara bakıyordum. Yemek koyulaşıp tencere kaynayınca onu ateşten indirerek kadına "Bana bir şey getir" dedi, kadın da bir tabak alıp getirdi. Yemekten o tabağın içine boşalttıktan sonra "Hadi onları doyur, ben sana bunu soğutayım" dedi. Çocuklar doyana kadar ona yardım etti ve sonrasında da bir süre daha onun yanında kaldı. Sonra kalktı, ben de onunla birlikte kalktım. Kadın ona "Allah seni mükafatlandırsın; sen şu mü'minlerin emirinden daha hayırlısın!" dedi. Ömer kadına "Sen hayır söyle; mü'minlerin emirinin yanına gidersen beni inşallah orada bulursun" dedi.

Sonra onun yanında ayrıldı. Biraz uzaklaşınca tekrar kadının olduğu tarafa dönerek, pusu kurmuş gibi eğilip o tarafı gözledi. Ben ona "Senin bundan başka işlerin var" dediysem de o benimle hiç konuşmadı bile. Çocukların birbirleriyle boğuşup gülüştüklerini görebiliyordum. Onlar uyuyup da ortalık sakinleşince Allah'a hamd ederek ayağa kalktı. Ardından bana döndü ve şöyle dedi: "Ey Eslem, açlıktan uyuyamıyorlar ve ağlıyorlardı. Onların şu halini görmeden ayrılmak istemedim" dedi.[171]

---

171   Tarihu't-Taberi, 2/568. Senedinin ricali sahihtir. Abdullah ibnu'l-İmam Ahmed el-Fadail'de tahric etmiştir.

İbn Ömer şöyle der: Bir grup tüccar Medine'ye gelerek musallada konakladılar. Ömer, Abdurrahman ibn Avf'a "Bu gece hırsızlara karşı onları gözleyelim mi?" dedi ve ikisi geceyi onları gözleyerek ve namaz kılarak geçirdiler. Bir ara Ömer bir çocuk ağlaması duydu ve o tarafa doğru gitti. Çocuğun annesine "Allah'tan kork ve çocuğuna güzel muamelede bulun" dedikten sonra yerine döndü. Gecenin sonunda çocuğun ağlamasını tekrar duyunca annesinin yanına gelerek "Yazıklar olsun sana! Görüyorum ki, sen kötü bir annesin; niye çocuğun geceden beri mutsuz?" dedi.

Kadın "Ey Allah'ın kulu, geceden beri beni bıktırdın. Onu sütten ayırmaya çalışıyorum, istemediği için ağlıyor" dedi.

Ömer "Neden?" diye sorunca kadın "Çünkü Ömer sadece sütten kesilmiş çocuklar için nafaka veriyor" dedi.

Ömer "Çocuk kaç aylık?" diye sorduğunda kadın "Şu kadar aylık" diye cevapladı. Bunu az bulan Ömer "Yazıklar olsun sana, onu sütten kesmek için bu kadar acele etme!" dedi.

Sabah namazını kıldırırken insanlar ağlamasından kıraatını anlayamadılar. Namazı bitirip de selam verince "Vay Ömer'in başına gelene, Müslümanların çocuklarından kim bilir kaç tanesini öldürdü!!" dedi. Sonra birine emrederek "Çocuklarınızı sütten kesmekte acele etmeyin, biz Müslüman olarak doğan her çocuğa nafaka vereceğiz" diye duyuru yaptırdı. Aynı duyuruyu uzak bölgelere mektup yoluyla iletti.[172]

Ebu Osman (radıyallâhu anh) şöyle der: Ömer Beni Esed'den bir adamı yanında çalıştırıyordu. Bir keresinde adam onun yanına girdiğinde Ömer'in çocuklarından birisini ona getirdiler ve o da çocuğunu öptü. Beni Esed'den olan adam "Sen

172   İbn Sa'd, et-Tabakât; 3/228, 229. Ricali sikadır.

çocuğunu öper misin, ey mü'minlerin emiri? Vallahi ben şimdiye kadar hiçbir çocuğumu öpmedim!" dedi.

Ömer ona "Vallahi eğer öyleyse, bu senin diğer insanların çocuklarına karşı daha da merhametsiz olduğunu gösterir; bundan sonra kesinlikle benimle çalışma!" dedi ve onunla olan anlaşmasını bozdu. Yahut şöyle dedi: "Allah azze ve celle senin kalbinden merhameti çekip almışsa ben ne yapabilirim? Allah ancak merhamet sahibi kullarına rahmet eder. Aramızdaki anlaşma kağıdını yırt. Kendi evlatlarına merhamet etmeyen halka nasıl merhamet eder!" [173]

Kasame ibnu'z-Zuheyr'in aktardığında göre bir keresinde bir bedevi Ömer'in karşısına dikilerek şiir yoluyla şöyle dedi:

Ey Ömer çocuklarımı giydir ve donat

Allah seni cennetle mükafatlandırsın

Ona yemin ederim ki, bunu yapacaksın!

Ömer "Eğer yapmazsam ne olur, ey bedevi?" dedi.

Adam "Yemin ederim ki, çeker giderim" karşılığını verdi.

Ömer "Çeker gidersen ne olur, ey bedevi?" diye sorunca adam şöyle dedi:

Vallahi durumum senden sorulur

Sonra sorgun benden olur,

Bu sorular için bekletilenin

Yolu ya cehenneme ya cennete olur.

Ömer, gözyaşlarıyla sakalı ıslanacak derecede ağladı ve hizmetçisine dönerek, "Ona şu gömleğimi ver; onun şiiri için

---

173 Abdurrezzak tahriç eder, 20590; Buhârî, Edeb, 99. Elbani senedinin hasen olduğunu belirtir: Sahihu'l-Edebi'l-Mufed, 72.

değil, yalnızca kıyamet günü için. Vallahi bundan başka gömleğim yok!" dedi.[174]

İbn Abbas şöyle der: Ömer ibnu'l-Hattâb hac için Mekke'ye geldiğinde Safvan ibn Umeyye ona yemek yaptı. Yemeği bir tencerenin içinde dört kişi taşıyarak getirip topluluğun ortasına koydular. Oradakiler yemekten yemeye başladılar, hizmetçiler ise kalkıp uzaklaştılar. Ömer "Görüyorum ki, hizmetçileriniz sizinle birlikte yemiyorlar. Yoksa onların yemelerini siz mi istemiyorsunuz?" dedi. Sufyan ibn Abdullah "Hayır, vallahi ey mü'minlerin emiri; sadece bizim yemeğimiz bize özel oluyor" diye cevapladı. Bunu duyan Ömer çok sinirlenerek onlara "Hizmetçilerine ayrımcılık yapan bir kavme ne olduğunu biliyor musunuz? Allah onlara yapacağını yaptı" dedikten sonra hizmetçilere dönerek "Oturun ve yiyin" dedi. Hizmetçiler oturup yediler. Mü'minlerin emiri ise yemekten yemedi.[175]

Tebasına Olan Sevgi ve Düşkünlüğünün Ümmete Hayır Getirmesi

Ömer'in (radıyallâhu anh) tebasına son derece düşkün olduğunu görmekteyiz. O halkının günahlara düşmesinden korktuğu gibi onlar arasından herhangi birinin açlık ve yoksulluk çekmesini, hastalanmasını ve başkalarına muhtaç duruma düşmesini de istemezdi. O (radıyallâhu anh) halkı için bir can simidi gibiydi. Zira kendisi gece gündüz Rabbine itaat halindeydi ve kendisine tabi olan halkına da Allah'a itaatten başka bir şey emretmezdi.

---

174 İbnu'l-Esir Usdu'l-Ğâbe'de sahih bir senetle tahric eder: 4/155. Haber İbnu'l-Cevzi'nin "Menakibu Ömer" inde ve başka kaynaklarda geçer.

175 Buhârî, Edebu'l-Mufred, 102. Elbani Sahihu'l-Edeb'de isnadının sahih olduğunu belirtir.

Eslem şöyle der: Bir keresinde Ömer ibnu'l-Hattâb'la birlikteydim, o esnada kendisi Medine'de devriye gezmekteydi. Gece yarısı yorulmuş ve bir duvara yaslanmıştı. Birden kızına seslenen bir kadının sesini duydu. Kadın ona "Kızım, kalk ve şu süte su karıştır" diyordu.

Kız cevaben "Anneciğim, emirulmü'minin'in bu konuda kesin emri olduğunu bilmiyor musun?"

Kadın "Onun emri neymiş?!" deyince, kız "O süte su katılmayacak diye duyuru yaptırdı" diye karşılık verdi.

Bunu duyan kadın "Hadi kızım, sen kalk sütü suyla karıştır; bizi burada ne Ömer görebilir, ne de onun duyurusunu yapan kişi" dedi.

Bunun üzerine kız annesine dönerek "Anneciğim, vallahi ben açıkta ona itaat edip de gizli de asi olacak değilim" cevabını verdi.

Konuşulanların hepsini duyan Ömer; Eslem'e "Ey Eslem, bu kapının hangi kapı olduğunu ve yerini iyi öğren" dedi ve devriye gezisine devam etmek üzere oradan ayrıldı.

Sabah olunca "Ey Eslem, dün geceki eve git, konuşanların kim olduklarını ve evli olup olmadıklarını öğren" dedi.

Ben de aynı yere gittim. Baktım ki genç kız bekâr, annesinin de kocası yok. Geri dönüp durumu Ömer'e bildirdim. Ömer oğullarını çağırdı, onları toplayarak "İçinizde evlenecek bir kadına ihtiyacı olan varsa, onu evlendireceğim. Eğer babanızın kadınlara bir ilgisi olmuş olsaydı, bu kızla sizden önce o evlenirdi" dedi. İçlerinden Abdullah "Benim eşim var" dedi. Abdurrahman da aynı şekilde "Benim de eşim var" karşılığını verdi. Âsım ise "Babacığım, benim eşim yok; beni evlendirebilirsin" diye karşılık verdi. Bunun üzerine Ömer kıza birilerini gönderip onu Âsım'la evlendirdi. İkisinin bir kız çocukları dünyaya geldi, bu kız da ileride Ömer ibn Abdulaziz'i (rahimehullah) dünyaya getirdi.[176]

Said ibn Cübeyr'den ricali sika olan bir senetle şöyle rivayet edilmekte: Ömer ibnu'l-Hattâb (radıyallâhu anh) akşam olunca sopasını eline alır ve Medine sokaklarında dolaşır ve kötü bir şeyle karşılaşırsa ona müdahale ederdi. Yine böyle Medine'de devriye gezdiği bir gece evinin damında bir kadının şöyle dediğini duyar:

Gece uzadı ve iyice karardı

Beni uyku tutmadı

Çünkü oyalanacak bir arkadaşım yok

Vallahi eğer kendisinden başka rab olmayan

Allah olmasa...

Şu yatak böyle hareketsiz kalmazdı

Sonra kadın derin bir iç geçirdi ve ardından "Benim bu gece hissettiklerim Ömer'in umurunda mı ki!" dedi.

Bunları duyan Ömer hemen evin kapısını çaldı. Kadın "Bu saatte eşi yanında olmayan bir kadının kapısına gelen de kim?!" dedi.

Ömer "Kapıyı aç" diye seslendi ama kadın açmadı. Ömer ısrar edince kadın "Vallahi eğer bunu mü'minlerin emiri duyarsa seni cezalandırır" dedi. Kadının iffetli birisi olduğunu anlayan Ömer "Aç, ben mü'minlerin emiriyim" dedi.

Kadın "Yalan söylüyorsun, sen mü'minlerin emiri değilsin" diye karşılık verdi. Ömer sesini yükseltince kadın onu tanıdı ve kapıyı açtı.

---

176 İbn Hıbban el-Ukala'da hasen bir senetle tahric etmiştir: s: 54.

Kapı açılınca Ömer kadına "Ne demiştin? Bir kez daha söyle" dedi. Kadın da söylediklerini ona tekrarladı.

Ömer "Eşin nerede?" diye sordu, kadın "Falan birlikle göreve gitti" dedi.

Bunun üzerine Ömer o birliğin komutanına birini göndererek o kişinin bırakılmasını istedi. Adam Ömer'in yanına gelince ona "Hemen eşinin yanına git" dedi. Ardından kızı Hafsa'ya giderek "Kızım, bir kadın eşinin yokluğuna ne kadar dayanabilir?" diye sordu. Hafsa da ona "Bir, iki, ya da üç ay; dördüncü ayda sabır tükenir" diye karşılık verdi. O da bu süreyi gönderilen birliklerin geri dönüşü için son sınır olarak belirledi.[177]

Ömer'in (radıyallâhu anh) halkına olan bu düşkünlüğü ve onları böylesine gözetmesi bu ümmetin onun döneminde yaşadığı hayırların ve güzelliklerin başlıca sebebidir. O bunun da ötesinde, ümmete Allah'ın bu kainatı mü'min kullarının hizmetine sunduğunu, eğer bu kulların ayakları kayar ve Allah'a itaatten uzaklaşırlarsa tüm kainatın bundan etkilenip eziyet göreceğini ve yeryüzünde yaptıkları kötülüklerin kendilerine ceza olarak döneceğini öğretmiştir.

Safiyye binti Ebû Ubeyd şöyle demekte: Ömer döneminde yeryüzünde sarsıntı oldu. Hatta Surer[178] bile sallandı. Bunun üzerine Ömer bir konuşma yaparak şöyle dedi: "Ne çabuk dinde olmayan şeyler ortaya çıkardınız! Eğer bu sarsıntı bir kez daha olursa aranızdan ayrılacağım ve sizinle birlikte burada asla ikamet etmeyeceğim." [179]

---

177 Abdurrazzak tahric etmiştir; Beyhaki, 2919; İbn Sa'd, et-Tabakâtu'l-Kubra; İbnu'l-Kayyım, Ravdatu'l-Muhibbin, 202-203.

178 Mekke'ye dört mil uzaklıkta bir yer.

179 İbn Ebi Şeybe, 2/473; Beyhaki, 3/342. İsnadı sahihtir.

Adalete Verdiği Önem ve Valilerine Yönelik Tavsiyeleri

Ömer (radıyallâhu anh) adalet konusunda son derece hassastı. Bu nedenle valilerini dikkatle seçer, bu görevi ona istekli olana değil, zühd, iffet ve takava sahi olana verirdi. Onlar görevi üstlendikten sonra kendilerini takip etmeye özen gösterir, onlara insanlara iyi davranmalarını öğütlerdi.

İbn Huzeyme ibn Sabit el-Ensari şöyle der: Ömer bir valiyi görevlendirdiğinde kendisine bir sözleşme yazıp gönderir, Muhacir ve Ensar'dan oluşan bir grubu buna şahit tutar ve ona bineğe binmemesini, yemeğin iyisini yememesini, giysinin iyisini giymemesini, insanların ihtiyaçlarını dinlemek üzere kapısını her zaman açık tutmasını şart koşardı.[180]

Ömer ibnu'l-Hattâb insanların durumlarını öğrenmek istediğinde başlarındaki emirleri sorardı. Bir keresinde Humuslulara rastladığında onlara "Nasılsınız? Emîriniz nasıl?" diye sordu. Onlar "Çok iyi bir idareci ey mü'minlerin emiri; ancak o yüksek bir kat inşa etti ve onun içinde yaşıyor" dediler.

Bunun üzerine Ömer bir mektup yazdı ve bir postacı göndererek ona bu binanın kapısına varınca odun toplayıp kapısını yakmasını emretti.

O da binaya ulaşınca denileni yerine getirerek binanın kapısını yaktı. İnsanlar emirin yanına girerek bir adamın binasının kapısını yaktığını haber verince o "Onu bırakın; o mü'minlerin emirinin elçisidir" dedi. Sonra bu elçi onun yanına girerek mektubu kendisine verdi. Emir mektubu elinden bırakmadan yola çıktı. Ömer onun geldiğini görünce "Onu üç gün benden uzak tutun " diye emretti ve üç gün boyunca

---

180   Tarihu't-Taberi, 2/569. Senedi sahihtir.

onunla görüşmedi. Üç gün sonra ona "Ey İbn Kurt benimle birlikte Harra'ya[181] gel" dedi. Oraya vardıklarında onun üzerine bir cüppe atarak "Elbiselerini çıkar ve şunu sarın" dedi. Ardından onun eline bir kova vererek "Şu develeri sula" dedi.

Emir yorulana kadar çalıştı. Ardından Ömer ona seslenerek "Ey İbn Kurt Ne zamandan beri bu görevdesin?" diye sordu. O "Uzun bir süredir, mü'minlerin emiri" deyince, Ömer "Bunun için mi o yeri bina ettin de Müslümanlara, dullara, yetimlere yüksekten baktın..." diye onu azarladı.[182]

Zeyd ibn Vehb'in şöyle dediği rivayet edilir: Bir keresinde Ömer ellerini kulaklarına koymuş vaziyette dışarı çıktı; "Buradayım! Buradayım!" diyordu.

Onu gören insanlar "Nesi var?!" diye sordular, birisi şöyle cevapladı: "Emirlerinin birinden bir haber geldi. Yolda önlerine bir nehir çıkmış ve onu geçmek için gemi bulamamışlar. Emirleri 'Suyun derinliğini bilen birini bulun' demiş, onlar da yaşlı bir adam getirmişler. Adam 'Ben soğuktan korkuyorum' dediği halde onu suya girmesi için zorlamış. Çok sürmeden adam soğuktan donmuş ve 'Ömer neredesin? Ömer neredesin?' diye seslene seslene boğulup ölmüş."

Bunun üzerine Ömer o emire bir mektup yazarak yanına çağırdı. Emir gelince birkaç gün onun yüzüne bakmadı. O adamlarından birine kızdığında böyle yapardı. Daha sonra ona "Öldürdüğün adam ne oldu?!" diye sordu.

Emir "Ey mü'minlerin emiri, ben onu bilerek öldürmedim; nehri geçecek bir şey bulamadık ve ben de nehrin derinliğini öğrenmek istedim. Bunun sonucunda şurayı şurayı fethettik, şu kadar şu kadar ganimet elde ettik" dedi.

---

181 Zekat develerinin ve koyunlarının bulunduğu yer.
182 Er-Riyadu'n-Nadra, 2/55.

Ömer ona şu cevabı verdi: "Benim için bir Müslüman senin getirdiğin her şeyden daha değerlidir. Eğer bu bir sünnet[183] olarak kalacak olmasa senin boynunu vururdum. Şimdi git ve onun ailesine diyet öde. Buradan derhal çık, seni bir daha görmeyeyim." [184]

Muğire ibn Hakim es-San'ani babasının şöyle dediğini aktarır: San'a'da bir kadının kocası memleketten ayrılmış ve karısının yanına da bir başka kadından olan Asil adındaki çocuğunu bırakmıştı. Kocası gidince kadın kendisine bir dost bulur ve ona "Bu çocuk bizim durumumuzu ifşa eder, bu yüzden onu öldürmelisin" der. Adam önce bunu kabul etmez, ama kadın kendisinden yüz çevirince ona boyun eğer. Bu adam, bir başka kişi daha, kadın ve kadının hizmetçisi çocuğu öldürmek üzere anlaşırlar. Onu öldürüp parçalayarak deri bir torbaya koyar sonra da o çevrede bulunan susuz bir kuyuya atarlar. Olaydan sonra kadının dostu yakalanarak olayı itiraf eder. Onun ardından da diğerleri itiraf ederler. O gün vali olan Ya'la Ömer'e yazarak durumu anlatır. Ömer de ona cevaben hepsinin öldürülmesini emreden bir mektup gönderir ve şöyle der: "Vallahi eğer bu çocuğun öldürülmesinde tüm San'a halkı ortak olsalardı hiç kuşkusuz hepsini öldürürdüm." [185]

Güzel Bir Vefa Örneği

Ömer (radıyallâhu anh), küçük bile olsa İslâm'a yapılan hizmeti asla unutmazdı. Bizler ise, insanların çoğunun unutmuş oldukları böylesi bir vefaya günümüzde ne kadar da muhtacız.

183　Yani onun bu hareketi başka olaylarda delil olarak kullanılacak olmasa. (çev.)
184　Beyhaki tahric etmiştir: 8/322-323. İsnadı sahihtir.
185　Buhârî, ed-Diyat, 6896. Bkz: Fethu'l-Bari, 12/281.

Zeyd ibn Eslem babasından rivayet ediyor: Bir keresinde Ömer'le birlikte çarşıya çıkmıştım. Yolda karşısına genç bir kadın çıkarak "Ey mü'minlerin emiri, kocam öldü ve geriye küçük çocuklar bıraktı. Ne yiyeceklerini sağlayabilecek durumdalar, ne ekinleri var ne de hayvanları. Açlıktan ölmelerinden korkuyorum. Ben Hifaf ibn Îma el-Ğıfari'nin kızıyım, babam Rasûlullah'la birlikte Hudeybiye'de bulundu" dedi. Ömer durup onu dinledikten sonra "Bu yakın nesebin başımızın üstünde yeri var" dedi ve dönerek evde bağlı güçlü bir deveyi alıp üzerine iki heybe koydu ve içini yiyecekle doldurdu, ikisi arasına da nafaka ve giyecek koyup kadına götürdü. Ona "Bunu sürüp götür; Allah size bir başka rızık gönderene kadar bunlar yetecektir" dedi.

Bir adam "Ona ne kadar çok şey verdin, mü'minlerin emiri" deyince, şöyle karşılık verdi: "Anan sensiz kalsın, vallahi ben onun babasını ve kardeşini gördüm; bir kaleyi bir süre kuşattılar ve sonunda fethettiler. Sonra da biz o kalenin içinde ganimetten paylarımızı alır olduk." [186]

Ömer'in Hayali

Geçici dünyevi hayallerin peşinde koşanlara...

Ömer'e ait bu hayal ve temenniyi sizlere hediye ediyorum.

Ömer ibnu'l-Hattâb bir gün arkadaşlarına "Temennilerinizi söyleyin" dedi.

Birisi "Şu ev altınla dolu olsa da onları Allah yolunda infak ve tasadduk etseydim" dedi. Bir diğeri "Bu evin zeberced ve mücevherlerle dolu olmasını ve onları Allah yolunda infak ve tasadduk etmeyi isterdim" dedi.

---

186   Buhârî, Meğazi, 4160, 4161.

Ömer tekrar "Hadi devam edin" deyince, onlar "Daha ne söyleyelim bilmiyoruz, mü'minlerin emiri" dediler.

Bunun üzerine Ömer "Ben ise bu evin Ebû Ubeyde ibnu'l-Cerrah, Muaz ibn Cebel, Huzeyfe'nin azatlısı Salim ve Huzeyfe ibnu'l-Yeman gibi adamlarla dolu olmasını isterdim" dedi.[187]

Allah'ın Bir Kaderinden Bir Diğer Kaderine Kaçıyoruz

Ömer (radıyallâhu anh) bu sözleri Amvas[188] vebası esnasında Ebû Ubeyde ibnu'l-Cerrah'a söylemiştir.

Abdullah ibn Abbas'tan: Ömer ibnu'l-Hattâb Şam'a gitmek üzere yola çıktı. Serğ'e ulaştığında ordu komutanları olan Ebû Ubeyde ibnu'l-Cerrah ve arkadaşlarıyla karşılaştı. Onlar kendisine Şam'da salgın bir hastalık olduğunu haber verdiler.

İbn Abbas şöyle diyor: Ömer "Bana ilk Muhacirleri çağır" dedi. Onlar gelince kendileriyle istişare etti ve Şam'da salgın olduğunu onlara bildirdi. Onlar geri dönüp dönmeme konusunda ihtilaf ettiler. Bir kısmı "Bir iş için yola çıktın, geri dönmemelisin" derken, bir kısmı "Yanında Rasûlullah'ın ashabından geriye kalanlar var; onları salgınla karşı karşıya getirmemelisin" dediler.

Ömer onlara "Siz gidebilirsiniz" dedi ve ardından "Bana Ensar'ı çağırın" dedi. Ensar çağırıldı, onlarla da istişare etti ve Ensar da Muhacir gibi farklı görüşler ileri sürdüler. Ömer onlara da "Gidebilirsiniz" dedikten sonra "Bana fetih Mu-

---

187 Hâkim, el-Müstedrek, 3/226. Hâkim sahih olduğunu söylemiş, Zehebi de kendisini onaylamıştır.

188 Filistin'de Ramle ve Beytulmakdis arasında küçük bir belde. O gün veba bu beldeden çıkıp Şam'a yayılmıştır. (çev.)

hacirlerinden Kureyş'in yaşlılarını çağır" dedi. Ben de onları çağırdım. Onların hepsi de aynı görüşe vararak "Bu insanları geri çevirmeli ve salgına maruz bırakmamalısın" dediler.

Ömer insanlara seslenerek "Ben sabah yola çıkıyorum, siz de yola çıkın" dedi. Bunu duyan Ebû Ubeyde ibnu'l-Cerrah "Allah'ın kaderinden kaçarak geri mi dönüyorsun?!" deyince Ömer ona "Keşke bunu senden başkası söylemiş olsaydı ey Ebû Ubeyde" dedi ve şöyle devam etti: "Evet Allah'ın bir kaderinden bir diğer kaderine kaçıyoruz. Senin bir deven olsa ve bu deve iki yanı yüksek bir vadiye inse, bu iki taraftan biri kurak biri ise yeşillik olsa, sen deveyi kurak tarafta gütsen de Allah'ın kaderiyle gütmüş, yeşil tarafta gütsen de Allah'ın kaderiyle gütmüş olmaz mısın?"

O esnada, bazı ihtiyaçları için gitmiş olan ve orada bulunmayan Abdurrahman ibn Avf geldi ve şöyle dedi: "Benim bu konuda bir bildiğim var. Rasûlullah'ın şöyle dediğini duydum: 'Bir yerde salgın hastalık olduğunu duyduysanız oraya gitmeyin, sizin bulunduğunuz bir yerde salgın hastalık olursa hastalıktan kaçmak için oradan çıkmayın.'"

Bunu duyan Ömer Allah'a hamd etti ve dönüp gitti.[189]

Halid ibn Velid'in Azli Konusundaki Bir Şüphe ve Cevabı

Adil ve muttaki Ömer'in (radıyallâhu anh), batıl iddialarda ve tarih kitaplarındaki yalan haberlerde geçtiği üzere Halid ibn Velid'i (radıyallâhu anh) içindeki bir kinden yahut aralarındaki eski bir buğzdan dolayı görevinden azlettiğini düşünmek son derece saçma bir zandır.

---

189   Buhârî, Tıb, 5729.

Biz sadık mü'minleri bile bundan beri görürken, imanı güçlü, kendisi güvenilir, Allah ve Rasûlü tarafından tezkiye edilmiş olan Ömer'in böyle bir davranışta bulunacağı nasıl düşünülebilir?

İlginç olan Ömer'in bizzat kendisi Halid'i neden azlettiğini açıkça beyan etmişken hala bu iddiaların söz konusu edilmesidir.

Ömer (radıyallâhu anh) Halid ibn Velid'in azli konusunda şöyle der: "Ben Halid'i ona karşı ne bir öfke duyduğum için ne de ona hıyanet olsun diye azlettim. Onu azlimin sebebi insanların onun sebebiyle fitneye düşmeleridir. Ben insanların (Allah'ı bırakıp) ona güvenmelerinden korktum. Onların gerçek fiil sahibinin (zaferi verenin) Allah olduğunu bilmelerini ve fitneye kapılmamalarını istedim." [190]

Halid ibn Velid'in öldüğü gün Ömer'in ona veda ederken söylediği sözler son derece güzeldir: "Allah Ebû Süleyman'a rahmet etsin. Allah katında olan, onun dünyada iken içinde bulunduğu şeylerden daha hayırlıdır. O hamîd olarak yaşadı, saîd olarak öldü."

Asıl ilginç olansa, Ömer'in ölüm döşeğinde bile Halid'i hatırlamasıdır. Kendisine "Keşke yerine birini bıraksan, mü'minlerin emiri" dendiğinde şöyle demiştir: "Eğer Ebû Ubeyde hayatta olsaydı, onu yerime bırakırdım. Rabbime kavuşup da o bana 'Neden yerine onu bıraktın?' diye sorduğunda ona 'Kulunun ve halîlinin 'Her ümmetin bir emini vardır; bu ümmetin emini de Ebû Ubeyde ibnu'l-Cerrah'tır' dediğini duydum' diye cevap verirdim. Şayet Halid ibn Velid hayatta olsaydı, yerime onu bırakır ve Rabbimin karşısına çıktığımda

---

190   Tarihu't-Taberi, 2/492.

'Kulunun ve halîlinin 'Halid ibn Velid Allah'ın müşriklere karşı çektiği kılıcıdır' dediğini duydum' diye cevap verirdim."

Beytulmakdis'in Fethi

"Allah için tevazu göstereni Allah yüceltir"

Bu büyük sevinç esnasında mü'minlerin emiri, züht ve takvada Müslüman ümmete örneklik sergilemiştir.

İbn Kesir (rahimehullah) şöyle anlatır: Ebû Ubeyde Dımeşk'le işini bitirdiğinde İliya halkına bir mektup yazarak onları Allah'a ve İslâm'a davet eder. Onları İslâm'a girmek, cizye vermeyi kabul etmek ve savaşmak seçenekleri arasında serbest bırakır. Onlar bu davete icabet etmezler.

Bunun üzerine Ebû Ubeyde askerleriyle birlikte oraya doğru yola çıkarak Dımeşk'te yerine Said ibn Zeyd'i bırakır. Beytulmakdis'e ulaşıp orayı kuşatır. Bu kuşatma ve sıkıştırma sonucunda komutanları mü'minlerin emiri Ömer ibnu'l-Hattâb'ın gelmesi şartıyla barış yapmayı kabul ederler.

Ebu Ubeyde Ömer'e mektup yazarak durumu bildirir. Ömer bu konuda çevresindekilerle istişare eder. Osman onları küçük görme ve kendilerine hadlerini bildirme babından gitmemesini tavsiye eder.

Ali ibn Ebi Talib ise içlerindeki müslümanların kuşatmadan doğan sıkıntılarını hafifletmek için gitmesinin daha uygun olacağını söyler. Ömer'in kalbi Osman'ın değil Ali'nin söylediğine daha çok yatar ve askerlerle birlikte onlara doğru yola çıkar. Medine'de yerine Ali ibn Ebi Talib'i bırakır. Abbas ibn Abdulmuttalib ise ordunun en önündedir. Şam bölgesine ulaştıklarında kendisini Ebû Ubeyde ve ileri gelen emirler karşılarlar. Ebû Ubeyde ve arkasından Ömer bineklerinden inerler. Ebû Ubeyde Ömer'in elini, Ömer ise Ebû Ubeyde'nin ayağını öpmek ister ama her ikisi de kendini çeker.

Sonra şehre doğru ilerlerler. Beytulmakdis Hristiyanları kendileriyle barış yapar. Ömer üç güne kadar Rumlar'ın oradan çıkarılmasını şart koşar sonra şehre girer. Mescid'e Rasûlullah'ın isra gecesi girdiği kapıdan girer. Sonra kayanın bulunduğu yere gelir. Oraya kendisini götürmesi için Ka'b el-Ahbar'dan yardım ister. Ka'b mescidi kayanın arka tarafına yapmasını tavsiye edince ona "Yahudiliğe uydun" der ve mescidi Beytulmakdis'in kıble tarafına yapar. Burası bugün Ömer Mescidi diye bilinen mescittir. Sonra kayadan ridasının ve cübbesinin bir tarafı ile toprak taşır, Müslümanlar da onunla birlikte taşırlar...[191]

Ebu'l-Âliye eş-Şâmi şöyle der: Ömer ibnu'l-Hattâb Cabiye'ye İliya yoluyla ve esmer bir devenin üzerinde geldi. Başında güneşten koruyacak ne bir başlık ne de sarık vardı. Ayakları hayvanın iki tarafından sarkıyordu ve ayağını koyacağı bir üzengi yoktu. Eğeri yünlü kalın bir kumaştı. Bu onun hayvana bindiğinde eğeri, indiğinde yatağı oluyordu. Çantası çizgili bir kumaştandı. Bu da bineğinde iken onun çantası, indiğinde yastığı idi. Üzerinde kaba kumaştan eski bir gömlek vardı ve bir tarafı yırtılmıştı. "Bana kavmin reisini çağırın" dedi. Bunun üzerine ona Celumus'u çağırdılar. Ona şu gömleğimi yıkayıp yırtığını dikin ve ödünç bir elbise ya da gömlek verin" dedi. Ona keten bir gömlek getirdiler. "Bu nedir?" diye sordu, onlar "Keten" diye cevapladılar. "Keten nedir?" diye sorduğunda ona ketenin ne olduğunu anlattılar.

Gömleğini üzerinden çıkarıp diğerini giydi. Gömlek yıkanıp yamandıktan sonra ona geri getirilince üzerindeki ödünç gömleği çıkarıp kendi gömleğini giydi.

---

191   Hafız ibn Kesir, el-Bidaye ve'n-Nihaye, 7/57.

Celumus ona "Sen Arap'ların kralısın; deve bu ülkeye uygun bir binek değil. Şu üzerindekinden başka bir şeyler giyer ve ata binersen Rumlar sana daha çok saygı duyarlar" dedi.

Şöyle dedi: 'Allah bizi İslâm'la üstün kıldı, bundan başkasıyla üstünlük istemiyoruz.'

Ona bir at getirildi ve üzerine eğer konulmaksızın bir kadife atıldı, o da bu ata bindi ama hemen ardından "Tutun şunu, tutun şunu, daha önce insanların bir şeytana bindiğini görmemiştim" dedi. Ona tekrar devesi getirildi ve ona bindi.[192]

İbn Şihab yoluyla şöyle rivayet edilir: Ömer Şam'a geldiğinde önüne çamurlu bir su birikintisi çıktı, o da devesinden indi, ayakkabılarını çıkarıp eline aldı ve devesiyle birlikte suya daldı.

Ebu Ubeyde ona "Bugün buranın halkının önünde şöyle şöyle kötü bir şey yaptın" deyince onun göğsüne eliyle vurup "Bunu senden başkası söylese ey Ebû Ubeyde, ona haddini bildirirdim. Sizler insanların en zelilleri ve hakirleri iken Allah sizi İslâm'la aziz kıldı. Ondan başkasıyla izzet elde etmek istediğinizde Allah sizi zelil kılacaktır." [193]

Kıtlık Senesindeki Tutumu

İbnu'l-Cevzi şöyle diyor: O sene kıtlık, kuraklık ve şiddetli açlık oldu. Öyle ki, vahşi hayvanlar insanların bulunduğu yerlere sığındılar. Rüzgar toprağı kum gibi savuruyordu. Bundan dolayı bu yıl Ramâda Yılı diye adlandırıldı. O sene birisi koyunu keser, ama muhtaç olduğu halde çirkinliğinden dolayı ondan tiksinirdi.

---

192   Age: 7/57.
193   El-Bidaye ve'n-Niyahe, 4/61.

Ömer o sene insanların durumu düzelene kadar tereyağı, süt ve et tatmayacağına yemin etmişti. Ömer'in oğullarından biri küçük bir kırba tereyağı ve biraz süt satın alıp onları Ömer'e getirdiğinde Ömer (radıyallâhu anh) ona "Bunları tasadduk et. Zira ben israf ederek yemekten hoşlanmıyorum. Halka dokunan bana da dokunmazsa onların halini nasıl anlarım" dedi.[194]

O sene Ömer yanına Rasûlullah'ın (sallallâhu aleyhi ve sellem) amcası Abbas'ı alarak yağmur duasına çıktı ve "Allah'ım, biz kuraklıkla karşı karşıya kaldığımızda sana Nebin ile tevessülde bulunurduk, şimdi de sana Nebinin amcası ile tevessül ediyoruz, bize yağmur gönder" diye dua etti. [195]

Sonra da Abbas'tan Allah'a dua etmesini istedi. O da kalkarak "Allah'ım, bir bela ancak günah sebebiyle iner ve ancak tevbe ile kalkar. Bu topluluk beni senin Nebi'ne olan yakınlığım dolayısıyla sana yöneltti. Şu ellerimizi sana günahla açıyoruz ve sana tevbeyle yöneliyoruz; bizi yağmurla sula" diye dua etti.

Duanın ardından gökyüzünden şiddetle yağmur inmeye başladı ve sonunda yeryüzü canlanıp ürün verdi, insanlar hayat buldu.

Yolculuk Vakti

Mücadeleyle ve fedakârlıkla dolu uzun bir hayattan sonra ümmetin Faruku ecelinin yaklaştığını hissederek, Allah'ın temennisini gerçekleştirmesi ümidiyle şu duayı yaptı:

"Allah'ım, beni yolunda şehit olmakla rızıklandır ve bana Rasûlü'nün beldesinde ölmeyi nasip et." [196]

---

194 El-Muntazam, 4/250.
195 Buhârî, İstiska, 1010.
196 Buhârî, Fadailu'l-Medine, 189.

Said ibnu'l-Müseyyeb şöyle demekte: Ömer Mina'dan dönüşte vadide devesini çöktürdü, sonra yerdeki toprak parçalarını yığarak kendisini üzerine attı. Ellerini göğe kaldırarak şöyle dedi: "Allah'ım, gücüm azaldı, yaşım ilerledi, tebaam çoğaldı; kusurda ve aşırılıkta bulunmadan beni kendi yanına al."

Sonra Medine'ye gelip insanlara hitap etti ve şöyle dedi: "Ey insanlar, ben sizin için sünnetler ortaya koyduğum gibi, uyulması zorunlu şeyler de koydum ve sizi apaçık bir yol üzere bıraktım, ama insanlara uyup sağa sola saparsanız başka..."

Zilhicce ayı biter bitmez Ömer öldürüldü.[197]

Ayrıca o şehadetiyle ilgili bir rüya da görmüştü:

Ma'dan ibn Ebi Talha el-Ömeri şöyle anlatır: Ömer ibnu'l-Hattâb (radıyallâhu anh) Cuma günü minbere çıkarak Allah'a hamd ve sena okudu ardından Nebi'yi ve Ebû Bekir'i zikretti sonra şöyle dedi: "Bir rüya gördüm ki, bunu ancak ecelim geldiyse görmüş olabilirim. Rüyamda bir horoz beni iki kez gagaladı. Bu rüyayı Esma binti Umeys'e anlattığımda bana 'Arap olmayan biri tarafından öldürüleceksin' dedi." [198]

Daha önce de Rasûlullah (sallallâhu aleyhi ve sellem) onu bu şehadetle müjdelemişti:

Enes ibn Malik'ten: Rasûlullah Ebû Bekr ve Ömer ve Osman'la birlikte Uhud dağına çıktı. O esnada dağ sarsıldı, Rasûlullah ayağıyla yere vurarak "Dur ey Uhud; senin üzerinde bir Nebi, bir sıddık ve iki şehid var" dedi.[199]

---

197   Hakim, 3/91; Malik, 2/824; İbn Ebi'd-Dünya, Mucabu'd-Dave, 9.
198   Ahmed, 168, 362; Müslim; Hâkim, 3/90, 91.
199   Buhârî, el-Fadail, 3685; Ebû Davud, es-Sünne, 4651; Tirmizi, el-Menakib, 3698. Tirmizi hadisin hasen-sahih olduğunu söyler.

Rasûlullah Ömer'in üzerinde beyaz bir elbise görerek, "Bu elbisen yeni mi, yoksa yeni mi yıkandı?" diye sorar. O da "Yeni yıkandı ey Allah'ın Rasûlü" diye cevaplar. Bunun üzerine Rasûlullah ona "Yeni giy, hamd ederek yaşa, şehit olarak öl, Allah sana dünyada ve ahirette mutluluk versin" diye dua eder.[200]

Bir keresinde Ömer ibnu'l-Hattâb (radıyallâhu anh) "İçinizden kim Rasûlullah'ın fitne konusundaki sözlerini biliyor?" diye sorar. Huzeyfe "Ben onun söylediklerini aynen ezberledim" diye cevaplar.

Ömer "Hadi söyle öyleyse, sen bu konuda cesursun" der.

Bunun üzerine Huzeyfe Rasûlullah'tan şu hadisi aktarır: *"Bir kimsenin fitnesi ailesi yoluyla, malı yoluyla ve komşusu yoluyla olur, ama namaz, sadaka, emribilmaruf ve neyhianilmünker bunu örter."*

Ömer "Ben bunu kastetmemiştim, denizin dalgaları gibi gelecek fitneden bahset" der.

Huzeyfe "Ey mü'minlerin emiri, bu konuda senin endişe duymana gerek yok; zira seninle bu fitne arasında kapalı bir kapı var" der.

Ömer "Peki bu kapı açılacak mı yoksa kırılacak mı?" diye sorar.

Huzeyfe "Açılmayacak, kırılacak" diye cevaplar.

Bunun üzerine Ömer "Öyleyse bir daha hiç kapanmayacak" der.[201]

---

200   Ahmed, 2/88; Nesai, el-Yevm ve'l-Leyle, 311; İbn Mace, 3551; Taberani, 2; Buhârî el-Menakib'de tahric eder: 3586.
201   Buhârî, el-Menakib, 3586.

Nevevi şöyle der: Belki de Huzeyfe (radıyallâhu anh) Ömer'in (radıyallâhu anh) öldürüleceğini biliyordu ama ona karşı bu ifadeyi kullanmak istemedi, çünkü Ömer de kendisinin kapı olduğunu biliyordu. Bu yüzden Huzeyfe "öldürülme" ifadesini kullanmaksızın söylemek istediğini başka ibarelerle ifade etti.

Şehadete Kavuşması

Yüce temenninin gerçekleşme zamanı gelmişti...

Amr ibn Meymun (radıyallâhu anh) şöyle anlatıyor: ... Vurulduğu sabah, safta durmuş namazı beklerken onunla aramızda yalnızca Abdullah ibn Abbas (radıyallâhu anh) vardı.[202] O iki saf arasından geçerken 'Safınızı düzeltin' diyerek geçerdi. Saflardaki boşlukların dolduğunu gördükten sonra öne geçip tekbir alırdı. Birinci rekâtta ya Yusuf suresini, ya Nahl suresini ya da bunlar uzunluğunda başka bir sure okurdu ki, herkes namazda toplanmış olsun.

Ömer tekbir alır almaz "Köpek beni öldürdü" yahut "Beni yedi" dediğini duydum. O esnada onu vuran münkir[203] elinde

---

202   İbn Hacer Fethu'l-Bari'de şöyle der: Ebû İshak'ın Amr ibn Meymun'dan rivayetinde o şöyle der: Ömer'i vurulduğu gün gördüm; beni en ön safta yer almaktan alıkoyan şey sadece ondan çekinmemdi. Bundan dolayı da ikinci safta dururdum. Ömer ilk safa yüzünü dönüp bakmadan tekbir almazdı. Herhangi birini öne çıkmış ya da geriye kaymış görürse sopasıyla ona vururdu. İşte beni onun arkasında durmaktan alıkoyan şey buydu.

203   İbn Hacer şöyle der: İbn Sa'd Zühri yoluyla gelen sahih bir isnatla şöyle rivayet eder: Ömer buluğa ermiş yabancı kölelerin Medine'ye girmelerine izin vermezdi. Ancak Kufe'de görevli olan Muğire ibn Şube kendisine bir mektup yazarak yanında bulunan zanaatkar bir gençten bahsederek onun Medine'ye girmesi için izin istedi. Mektubunda gencin çeşitli becerileri olduğundan ve insanlara faydası dokunacağından bahsediyordu. Onun hem bir demirci, hem nakkaş olduğunu, hem de marangozluk bildiğini belirtiyordu. Ömer de

iki taraflı bir bıçakla fırladı. Geçerken sağında solunda kim varsa yaralıyordu. Toplam onüç kişiyi yaralamıştı, bunlardan yedisi öldü. Durumu gören Müslümanlardan birisi onun üzerine bir cüppe attı. Münkir yakalanacağını anlayınca bıçağı kendisine sapladı.

Ömer Abdurrahman ibn Avf'ın elini tutarak (namazı kıldırması için) onu öne geçirdi. Ömer'in arkasındakiler olayı görmüşlerdi ama mescidin geriye kalan kısmındakilerin olaydan haberleri yoktu. Tek bildikleri şey Ömer'in sesinin kesilmiş olmasıydı ve bundan dolayı "subhanallah" diyorlardı. Abdurrahman ibn Avf onlara kısa bir namaz kıldırdı.

Bir başka rivayette şöyle geçer: Ömer çok kan kaybedip kendinden geçmişti. Bir grupla birlikte onu taşıyıp evine soktum. Evine getirdiğimizde halen baygındı. Bir süre sonra ayılarak yüzümüze baktı ve "İnsanlar namazlarını kıldılar mı?" dedi. Ben "Evet" diye cevapladım. "Namazı terk edenin İslâm'ı yoktur" dedikten sonra abdest aldı ve namazını kıldı.

İnsanlar daha önce hiç musibetle karşılaşmamış gibiydiler. Kimisi "Bir şeyi yok" diyor, kimisi "Onun için korkuyorum" diyordu. Kendisine nebiz[204] getirilip içirilince boğazından dı-

---

ona izin verdi. Muğire ona her ay vermek üzere yüz dirhem vergi koydu. O da bu haracın fazla olduğunu söyleyerek Ömer'e şikayette bulundu. Ömer ise ona "Yaptıkların yanında haracın fazla sayılmaz" diye cevap verdi. Bunun üzerine genç kızgın bir şekilde onun yanından ayrıldı. Bir süre sonra Ömer onunla karşılaştığında "Senin 'İstersem rüzgarla dönen bir değirmen yapabilirim' dediğini herkese söylemeyim mi?" dedi. O ise asık bir suratla ona dönerek "Sana öyle bir değirmen yapacağım ki, herkes onu konuşacak" deyince, Ömer yanındakilere dönerek "Bu köle beni tehdit etti" dedi. (Fethu'l-Bari, 7/78)

204 İbni Hacer Fethu'l-Bari'de, buradaki nebizden kastın suda eritilmiş hurma olduğunu söyler. Bunu suyu tatlandırmak için yaparlardı.

şarı çıktı. Sonra süt getirdiler, o da yaralarından dışarı çıktı. Bu durumu görünce insanlar onun öleceğine kanaat ettiler. Biz yanına girdik, başka insanlar da geldiler ve ona övgüler saydılar. Genç birisi kendisine "Ey mü'minlerin emiri, Allah'ın sana olan müjdesi, Rasûlullah'la beraber olman, İslâm'daki önceliğin, halifeliği üstlenip adil bir şekilde yönetmen ve sonunda şehit olman dolayısıyla sevin!" dedi.

Ömer "Bunların bana yetmesini isterdim" dedi.

Genç gitmek için kalkınca izarının yere değdiğini gördü ve "Genci geri çevirin" dedi. Ona "Ey kardeşimin oğlu, elbiseni biraz kısalt, bu elbisenin daha uzun ömürlü olmasını, senin de Rabbin yanında daha muttaki olmanı sağlar" dedi.

Bir başka rivayette İbn Abbas şöyle der: Ona "Cennetle sevin! Rasûlullah'la uzun süre beraber oldun, mü'minlerin emirliğini üstlendin, güçlü oldun ve emaneti yerine teslim ettin" dediğimde bana şöyle cevap verdi: "Beni cennetle müjdeliyorsun, vallahi eğer dünya içindekilerle birlikte bana ait olsaydı, önümde beni bekleyen korkutucu durumdan dolayı daha nereye gideceğimin haberini almadan onu feda ederdim. Mü'minlerin emirliği konusuna gelince, vallahi bu benim ne lehime ne de aleyhime olmaksızın bana yetsin isterdim. Allah'ın Nebisi ile beraberliğim konusu ise doğrudur.[205]

Zehebi İbn Ömer'in şöyle dediğini aktarır: Ömer'in başı kucağımdaydı. Bana "Yanağımı yere koy" dedi, ben de söylediğini yaptım. Şöyle dedi: "Eğer Rabbim bana rahmet etmezse, bana da anama da yazıklar olsun" dedi.[206]

---

205 Ahmed, Müsned, 322. Ahmed Şakir isnadının sahih olduğunu söyler.

206 Zehebi, Siyeru'l-Hulefa, 94; Haber et-Tabakat'ta geçer: 3/274. İsnadı sahihtir.

Kabrinin Rasûlullah'ın Kabriyle Yan Yana Oluşu

Ömer (radıyallâhu anh) hayatının son anlarında oğluna "Ey Abdullah ibn Ömer, ne kadar borcum olduğuna bir bak" dedi. Borcunu hesapladılar seksen altı bin dirhem ya da buna yakın bir rakam olduğunu tespit ettiler. Şöyle dedi: "Ömer ailesinin malı, bunu ödemeye yetiyorsa onların mallarından ödesin. Eğer yetmezse Benî Udey ibn Ka'b'dan[207] iste. Eğer onların malları da yetmezse Kureyş'ten[208] iste, bir başkasına gitme ve bu malı benim adıma öde.

Mü'minlerin annesi Âişe'ye git ve şöyle de: "Ömer sana selam gönderdi –mü'minlerin emiri, deme çünkü ben bugün mü'minlerin emiri değilim- iki arkadaşının yanına gömülmek için senden izin istiyor."

Abdullah Âişe'ye (radıyallâhu anh) giderek selam verdi ve yanına girmek için izin istedi. İçeri girdiğinde onun oturmuş ağlıyor olduğunu gördü. "Ömer sana selam gönderdi, iki arkadaşının yanına gömülmek için senden izin istiyor" dedi. Âişe (radıyallâhu anhâ) "Bunu kendim için istiyordum, ama bugün onu kendime tercih ediyorum" diye karşılık verdi.

Abdullah dönünce kendisine "Abdullah ibn Ömer geldi" dediler. O "Beni kaldırın" dedi. İçlerinden birisi onu kaldırıp kendine yasladı. Abdullah'a "Ne haberle geldin?" deyince o "Duymayı istediğin haberle, mü'minlerin emiri; sana izin verildi" diye cevapladı. Bunun üzerine "Elhamdulillah, benim için bundan daha önemlisi yoktu. Öldüğümde beni alıp oraya götürün ve selam verip (tekrar) 'Ömer senden izin istiyor' deyin. Eğer izin verirse beni içeri sokarsınız, eğer reddederse beni müslümanların kabristanına götürürsünüz."

---

207 Kendi soyu.
208 Kendi kabilesi.

... Sonra mü'minlerin annesi Hafsa yanında kadınlarla geldi. Onu görünce biz kalktık ve yanına o girdi. Bir süre yanında kalıp ağladı.

O esnada içeri girmek isteyenler oldu, onları bir başka girişten içeri aldım. İçeriden onun (Hafsa'nın) ağlamasını duyuyorduk. "Ey Rasûlullah'ın arkadaşı, ey onun akrabası, ey mü'minlerin emiri" diyordu.

Ömer ona "İşittiklerime dayanamıyorum. Senin üzerinde olan hakkıma dayanarak buradan çıktıktan sonra bir daha benim için yas tutmanı yasaklıyorum, gözlerine gelince; onlara sahip olamam.

Sonra oradakiler "Vasiyette bulun ve yerine birini bırak, mü'minlerin emiri" dediler.

"Rasûlullah'ın ölürken kendilerinden razı olduğu şu kişiler dışında bu işe daha layık birini bulamıyorum" dedikten sonra Ali, Osman, Zübeyr, Talha, Sa'd ve Abdurrahman'ı zikretti[209] ve şöyle dedi: "Abdullah ibn Ömer sizin için şahit olsun, fakat onun bir hakkı ve yetkisi olmadığını bilin. Eğer emirlik Sa'd'a verilirse, tamam. Aksi halde emir olan ondan yardım alsın. Ben onu acizliğinden ya da hıyanet ettiği için azletmedim.[210]

---

209 İbn Hacer Fethu'l-Bari'de şöyle der: Ömer'in cennetle müjdelenen on kişiden altı tanesinin adını zikretmesinde sorun oluşturacak bir durum yoktur. Zira Ebû Bekir ve Ebû Ubeyde daha önce ölmüşlerdi. Said ibn Zeyd ise onun amcaoğluydu ve Ömer bu işten uzak durma konusunda mübalağa ederek onun adını anmadı. Mudayini Ömer'in Said ibn Zeydin adını Rasûlullah'ın kendilerinden razı olarak öldüğü kimseler arasında saydığını fakat kendisine akrabalığından dolayı onu şura üyelerinden istisna ettiğini söyler. Mudayini kendi isnadıyla Ömer'in şöyle dediğini aktarır: "Sizin işinizi üstlenme konusunda benim bir hevesim yok ki, bu konuda ailemden birini istemiş olayım." (7/84)

210 Ömer (radıyallâhu anh) onu Kûfe valiliğinden azlederek yerine Muğire ibn Şube'yi geçirmişti. (çev.)

Benden sonra halife olacak kişiye ilk Muhacirlerin haklarını gözetmesini, onların saygınlıklarını korumasını tavsiye ediyorum. Onlardan önce Medine'de yerleşik olan ve onlardan önce iman etmiş olan Ensar'a ise iyilikte bulunmasını tavsiye ediyorum. Onlar İslâm'ın savunucuları ve (çokluklarıyla ve güçleriyle) İslâm düşmanlarını öfkelendiren topluluktur. Onlardan ancak kendi rızaları ile verdikleri, mallarının fazla olan kısmı alınır. Ona Bedevilere de özen göstermesini tavsiye ediyorum; zira onlar Arapların aslını ve İslâm'ın maddesini oluştururlar. Onların mallarının da ancak seçkin olmayan kısmı alınır ve onların fakirlerine verilir. Ona Allah'ın ve Rasûlünün zimmetine (ehli zimmete) dikkat etmesini de tavsiye ediyorum. Onlarla olan ahide bağlı kalsın, onların arkasında savaşsın ve güçlerinin yetmeyeceği şeyi onlara yüklemesin.[211]

Ruhunu teslim edince onu alıp Âişe'nin evine götürdük. Abdullah ibn Ömer selam verdi ve "Ömer ibnu'l-Hattâb izin istiyor" dedi. Âişe (radıyallâhu anhâ) "Onu getirebilirsiniz" diye cevaplayınca içeri sokularak arkadaşlarının yanına koyuldu.[212]

Sahâbe'nin Ona Yönelik Övgüleri

Ebu Vail (rahimehullah) şöyle der: Abdullah ibn Abbas yanımıza gelerek bize Ömer'in ölümünü haber verdi. Onun hiç bu kadar çok ağladığını ve bu kadar üzgün olduğunu görmemiştim. Şöyle dedi: "Vallahi eğer Ömer'in bir köpeği sevdiğini bilsem ben de onu severdim."

Huzeyfe'nin Ömer'in öldüğü gün şöyle dediği aktarılır: Bu gün Müslümanlar İslâm'ın bir yanını kaybettiler.[213]

211 Buhârî, Fadailu Ashabi'n-Nebi, 3800.
212 Eimmetu'l-Huda, Şeyh Muhammed Hassan ve Avd el-Cezzar.
213 İbn Sa'd, et-Tabakat, 3/284.

Abdullah ibn Abbas'a "Ömer hakkında ne dersin?" diye sorulduğunda şöyle dedi: "Allah Ebû Hafs'a rahmet etsin. O İslâm'ın bağlısı, yetimlerin sığınağı, imanın yatağı, ihsanın son durağı, zayıfların evi, vekillerin kalesi idi. O Hakkın korunağıydı, insanlar için bir yardımcıydı. Sabredip karşılığını Allah'tan bekleyerek Allah'ın hakkını yerine getirdi; ta ki din galip gelene kadar. O ülkeler fethetti, Allah azze ve celle'yi tepelerde de düzlüklerde de andı. Bollukta da darlıkta da vakarını korudu, her vakit ona şükretti. Onu öfkelendireni Allah kıyamete dek pişmanlıkla cezalandırmıştır.[214]

Abbas ibn Abdulmuttalib (radıyallâhu anh) şöyle demekte: Ben Ömer ibnu'l-Hattâb'ın komşusuydum, Ömer'den daha faziletli bir insan görmedim. Onun gecesi namaz, gündüzü oruçtu ve her an insanların ihtiyaçlarını karşılama çabasındaydı" [215]

Huzeyfe'den (radıyallâhu anh): İslâm, Ömer döneminde her an biraz daha yaklaşarak gelen bir kişi misaliydi. Ömer (Allah ona rahmet etsin) öldürüldükten sonra ise sırtını dönmüş ve her an senden uzaklaşan kişi gibi oldu.[216]

İbn Abbas'tan (radıyallâhu anhumâ): Ömer yatağına konuldu ve cenazesinin kaldırılmasından önce insanlar onu dua ederek kefenlediler. Ben de onların arasındaydım. Birden birisi omzumu tuttu. Baktım ki, bu kişi Ali ibn Ebi Talib'miş. Ömer'e rahmet okuduktan sonra şöyle dedi: "Kendisinin ameli gibi bir amelle Allah'a kavuşmayı daha çok isteyeceğim hiç kimse bırakmadın geride. Allah'a yemin olsun ki, Allah'ın seni iki arkadaşınla birlikte kılacağına inanıyorum. Çünkü ben Nebi'nin

---

214 Er-Riyadu'n-Nadra, 1/35.
215 Suyuti, el-Hilye; 1/54. Ricali sikadır.
216 İbn Sa'd, et-Tabakat, 3/285. Ricali sikadır.

(sallallâhu aleyhi ve sellem) "Ben, Ebû Bekir ve Ömer gittik; ben, Ebû Bekir ve Ömer girdik; ben, Ebû Bekir ve Ömer çıktık" dediğini o kadar çok duydum ki.[217]

Yine İbn Abbas (radıyallâhu anh) şöyle der: Ömer'i çok anın; çünkü onu andığınızda adaleti anmış olusunuz, adaleti andığınızda ise Allah tebarake ve teala'yı anmış olursunuz.[218]

Bu değerli sahâbeye veda ederken şöyle demekten kendimizi alamıyoruz:

Allah seni en güzel şekilde mükafatlandırsın. Kokusu tüm dünyaya taşan hayat hikayenden ve tarihin alnına nurla kazıdığın ebediyen unutulmayacak tutumlarından ne kadar çok şey öğrendik. Ruhlarımız bedenlerimizde olduğu sürece seni unutmayacağız.

Allah senden razı olsun ve seni hoşnut etsin. Bizleri seninle rahmet yurdu olan cennetinde, karşılıklı tahtlar üzerine kurulmuş kardeşler olarak buluştursun.

---

217 Buhârî, 3685; Müslim, 2389; İbn Mace, 98.
218 Usudu'l-Ğâbe, 4/153. Senedi sahihtir.

SORULAR VE CEVAPLAR

Soru: Hz. Ömer b. Hattâb, Kureyş'ten hangi boydandır.

Cevap: Kureyşliler on boya ayrıldılar. Bunlardan biri Hz. Ömer (radıyallâhu anh)'ın boyu olan İbn Adiyy boyudur. Babası Hattâb b. Nevfel el-Adevi'dir. Annesi ise Beni Mahzum boyundan Haşim b. Muğire'nin kızı Hanteme'dir. Dolayısıyla soy itibariyle tamamen Kureyşlidir. Kureyş'in her şerefini kendisinde toplamıştır.

Soru: Ne zaman doğdu, nasıl yetişti?

Cevap: Miladî 581 yılında doğdu. Kendisi doğum tarihi hakkında şöyle demiştir: "Büyük ficar savaşlarından dört yıl sonra doğdum ki bu Hz. Peygamberin peygamberliğinden otuz yıl önceye denk gelmektedir."

Hz. Ömer (radıyallâhu anh) güçlü bir bedene sahip, zorlukları göğüsleyebilen, çabuk öfkelenen, yenilmeyip hep galip gelen ve okuyup yazmayı bilen biri olarak yetişti.

Soru: Kureyşliler arasındaki yeri nasıldı?

Cevap: Küçük yaşlardan itibaren itibar ve saygı gördü. Dehşetinden korkarlardı. Aralarında veya kendileriyle başkaları arasında bir anlaşmazlık çıktığında elçi ve arabulucu olarak O'nu gönderirlerdi. Birisi onlara zıt düşse veya büyüklük taslasa, karşılık vermesi için yine O'nu gönderirlerdi.

Soru: Fiziği nasıldı?

Cevap: Hz. Ömer (radıyallâhu anh) uzun ve inceydi, fidan gibiydi. Uzaktan bakıldığında bir bineğin üstündeymiş gibi sanılırdı. Güçlü pazulu, iri dirsekliydi. Başı kel, yüzü beyaz, cildi kırmızıydı. Sakalının önü sık, yanları ise seyrekçe ve kırmızımsıydı. Solaktı, ancak sağını da kullanırdı. Sık adımlarla ve hızlı yürürdü.

Soru: Cahiliyye döneminde kızını diri diri toprağa gömdüğü oldu mu?

Cevap: Cahiliyye döneminde kız çocuklarının diri diri gömülmesi yaygın bir âdetti. Bunu, batıl inançlarıyla; ya başlarına utanç verici bir şey gelme ihtimalini ortadan kaldırmak veya geçim yükünü hafifletmek maksadıyla yaparlardı. Allah (c.c.) *"Diri diri gömülen kızçocuğu neden öldürüldüğünü sorduğu zaman!"* (Tekvir: 8, 9) buyurmuştur.

Ömer'in (radıyallâhu anh) cahiliyye döneminde bir kızını diri diri toprağa gömdüğüne dair rivayetler vardır. Buna göre Ömer çocuğu diri diri kuma gömüyor, o ise bunu bir şaka ve oyun sanıyor ve gömerken babasının yüzündeki toprak ve kumları elleriyle siliyordu. Buna rağmen katı ve acımasızlığından Ömer'in kalbi ona karşı yumuşamadı!

Bununla birlikte bu vakıayı inkar eden ve böyle bir şeyin olmadığını söyleyen rivayet de bulunmaktadır.

Soru: Ömer (radıyallâhu anh)'ın İslâm'a karşı tavrı nasıldı? Güçsüz Müslümanlara işkenceye O da katıldı mı?

Cevap: Ebû Cehil (Amr b. Hişam), Ümeyye b. Halef ve Ebû Leheb (Abduluzza b. Abdulmuttalib) gibi O'nun da cahiliyye duyguları kabardı. Müslüman olup, Abdullah oğlu Muhammed'e tabi olanlara karşı çok sert ve baskıcı idi.

Ömer, İslâm'ın altı yıl süresi boyunca güç yetirebildiği zavallı Müslümanlara, sopalama ve benzeri yollarla işkence yapmaktan geri durmadı. Bunu ya yalnız başına kendisi veya Kureyş'in önde gelen zorba ve zalimlerine iştirak ederek onlarla birlikte yapıyordu.

Aşırı sertliğinden bu yönü ilk Müslümanların birçoğu tarafından duyulmuştu. O'ndan korkarlar ve yolda gördüklerinde sataşmaması veya eziyet etmemesi için başka yola sapar veya gözü önünden kaybolurlardı!

Soru: Küfür ve şirki hangi hadde varmıştı?

Cevap: Birgün Kabe'nin avlusunda oturmuş, sonradan türeme Muhammed b. Abdullah hakkında konuşan Kureyş'in önde gelenleriyle birlikte oturuyordu. O'nun ilahlarına nasıl tezyif ettiğini, onların akıl ve beyinlerini nasıl küçümsediğini ve birliklerini nasıl bozduğunu konuşuyorlardı... Sonra bir ara Ömer son derece büyük bir öfke, heyecan ve sinirle kalktı ve Muhammed'i bulup öldürmeye, böylece O'ndan ve getirdiğinden kurtulmaya karar verdi.

Soru: Yolda kiminle karşılaştı?

Cevap: Yolda normal yürüyüşünden daha hızlı yürüyordu. Yüzü kan gibi kıpkırmızı olmuştu ve gözleri ateş kıvılcımı saçıyordu. Ellerini kılıcının kabzasından bir an olsun ayırmıyordu. Gözleri kan çanağına dönmüştü. Yolda O'nunla Kureyş'in Beni Zehra kabilesinden bir adam[219] karşılaştı ve O'na bu halinin sebebini sordu.

219　Bir rivayete göre bu Nuaym b. Abdullah en-Niham, bir rivayete göre de Sa'd b. Ebi Vakkas'tır.

Soru: Ömer ne dedi?

Cevap: Ömer öldürmek, böylece insanları davetinin şerrinden korumak için Muhammed'i aradığını söyledi. Adam: "Sen böyle yaptığını iddia ediyorsun güya ama, bu iş senin evine kadar girdi." dedi. Ömer: "Ne diyorsun, nedir kastettiğin?" diye sorunca adam: "Kızkardeşin ile enişten de dinlerini değiştirip İslâm'a girdiler" diye cevap verdi.

Soru: Bunun üzerine Ömer nereye yöneldi?

Cevap: Ömer'in hiddet ve öfkesi daha da arttı ve çılgına döndü. Hemen kızkardeşi Fâtıma'nın evine yöneldi. Niyeti ve kesin kararı, Hattâb oğullarını ve Beni Adiyy oğullarını bu ârdan ve utanç verici şeyden kurtarmak için O'nu ve eşini parçalamak, öldürmekti.

Soru: Kapıda ne işitti?

Cevap: Kapıya varınca, lafız ve kelimlerinin mahiyetini bilmediği kısık bir ses işitti. Anlamaya çalıştı, ama sesi tam alamadı. Sonra hiddet ve öfkeyle kapıyı çaldı ve kapıdakinin kendisi olduğuna dair ses verdi.

Soru: Yanlarında kim vardı ve ne okuyordu?

Cevap: Fâtıma ile eşi Said b. Zeyd'in yanında Habbab b. Eret (radıyallâhu anh) vardı. Onlara, yeni inen Tâhâ suresinin başlarını okuyordu. Fâtıma hemen sayfayı gizledi. Habbab da eve gizlendi. Ve Ömer içeri girdi.

Soru: Ömer kızkardeşine ne dedi?

Cevap: Ömer direk söze başlayarak "Ey nefsinin düşmanı kadın! Duydum ki dinini terk edip Müslüman olmuşsun" dedi ve dövmeye yeltendi.

Soru: Fâtıma ne cevap verdi?

Cevap: O'na "Ey Hattâb'ın oğlu! Bana yapacağını yap. Ben Müslüman oldum" diye cevap verdi.

Soru: Ömer O'nu ve kocasını dövdü mü?

Cevap: Ömer Fâtıma'yı tokatladı Kadından kanlar akıyordu Kocası Said O'nu korumak için ayağa kalktı, ancak Ömer O'na da vurarak yere serdi.

Soru: Akan kanı görünce ne hissetti?

Cevap: Kanın aktığını ve eniştesinin yerde serili olduğunu görünce biraz pişmanlık duydu. Soluk almak için oturdu.... Allah onun için hayır dilemişti.

Soru: Onlardan ne istedi?

Cevap: Kardeşine "Okumakta olduğunuz o kağıdı getirin de bakayım, ne varmış?" dedi.

Soru: Kardeşi ne dedi?

Cevap: *"O'nu sana veremem... Çünkü sen O'na layık değilsin. Sen cenabetten gusletmiyor; temizlenmiyorsun. Oysa "O'na ancak tam temizlenenler dokunabilir"* (Vakıa: 79)" dedi.

Soru: Onlara ne söz verdi?

Cevap: Kağıdı yırtmayacağına söz verdi; okuyup vereceğini söyledi. Kardeşi O'na yıkanmasını şart koştu. O da kalkıp yıkandı.

Soru: Onlara karşı yumuşadı mı? Okuduğunda ne yaptı?

Cevap: Ortalığı sevgi ve ülfet dalgaları kapladı... O'nu okuyunca Ömer'in kalbini korku kapladı. Ömer (radıyallâhu anh) bunu şöyle anlatır: "Rahman ve Rahim'e gelince içimi korku kapladı ve elimdeki kâğıdı yere attım. Sonra kendime gelip okudum: "Göklerdekiler ve yerdekiler O'nu tenzih ederler. O azizdir, hakimdir" (Hadid: 1). Allah'ın her bir ismi geçtiğinde içimi korku kaplıyordu ve sonra tekrar okuyordum. Nihayet şuraya kadar okudum: *"Allah'a ve Rasûlü'ne iman edin. Sizi, üzerinde tasarrufa yetkili kıldığı şeylerden harcayın. Sizden iman edip de (Allah rızası için) harcayan kimselere büyük mükâfat vardır. Peygamber sizi, Rabbinize iman etmeye çağırdığı halde niçin Allah'a inanmıyorsunuz? Halbuki O, sizden kesin söz de almıştı. Eğer inanırsanız."* (Hadid: 7, 8).

Soru: Habbab O'na ne dedi? Rasûlullah'ın (sallallâhu aleyhi ve sellem) yerini haber verdi mi?

Cevap: O esnada Habbab saklandığı yerden çıktı ve "Müjde ey Ömer! Rasûlullah (sallallâhu aleyhi ve sellem) "Allahım! İslâm'ı Amr b. Hişam (Ebû Cehil) ile Ömer b. Hattâb'dan en çok sevdiğin ile güçlendir" diye dua etmişti. Öyle umuyorum ki Rasûlullah'ın (sallallâhu aleyhi ve sellem) duası sana isabet etmiştir." dedi. Ömer Rasûlullah'ın (sallallâhu aleyhi ve sellem) yerini haber vermesini istedi. Habbab da O'nun Erkam b. Ebi Erkam'ın evinde olduğunu haber verdi. Ömer oraya gitmek üzere evden ayrıldı.

Soru: Müslümanlar Ömer'in oraya gelmesinden paniğe kapıldılar mı, Hamza onlara ne dedi?

Cevap: Kapı çalındı. Bakmak için birisi kapıya gitti. Sonra

panik içinde "Ya Rasûlallah! Gelen Ömer" diyerek geri geldi. Abdulmuttalip oğlu Hamza O'na "Bırak girsin Ya Rasûlallah! Eğer müslüman olmak için geldiyse kabul ederiz; bir şer için gelmişse de O'nu kendi kılıcıyla öldürürüz" dedi.

Soru: Rasûlullah (sallallâhu aleyhi ve sellem) **onlara ne dedi?**

Cevap: Rasûlullah (sallallâhu aleyhi ve sellem) ashabına "Sevinin! Ömer size, alnındaki İslâm nişanesi ile geldi" dedi ve kapıyı açmalarını emretti. Kapıyı açtılar; girdi. Evdekiler arka arka gittiler.

Soru: Rasûlullah (sallallâhu aleyhi ve sellem) **O'nu nasıl karşıladı?**

Cevap: Rasûlullah (sallallâhu aleyhi ve sellem) O'na doğru yöneldi ve mübarek eliyle elbisesinin kemer kısmından tutup şiddetle sarstı ve "Senin müslüman olmanın zamanı gelmedi mi ey Hattâb'ın oğlu!" dedi. Bunun üzerine Ömer "Eşhedu..." diyerek kelime-i şehadet getirdi. Rasûlullah (sallallâhu aleyhi ve sellem) tekbir getirdi, O'nunla birlikte müslümanlar da tekbir getirdiler. Öyle gür tekbir getirdiler ki sesleri Kâbe'den duyuldu.

Soru: Rasûlullah (sallallâhu aleyhi ve sellem) **O'na neden "Faruk" lakabını taktı?**

Cevap: Olay Suheyb b. Sinan'dan (radıyallâhu anh) şöyle nakledilmiştir: "Ömer müslüman olunca İslâm ortaya çıktı ve insanlar O'na açıktan çağrıldılar. Halkalar kurup Kâbe'nin etrafında oturduk; Kâbe'yi tavaf ettik. Bize zulmedenlerden hıncımızı aldık. Bize yaptıklarından bazılarıyla karşılık verdik."

İşte Allah (c.c.) hak ile batılı birbirinden Ömer (radıyallâhu anh) ile ayırdığı için Rasûlullah (sallallâhu aleyhi ve sellem) O'na "Faruk: Birbirinden ayıran" adını verdi[220].

Soru: O'nun müslüman olduğu haberi, Kureyşlilerde nasıl yankı buldu?

Cevap: Ömer'in Müslüman olmasıyla Kureyşliler neye uğradıklarını şaşırdılar ve müthiş derecede sarsıldılar. Ömer (radıyallâhu anh) ortaya çıkmaları için onlara meydan okudu. Bunun üzerine O'nunla savaşmak için Kabe'nin yanında toplandılar. Halid onu savunmak istedi ve yanında olduğunu söyledi. Ancak Ömer (radıyallâhu anh) bunu kabul etmedi. Kureyşliler O'nunla savaştılar, savaştılar; sonunda bıkıp yanından ayrıldılar.

Abdullah b. Mesud (radıyallâhu anh) der ki: Ömer'in Müslüman olması fetih, hicreti zafer, halifeliği de rahmet idi.

Soru: O'nunla birlikte çocuklarından kim müslüman oldu?

Cevap: Oğlu Ömer o zaman gençti. Berrak zihni, candanlığı, sevecenliği ve hakkaniyetiyle hoş bir tabiata sahipti. Babası müslüman olunca hemen kendi isteğiyle müslüman oldu. Peygamber'le (sallallâhu aleyhi ve sellem) buluştu ve O'ndan bilgiler almaya başladı. İnen ve inmekte olan Kur'an surelerini ezberledi. Böylece gençliğini böyle geçirdi ve bu şekilde yetişti.

---

220 Bunlar, Abdullah b. Ömer'in Âişe'den yaptığı bir rivayette geçmektedir.

Soru: Müslümanlar Mekke'den Medine'ye nasıl ve niçin hicret ettiler?

Cevap: İkinci Akabe biatından sonra Rasûlullah (sallallâhu aleyhi ve sellem) Medine'ye hicret etmeleri için ashabına izin verdi. Onlar da dinlerini, akidelerini ve bedenlerini Kureyşlilerin zulüm ve baskılarından kurtarmak için; geride kalan mal, mülk ve eşyalarını önemsemeden, topluca veya ferdî olarak gizlice çıkıp gittiler. Hicret; asil tavırları, müthiş fedakarlıkları ve dinde metaneti içeren olaylarla doludur.

Soru: Hicret ettiği gün Ömer (radıyallâhu anh) ne yaptı? Birlikte gitmek için Müslümanlardan biriyle anlaştı mı?

Cevap: Hz. Ali'den (radıyallâhu anh) yapılan bir rivayete göre O şöyle demiştir: "Ömer'in (radıyallâhu anh) dışında hiçbir muhacirin açıktan hicret ettiğini bilmiyorum. O, hicrete karar verince kılıcını kuşandı, mısrağını taktı, yayını ve oklarını eline alıp Kâbe'ye doğru gitti. Kureyş'in önde gelenleri Kâbe'nin avlusundaydılar. Kâbe'yi yedi defa sakin sakin tavaf etti. Sonra Makam-ı İbrahim'e gidip sakin sakin namaz kıldı. Daha sonra her sohbet halkasının başında durup "Yüzler bozulacak ve Allah (c.c.) ancak bu burunları yerde sürütecek. Kim annesini evlatsız, evladını yetim ve karısını dul bırakmak istiyorsa şu vadinin arkasında benimle buluşsun." dedi. Ali der ki: "Arkasından sadece bir grup güçsüz insanlar geldi. O da onlara gerçeği öğretti, doğru yolu gösterdi.

Ömer (radıyallâhu anh) birlikte hicret etmek için Ayyaş b. Ebi Rebia ile anlaşmıştı. Onunla gizlice Tenadub denen yerde buluştu ve birlikte yola çıktılar.

Soru: Medine'de nereye indi? Rasûlullah'ı (sallallâhu aleyhi ve sellem) nasıl bekledi?

Cevap: Mekke'den Medine'ye hicret edenleri adeti üzere O da, kendinden önce giden ve sonra gelenlerle Kuba mahallesinde buluştu. Hepsi de buraya Beni Amr b. Avf kabilesinden Rufaa b. Münzir'in misafiri olarak iniyorlardı. Ömer (radıyallâhu anh) ve beraberindekiler, birlikte Rasûlullah'ın (sallallâhu aleyhi ve sellem) oradan girmesi gereken vadiye gidiyor ve sıcak şiddetlenene kadar bekliyor, sonra geri dönüyorlardı. Gelişi gecikince hakkındaki endişe ve korkuları arttı.

Soru: Ömer (radıyallâhu anh) Bedir'e katıldı mı? Orada karşısına kim çıktı?

Cevap: Ömer (radıyallâhu anh) Rasûlullah'la (sallallâhu aleyhi ve sellem) hiçbir gazveye çıkmaktan geri durmadı. Danışılan ve görüşü alınan kimselerdendi ve O'ndan önde sadece Ebû Bekir (radıyallâhu anh) vardı. Bedir günü de Ebû Süfyan Kureyş kafilesini kurtardıktan ve Ebû Cehil çatışmada ısrar ettikten sonra, Rasûlullah (sallallâhu aleyhi ve sellem) ashabıyla istişare etti. Ömer (radıyallâhu anh), Allah ve Rasûlü (sallallâhu aleyhi ve sellem) için zafer elde etmek maksadıyla onlara meydan okumanın gerektiği görüşünü belirtti.

Ömer (radıyallâhu anh) savaş esnasında da dayısı Âs b. Hi-.şam b. el-Muğire el-Mahzumi Ebû Cehil ile dövüştü

Soru: Esirler hakkındaki görüşü ne idi? Daha sonra inen vahiyle paralel miydi?

Cevap: Kureyşli esirlerin sayısı yetmişi aşkındı ve esirlerin ne yapılacağı hususunda henüz bir hüküm inmemişti. O yüzden Rasûlullah (sallallâhu aleyhi ve sellem) bunlar hakkında ashabıyla istişare etti. Ebû Bekir (radıyallâhu anh), belki Allah

Hakka ve İslâm'a hidayet eder ümidiyle onlara yumuşak davranılması ve fidye kabul edilmesi görüşünü beyan etti. Ömer (radıyallâhu anh) ise boyunlarının vurulması görüşünü söyledi; çünkü onlar şirkin ve küfrün başıydılar. Rasûlullah (sallallâhu aleyhi ve sellem) sonunda Ebû Bekir'in (radıyallâhu anh) görüşünü kabul etti. Ardından Ömer (radıyallâhu anh)'ın benimsediği ve dile getirdiği görüşüyle uyuşan âyetler indi. Allah (c.c.) şöyle buyuruyordu: "Yeryüzünde ağır basıncaya (küfrün belini kırıncaya) kadar, hiçbir Peygambere, esirlere sahip olması yaraşmaz. Siz geçici dünya malını istiyorsunuz, halbuki Allah (sizin için) ahireti istiyor. Allah güçlüdür, hikmet sahibidir.Allah tarafından önceden verilmiş bir hüküm olmasaydı, aldığınız fidyeden ötürü size mutlaka büyük bir azap dokunurdu" (Enfal: 67, 68).

Soru: Hz. Ömer'in (radıyallâhu anh) kızı Hafsa'nın Rasûlullah (sallallâhu aleyhi ve sellem) ile evlenmesi nasıl gerçekleşti?

Cevap: Hafsa, kocası Huneys b. Hazafe'nin Bedir günü şehadetiyle dul kaldı ve Ömer (radıyallâhu anh) buna çok üzüldü. Bunun üzerine kızıyla evlenmesi için Hz. Ebû Bekir'e (radıyallâhu anh) teklif götürdü; ama O bir cevap vermedi. Sonra aynı teklifi Hz. Osman (radıyallâhu anh)'a sundu. O, eşi olan Rasûlullah'ın (sallallâhu aleyhi ve sellem) kızı Rukiyye'nin vefatıyla bekar kalmıştı. "Şu anda evlenme düşüncem yoktur" dedi. Bunun üzerine Ömer (radıyallâhu anh) durumu şikayet etmek için Rasûlullah'a (sallallâhu aleyhi ve sellem) gitti. O (sallallâhu aleyhi ve sellem) "Hafsa Osman'dan, Osman da Hafsa'dan hayırlısıyla evlenecek!" buyurdu. Daha sonra Rasûlullah (sallallâhu aleyhi ve sellem) Hafsa'yla evlendi, Osman'ı da kızı Ümmü Gülsüm ile evlendirdi.

Ebu Bekir (radıyallâhu anh) Ömer (radıyallâhu anh) ile karşılaşınca "Hafsa ile evlenmek istememe kızma; çünkü ben Rasûlullah'ı (sallallâhu aleyhi ve sellem) O'ndan bahsederken işittim. Sana Rasûlullah'ın (sallallâhu aleyhi ve sellem) sırrını açacak da değildim" dedi. Böylece Ömer (radıyallâhu anh) Rasûlullah'ın (sallallâhu aleyhi ve sellem) sözünden ne kastettiğini anladı ve bu şerefli hısımlıktan mutlu oldu.

Soru: Ömer (radıyallâhu anh) Uhud günü Rasûlullah (sallallâhu aleyhi ve sellem) ile sebat etti mi? Rasûlullah (sallallâhu aleyhi ve sellem) O'na hangi görevi verdi?

Cevap: Uhud günü savaş Kureyşlilerin lehine döndükten sonra Rasûlullah (sallallâhu aleyhi ve sellem) ile birlikte, onu geçmeyecek kadar az kişi sebat etti. Ömer (radıyallâhu anh) de Rasûlullah'ı (sallallâhu aleyhi ve sellem) müdafaa eden bu az kişilerdendi.

Ebû Süfyan gelip "Yücel ey Hübel, Yücel ey Hübel" diyince Rasûlullah (sallallâhu aleyhi ve sellem) "O'na cevap verin" buyurdu. "Ne diyelim?"dediler. Rasûlullah (sallallâhu aleyhi ve sellem) "Allah daha yüce ve daha azizdir, deyin" buyurdu ve bu iş için gür sesli Ömer'i görevlendirdi.

Soru: Ömer (radıyallâhu anh) ezanla ilgili bir rüya gördü mü?

Cevap: Sahâbîlerden Abdullah b. Zeyd ezanla ilgili bir rüya gördü ve Rasûlullah'a (sallallâhu aleyhi ve sellem) gelerek anlattı. Buna göre rüyasında, insanları namaz vaktinin girdiğine dair uyarıcı bir zil, çan satın almak isteyen ve araştıran bir adamla karşılaşmış, bu da ona daha hayırlısını önermiş, ezanın cümlelerini öğretmişti. Bu esnada Ömer (radıyallâhu anh) içeri girdi ve anlatılanların bir kısmını işitince "Vallahi Ya

Rasûlallah! Seni hak dinle gönderene andolsun ki aynısını ben de gördüm." dedi.

Soru: Ömer (radıyallâhu anh) içki hakkında ne dedi?

Cevap: İçki cahiliyye döneminde çok yaygınlaşmış ve insanlar arasında yerleşmişti. O yüzden hüküm koymadaki hikmet onun tedricen, yavaş yavaş haram kılınmasını gerektiriyordu.

Önce "Sana, şarap ve kumar hakkında soru sorarlar. De ki: Her ikisinde de büyük bir günah ve insanlar için bir takım menfaatler vardır. Ancak her ikisinin de günahı menfaatlerinden daha büyüktür." (Maide: 219) âyet-i kerimesi nazil oldu ve bazıları onu bıraktılar.

Bir süre sonra "Ey iman edenler! Siz sarhoş iken -ne söylediğinizi bilinceye kadar- cünüp iken de -yolcu olan müstesna- gusül edinceye kadar namaza yaklaşmayın" (Nisa: 43) âyet-i kerimesi indi.

Ömer (radıyallâhu anh) daima "Allahım! Bize içki hakkında doyurucu bir açıklama indir" diyordu. Nihayet "Ey iman edenler! Şarap, kumar, dikili taşlar (putlar), fal ve şans okları birer şeytan işi pisliktir; bunlardan uzak durun ki kurtuluşa eresiniz. Şeytan içki ve kumar yoluyla ancak aranıza düşmanlık ve kin sokmak; sizi, Allah'ı anmaktan ve namazdan alıkoymak ister. Artık (bunlardan) vazgeçtiniz değil mi?" (Maide: 90, 91) âyet-i kerimeleri nazil oldu. Bunun üzerine Ömer (radıyallâhu anh) "İşte şimdi vazgeçtik" dedi[221].

---

221 Hz. Ömer (radıyallâhu anh)'ın sûretini yazanlar bunu, vahyin O'nun kalbinin işlediği ve sürekli dile getirdiği şeye uygun şekilde indiği hadiselerden biri saymışlardır. Bu hususta da Rasûlullah'ın (sallallâhu aleyhi ve sellem) "Allah hakkı Ömer'in diline ve kalbine koymuştur" hadisini delil getirmişlerdir.

Soru: Rasûlullah (sallallâhu aleyhi ve sellem) O'nu Hudeybiye günü müşriklere elçi olarak seçti mi? O ne özür beyan etti?

Cevap: Daha önce geçtiği gibi Ömer (radıyallâhu anh) cahiliyye döneminde Kureyşlilerin elçisiydi. Rasûlullah (sallallâhu aleyhi ve sellem) umre yapmak üzere Mekke'ye girmek için Kureyşlilerle görüşmeler yapmak isteyince, elçi olarak O'nu seçti. Ancak Ömer (radıyallâhu anh), kendisiyle Kureyşli bazı adamlar arasında büyük düşmanlık bulunduğunu ve O'na tuzak kurmayacaklarından emin olamadığını söyleyerek, kendisine bu görevi vermemesini rica etti. Sonra kibarlığı, yumuşaklığı ve kendisine bir kötülük dilediklerinde O'nu koruyacak akrabalarının bulunması sebebiyle Hz. Osman'ı (radıyallâhu anh) önerdi. Rasûlullah da (sallallâhu aleyhi ve sellem) bunu isabetli buldu ve kabul etti.

Soru: Ömer (radıyallâhu anh) Hudeybiye andlaşmasına neden karşı çıktı? Ebû Bekir (radıyallâhu anh) O'na ne cevap verdi? Rasûlullah (sallallâhu aleyhi ve sellem) ne söyledi?

Cevap: Ömer (radıyallâhu anh)'ın sesi Hudeybiye andlaşmasına karşı çıkanlar arasında en gür seslerdendi! Zira andlaşma maddeleri zahiren İslâm'ın ve Peygamberinin heybetini düşürüyor, ayaklar altına alıyordu.

Bunu ilân etmek için Rasûlullah'a (sallallâhu aleyhi ve sellem) geldi ve "Biz müslümanlar değil miyiz, biz hak üzere değil miyiz? Bizim ölülerimiz cennette, onların ölüleri cehennemde değil mi? Peki dinimizin horlanmasına ne gerekçeyle razı olacağız?"dedi. Rasûlullah (sallallâhu aleyhi ve sellem) "Ben Allah'ın kulu ve elçisiyim ve O beni ortada bırakmayacak!..." buyurdu.

Ömer (radıyallâhu anh) daha sonra Ebû Bekir'e (radıyallâhu anh) gelerek aynı sözleri ve itirazları sarfetti. Ebû Bekir (radıyallâhu anh) "O'nun (Rasûlullah'ın) kemerine tutun ey Hattâb'ın oğlu!" deyince Ömer (radıyallâhu anh) sustu. Daha sonra Rasûlullah'ın (sallallâhu aleyhi ve sellem) haklı olduğu ortaya çıktı. Ömer (radıyallâhu anh) sonraları bu hususta kendisine .kızardı

Soru: Ömer (radıyallâhu anh) daha sonra kendisini kontrol edip pişman oldu mu?

Cevap: Ömer (radıyallâhu anh) hep: "O gün söylediğim sözlerin başıma felaket getirmesi korkumdan, yaptıklarım sebebiyle hâlâ sadaka veriyor, oruç tutuyor, namaz kılıyor ve köle azad ediyorum" derdi.

Soru: Ebû Cendel'i, babası Süheyl b. Amr'ı öldürmeye nasıl tahrik etti?

Cevap: Hudeybiye şartları üzerinde anlaşılmış, sadece imza kalmıştı. O esnada Müslümanlara sığınmak üzere hapisten kaçıp gelen Sehl b. Amr'ın oğlu Ebû Cendel içeri girdi ve onlardan imdat diledi. O, Allah yolunda işkence gören mü'min ve müslüman biriydi. Süheyl andlaşmanın şartlarını hatırlatarak onu imzalamaktan bir an geri durdu. Rasûlullah (sallallâhu aleyhi ve sellem) Ebû Cendel'e babasıyla Mekke'ye dönmesini istedi ve O ve benzeri mazlumlara Allah'ın en yakında bir kurtuluş vermesi için dua etti.

Babası O'nu sürüklüyordu. Ömer (radıyallâhu anh) Ebû Cendel'in yanına yaklaşıp O'nu babasına karşı kışkırttı ve kılıcının kabzasını O'na doğru uzattı. Fakat Ömer (radıyallâhu anh)'ın bize anlattığı gibi o babasına dokunmadı.

Soru: Hz. Ömer (radıyallâhu anh) Hayber günü savaştı mı? Allah fethi onun eliyle mi nasip etti?

Cevap: Hayber günlerce Müslümanları zorladı. İlk gün Ebû Bekir (radıyallâhu anh) fetih için atağa geçti, muvaffak olamadı. İkinci gün Ömer (radıyallâhu anh) atağa geçti, O da muvaffak olamadı. Sanki Rasûlullah'ın (sallallâhu aleyhi ve sellem) sancağı Hz. Ali'yi bekliyordu: "Yarın sancağımı Allah ve Rasûlü'nü seven, Allah ve Rasûlü'nün de onu sevdiği kimseye vereceğim." dedi. Bu şerefe ulaşmayı pek çok sahâbe umdu, ancak Rasûlullah sonunda onu Hz. Ali'ye verdi ve Allah (c.c.) fethi Müslümanlara O'nun eliyle nasip etti.

Soru: Rasûlullah'ın (sallallâhu aleyhi ve sellem) hanımlarından bir ay uzak durduğunda Hz. Ömer (radıyallâhu anh) ne yaptı?

Cevap: Rasûlullah (sallallâhu aleyhi ve sellem) Hafsa'ya gizlice veda etti.

Ancak O bunu açığa vurdu ve Âişe ile birlik oldu. Rasûlullah da (sallallâhu aleyhi ve sellem) hanımlarından bir ay uzaklaştı. Bu, Rasûlullah'ın (sallallâhu aleyhi ve sellem) hanımlarını boşadığı şeklinde yayıldı. Bu Ömer (radıyallâhu anh)'de şok etkisi yaptı. Kızı Hafsa'ya yüklendi, neredeyse O'nu dövecekti. Rasûlullah'ı (sallallâhu aleyhi ve sellem) evinde ziyaret etmek için sürekli izin istedi; O (sallallâhu aleyhi ve sellem) ancak üçüncüsünde izin verdi. Ömer (radıyallâhu anh) Rasûlullah'tan (sallallâhu aleyhi ve sellem), hanımlarını boşamadığını, bunu sadece yola getirmek ve cezalandırmak amacıyla yaptığını öğrenince rahatladı ve sevindi.

Soru: Rasûlullah (sallallâhu aleyhi ve sellem) Hz. Ömer'i (radıyallâhu anh) savaş için gönderdiği herhangi bir birliğe komutan yaptı mı?

Cevap: Rasûlullah (sallallâhu aleyhi ve sellem) O'nu hicretin yedinci yılının Şaban ayında, Müslümanlarla savaş hazırlığına girişen Hevazin kabilesiyle savaşmak için sahâbeden otuz kişilik birliğin başına getirdi. Rasûlullah (sallallâhu aleyhi ve sellem) onlardan önce davranmak ve ani baskınla onları şaşkına çevirmek istiyordu. Ömer (radıyallâhu anh) beraberindekilerle onların Mekke yakınındaki Türbe denen mevkiilerine ulaşınca; kaçtılar ve dağlara sığındılar. Ömer (radıyallâhu anh) de ganimetleri ele geçirdi ve hiçbir tuzak veya saldırıyla karşılaşmadan Medine'ye döndü.

Soru: Kaza umresi yapıldığı gün şiir söyleyen Abdullah b. Revaha'ya Ömer (radıyallâhu anh) ne dedi?

Cevap: Kureyşliler, Hudeybiye andlaşması gereğince Mekke'yi boşalttılar, terk edip gittiler. Sonra Rasûlullah (sallallâhu aleyhi ve sellem) müslümanlarla birlikte kazaya kalmış umrelerini yerine getirmek üzere Mekke'ye girdiler. Abdullah b. Revaha Rasûlullah'ın (sallallâhu aleyhi ve sellem) devesinin yularını tutmuş, şöyle diyordu:

Kâfirleri yollarından alıkoyun bugün

Kur'an'ın inişi sizin için sevinç kaynağı

Öyle vurun ki, kelleleri bedenlerden ayırın

Dostu, dostunu tanımaz hale getirin

;Rahman Kur'an'ından bildirdi ki

En hayırlı ölüm, yolunda olandır

Rabbim ben sözümle mü'minim

Hakikati onu kabulde gördüm

Bunun üzerine Ömer (radıyallâhu anh) Abdullah b. Revaha'ya "Ey Revaha'nın oğlu! Rasûlullah'ın (sallallâhu aleyhi ve sellem) önünde ve Allah'ın saygın kıldığı hareminde şiir mi söylüyorsun sen?!" dedi. Rasûlullah (sallallâhu aleyhi ve sellem) "O'nu bırak ey Ömer! Bu beyitler onlar için, atılan oklardan daha büyük felakettir" buyurdu.

Soru: Mekke fethi öncesinde Kureyşlilerle mektuplaşan Hatıb b. Ebi Beltea'ya ne yapmak istedi, buna delili ne idi?

Cevap: Hatıb b. Ebi Beltea kendisinin hala Allah ve Rasûlü'ne iman ettiğini, bunu ailesine eziyet etmemeleri için Kureyşliler tarafında bir gücünün olması için yaptığını söyledi. Bunu işiten Ömer (radıyallâhu anh) "Ya Rasûlallah! Bırak bu adamın boynunu vurayım; zira münafıklık yapmıştır..." dedi. Ancak Rasûlullah (sallallâhu aleyhi ve sellem) "Nereden biliyorsun ey Ömer? Belki Allah (c.c.) Bedir'e katılanların amellerine bakmış ve "Dilediğinizi yapın; ben sizi bağışladım" buyurmuştur" dedi.

Bunun üzerine Ömer (radıyallâhu anh) sustu. Hatıb (Allah ondan razı olsun ve bağışlasın) Bedir ehlindendi ve vahiy katiplerindendi. Rasûlullah (sallallâhu aleyhi ve sellem) O'nu Mukavkıs'a elçi göndermişti. Mısırlı kıpti Mariye'yi, kızkardeşi Sirin'i ve Mukavkıs'ın hediyelerini Rasûlullah'a (sallallâhu aleyhi ve sellem) O getirmişti.

Soru: Taif kuşatmasından sonra gidilmeye izin verildi mi?

Cevap: Ömer (radıyallâhu anh) sesi gür biriydi. Gerektiği durumlarda Rasûlullah'ın (sallallâhu aleyhi ve sellem) izniyle duyuru yapardı. Taif kuşatmasında, kuşatma bir aya yakın uzamış, Allah'ın (c.c.) izniyle Müslümanlar hala fethe muvaffak olamamışlardı. Rasûlullah (sallallâhu aleyhi ve sellem) bir gece rüya gördü, Ebû Bekir (radıyallâhu anh) bunu fethin olmayacağı şeklinde yorumladı. Ömer (radıyallâhu anh) "Bize izin verilmedi mi?" dedi. Rasûlullah (sallallâhu aleyhi ve sellem) "Evet"buyurdu. Ömer (radıyallâhu anh) "Yola çıkmamız için bize izin verildi mi Ya Rasûlallah?"dedi. Rasûlullah (sallallâhu aleyhi ve sellem) "Evet" buyurdu.

Rasûlullah (sallallâhu aleyhi ve sellem), Allah'a (c.c.) Sakif kabilesine hidayet vermesi ve ayaklarına getirmesi için dua etti. Bu gerçekleşti. Böylece Allah, Peygamberini yalancı çıkarmadı, dileğini yerine getirdi.

Soru: "Zor günün ordusu" denen Tebük seferinde Ömer (radıyallâhu anh) ne infak etti?

Cevap: Tebük seferi Hicret'in dokuzuncu yılının yazında yapıldı. İnsanların zor durumda olduğu, havanın çok sıcak ve diyarların kurak olduğu bir dönemde gerçekleştirilen bu gazvede Ebû Bekir, Osman, Ömer ve diğer büyük sahâbeler (radıyallâhu anh) fedakârlık ve cömertlikte birbirleriyle yarıştılar. Ömer (radıyallâhu anh) bir para kesesini Rasûlullah'ın (sallallâhu aleyhi ve sellem) önüne bıraktı ve "Bu malımın yarısıdır..." dedi. Rasûlullah (sallallâhu aleyhi ve sellem) "Ailene ne bıraktın?" diye sordu. Ömer (radıyallâhu anh) "Malımın diğer yarısını" deyince Rasûlullah (sallallâhu aleyhi ve sellem) O'na hayır duada bulundur.

Soru: Veda Hacc'ında tavaf ederken Rasûlullah (sallallâhu aleyhi ve sellem) O'na ne dedi?

Cevap: Büyük kalabalık vardı ve tüm hacılar Rasûlullah (sallallâhu aleyhi ve sellem) ile birliktelerdi. Rasûlullah (sallallâhu aleyhi ve sellem) o gün bir deve üzerinde tavaf ediyor, Hacer'ül Esved'i mübarek elindeki bir sopayla selamlıyordu. Bir ara Hz. Ömer'in (radıyallâhu anh) insanları iterek ve onlarla yarışırcasına tavaf ettiğini görünce O'na "Ey Ömer! Sen güçlü bir adamsın. Hacer'ül Esved'e ite kalka gitme, sonra güçsüzlere eziyet verirsin. Orasını boş bulduğunda elini sürerek selamla, yoksa oraya dön ve tekbir getir..."buyurdu. (Bunu İmam Şafii, Süfyan b. Uyeyne'den, O Abdurrahman b. Haris'ten rivayet etmiştir.)

Soru: Hz. Ömer (radıyallâhu anh)'ın, Mekke'nin fethinden biraz önce Ebû Süfyan'a karşı tavrı nasıldı?

Cevap: Kureyşliler, Rasûlullah'ın (sallallâhu aleyhi ve sellem) müttefiği Beni Huzaa kabilesine karşı müttefikleri Beni Bekir kabilesine destek vererek Hudeybiye andlaşmasını bozdular. Sonra, kendilerinin bununla alakası olmadığını, andlaşmaya sadık olduklarını ve süreyi uzatmak istediklerini bildirmek için Ebû Süfyan'ı (asıl adı Sahr b. Harb b. Ümeyye) Rasûlullah'a (sallallâhu aleyhi ve sellem) gönderdiler.

Ebû Süfyan doğruca Medine'ye kızı ve mü'minlerin annesi Ümmü Habibe'nin evine gitti. Kızı sert davranarak engelledi. Bunun üzerine Ebû Bekir'in (radıyallâhu anh) evine gitti, O da kabul etmedi. Sonra Ömer (radıyallâhu anh)'a gitti. Ömer el-Faruk O'na "Ben sizin için Rasûlullah'a (sallallâhu aleyhi ve sellem) başvuracak, görüşmek için O'nu razı etmeye çalışacağım. Vallahi sizinle savaşmak için elimde sadece toprak ve kum kalsa yine savaşırım..." dedi.

Soru: Ömer (radıyallâhu anh) **Rasûlullah (sallallâhu aleyhi ve sellem) hastayken insanlara namaz kıldırdı mı?**

Cevap: Rasûlullah (sallallâhu aleyhi ve sellem) vefat ettiği hastalığında ağırlaşmış, hareket edemez hale gelmişti. "Ebu Bekir'e emredin de insanlara namaz kıldırsın" diye emir buyurdu. Ancak Âişe (radıyallâhu anhâ) bunu Ömer (radıyallâhu anh)'dan istedi. Çünkü Ebû Bekir çok duygusal biriydi ve insanlara namaz kıldıracak olursa ağlar ve ağlatırdı. Hem de Ömer (radıyallâhu anh)'ın sesi daha gürdü. Rasûlullah (sallallâhu aleyhi ve sellem) Ömer'in (radıyallâhu anh) sesini işitince kızdı ve "Allah ve Rasûlü bunu kabul etmez... Ebû Bekir'e emredin de insanlara namaz kıldırsın..." buyurdu.

Soru: Ömer (radıyallâhu anh), **Rasûlullah'ın** (sallallâhu aleyhi ve sellem) **vefat haberini nasıl karşıladı?**

Cevap: Ömer (radıyallâhu anh) Rasûlullah'ı (sallallâhu aleyhi ve sellem) en çok sevenlerdendi. Hatta bir gün O'ndan uzak kalmaya dayanamadığını, ailesinden, çocuğundan ve tüm insanlardan daha çok sevdiğini açıkça söylemişti.

O yüzden Rasûlullah'ın (sallallâhu aleyhi ve sellem) vefat haberi Ömer (radıyallâhu anh)'de şok etkisi yaptı. Neredeyse aklını ve şuurunu yitirecekti...Rasûlullah'ın (sallallâhu aleyhi ve sellem) vefat etmeyip, Musa (a.s.)'nın bir süre kavminden uzaklaşıp kaybolması gibi uzaklaştığını haykırmaya başladı.

Rivayet edildiğine göre kim Rasûlullah (sallallâhu aleyhi ve sellem) öldü derse onu öldüreceğini söyledi. Ancak Ebû Bekir (radıyallâhu anh) omzundan tuttu ve O'na Allah'ın (c.c.) şu âyetlerini okudu: "Sen de öleceksin, onlar da ölecekler" (Zümer: 30), "Muhammed, ancak bir peygamberdir. Ondan önce de peygamberler gelip geçmiştir. Şimdi O ölür ya da öldürülürse, gerisin geriye (eski dininize) mi döneceksiniz? Kim (böyle) geri dönerse, Allah'a hiçbir şekilde zarar vermiş olmayacaktır. Allah, şükredenleri mükâfatlandıracaktır." (Âl-i İmran: 144). Bunun üzerine Ömer (radıyallâhu anh) "İnna lillahi ve inna ileyhi râciûn. Sanki bu âyetleri ilk defa işitiyorum" dedi.

Soru: Hz. Ömer (radıyallâhu anh) daha sonra Ebû Bekir (radıyallâhu anh) ile nereye gitti, neden?

Cevap: Rasûlullah'ın (sallallâhu aleyhi ve sellem) vefatı ve yaşattığı bu olaylar esnasında Ömer (radıyallâhu anh)'a birisi gelerek bir grup ensarın Beni Saide kabilesinin toplantı yerinde hasta olan Sa'd b. Ubade'nin yatağı etrafında toplandıklarını, ayrılık için hazırlandıklarını ve hilafete başkalarının değil kendilerinin layık olduğunu haykırdıklarını haber verdi.

Ömer (radıyallâhu anh) durumu Ebû Bekir ve Ebû Ubeyde'ye haber verdi. İş büyümeden halletmek için birlikte hemen oraya gittiler. Rasûlullah'ın (sallallâhu aleyhi ve sellem) bedeni, üzeri örtülü bekliyordu ve henüz defnedilmemişti.

Gittiklerinde Sa'd b. Ubade ile Habbab b. Münzir'den tehlikeli sözler işittiler. Ebû Bekir ile Ebû Ubeyde olaya hikmetli yaklaşmasa ve yumuşaklıkla ele almasaydı hadise bir felakete dönüşecekti...

Soru: Hz. Ömer (radıyallâhu anh)'ın görüşü ne idi?

Cevap: Ömer (radıyallâhu anh) kendisinin söylediğine göre Ebû Bekir'inki gibi bir konuşma hazırlamıştı. Ebû Bekir öne geçip söyleyince rahatladı.

Şunu söylemek istiyordu: "Ey Ensar topluluğu! Siz ilk yardım eden ve destek veren kimseler oldunuz. Şimdi de ilk bölen ve parçalayanlar olmayınız. Biz muhacirler ise ilk iman eden, İslâm'a giren ve ilk işkence görenleriz... Onun için bizim başka hiç kimsede bulunmayan bu faziletimizi unutmayınız!.."

Rivâyet edildiğine göre Sa'd b. Ubade tahrik edici sözünü söyleyince Ömer (radıyallâhu anh) O'nu parçalamak istedi; an-.cak Allah Müslümanları böyle bir şey olmasından korudu

Soru: Ömer (radıyallâhu anh)'ın Riddet Savaşlarındaki tavrı nasıldı?

Cevap: Bazı kabilelerde ve bölgelerde riddet (dinden dönme) olayları yaşandı ve bazı yalancılar peygamberlik iddiasında bulundular. Ebû Bekir (radıyallâhu anh) bunun karşısına imanının, İslâmı'nın ve azminin gerektirdiği en mükemmel bir tavırla çıktı.

Bazı mürtedler "Namaz kılar, ancak zekat vermeyiz" demişlerdi. Bu ise İslâm'ın rükünlerinden birini kaldırmak anlamına geliyordu.

Ömer (radıyallâhu anh) Ebû Bekir'e (radıyallâhu anh) gelerek "Onların bu teklifini kabul et" dedi.

Bunu İslâm ve Müslümanlar hakkında endişe ve korkusundan dolayı yapıyordu... Çünkü İslâm ordusu Üsame b. Zeyd'in komutasında Şam'da bulunuyordu... Medine de, herhangi bir günde dinden çıkan yakın kabilelerden herhangi birinin saldırısına uğramaya açık bir durumdaydı.

Bazı sahâbeler de Ömer (radıyallâhu anh) gibi düşünüyordu. Ancak Ebû Bekir (radıyallâhu anh) onlara "Namaz ile Zekâta farklı davranam... Vallahi şayet Rasûlullah'a (sallallâhu aleyhi ve sellem) verdikleri bir deve yularını dahi bana vermemeye kalkışırlarsa onlarla yine savaşacağım." dedi.

Bu sözü üzerine sahâbelerin hepsi O'na hak verdiler ve azimle, kararlılıkla O'nun yanında yer aldılar. Büyük çabalar, fedakarlıklar, kahramanlıklar ve verilen şehidler sayesinde bu fitne söndürüldü.

Soru: Ömer (radıyallâhu anh) Yemame savaşından sonra Ebû Bekir'e (radıyallâhu anh) ne tavsiyede bulundu?

Cevap: Yemame savaşı riddet savaşları arasında en çetin ve zorlu olanlardandı. Müseyleme'nin ordusu ile müttefiklerinin ve yardımcılarının saflarında da büyük kayıplar oldu. Sonunda Müslümanlar kazandı. Fakat orada çok sayıda Kur'an hafızı olağan üstü kahramanlıklar gösterdikten sonra şehid düştü.

Bunun üzerine Ömer-i Faruk (radıyallâhu anh) son derece hassas ve önemli bir konuda uyarmak üzere Hz. Ebû Bekir'in (radıyallâhu anh) yanına gitti. Ortadan kalkar korkusuyla Kur'an-ı Kerim'in cem edilmesi teklifini sundu. Uzun düşünme, tefekkür ve ikisi arasında geçen görüşmeler sonunda Ebû Bekir (radıyallâhu anh) bu teklifi kabul etti. Şüphesiz bu Yüce Allah'ın ilhamıyla olmuştu!

Soru: Bu büyük görevi kime yüklediler? O ne yaptı?

Cevap: Ebû Bekir (radıyallâhu anh) ve Ömer (radıyallâhu anh) bu görevi güvenilir, değerli, hafızası ve Kur'an ezberi güçlü sahâbî Zeyd b. Sabit'in üstlenmesi görüşünde ittifak ettiler. O'nu çağırttılar ve ulaştırıldıkları düşünceyi açtılar. O önce durakladı ve "Rasûlullah'ın (sallallâhu aleyhi ve sellem) yapmadığı bir şeyi nasıl yaparız?"dedi. Ancak onlar ısrarla ikna etmeye çalıştılar ve sonunda O'nu, bunun doğru olduğuna ikna ettiler.

Zeyd (radıyallâhu anh) büyük bir gayret, himmet ve dikkatle çalıştı. Hurma dallarında ve beyaz ince taşlarda yazılı ve korunmuş olan ve Kur'an hafızlarının belleklerinde kayıtlı bulunan âyet ve sûreleri teker teker topluyordu... Israr ve sebatla çalıştıktan sonra bu büyük işi gerçekleştirdi.

Soru: Bu Kur'an nüshası nerede muhafaza edildi?

Cevap: Bu iş gerçekleştirildikten sonra toplanılan ve onaylanan bu Kur'an nüshasının emanet bırakılacağı yer olarak Rasûlullah'ın (sallallâhu aleyhi ve sellem) eşi, Hz. Ömer (radıyallâhu anh)'ın kızı Hafsa'nın evi seçildi. Hafsa (radıyallâhu anhâ) okuma yazma bilen ve Allah'ın (c.c.) kelâmı Kur'an'ı özenle saklayacak emin bir şahsiyetti. Nitekim Hz. Osman (radıyallâhu anh)'ın hilafetine kadar O'nun sorumluluğunda kaldı.

Soru: Müslümanlar Hz. Ömer (radıyallâhu anh)'ı Ebû Bekir (radıyallâhu anh)'dan sonra nasıl halife seçtiler?

Cevap: Ebû Bekir (radıyallâhu anh) vefatından önce hastalandı ve şiddetli ateşlendi. Ecelinin yaklaştığını hissediyordu. On beş gün evinden ve yatağından hiç ayrılmadı... Kendinden sonra insanları ortada ve kargaşa içinde bırakmak istemiyordu. O yüzden sahâbelerin ileri gelenleriyle istişare yaptı. Çoğunluğu, hatta hemen hepsi Hz. Ömer (radıyallâhu anh)'ın olması taraftarıydı. Bunun üzerine, Hz. Osman (radıyallâhu anh)'a bu konuda kendi cümleleriyle bir yazı yazdırdı. Sonra bu Mescid-i Nebevi'de insanlara okundu. Onlar da buna razı oldular ve onayladılar. Bu hususta hiçbiri itiraz etmedi; karşı çıkmadı.

Ebu Bekir (radıyallâhu anh) Hicret'in on üçüncü yılında, Cemadiyel Ahir ayının yirmi ikisinde, Pazartesi akşamı vefat etti ve aynı gece defnedildi.

Burada hatırlatalım ki, Hz. Ebû Bekir'in (radıyallâhu anh) hastalığı boyunca insanlara namazı Hz. Ömer (radıyallâhu anh) kıldırıyordu.

Ertesi günü sabahleyin insanlar Mescid-i Nebevi'de topluca Ömer (radıyallâhu anh)'a halife olarak biat ettiler.

Soru: Hz. Ömer (radıyallâhu anh) kendisine nasıl hitap etti?

Cevap: Ömer (radıyallâhu anh) insanlara konuşmadan ve yönetimdeki projesini ilan etmeden önce kendisine yöneldi ve Allah'a (c.c.) şöyle dua etti: "Allahım! Ben sertim, yumuşat. Ben zayıfım, güçlendir. Ben cimriyim, cömert yap".

Ömer (radıyallâhu anh) kendisini, tabiatındaki sert tutumunu insanlara, hatta ailesine ve kendisine en yakın olanlara gösterdiği gibi, yönettiği insanlara göstermemesi için uyarıyordu. Yine kendisine zayıf olup yönetim yükünü yüklenmeye gücünün yetmeyeceğini, ayrıca infakta gayretli olması gerektiğini hatırlatıyor ve uyarıyordu.

Yine şöyle diyordu: "Başka birinin bu işi yapmaya daha muktedir olduğunu bilseydim, başımın vurulmasını yönetime geçmeye tercih ederdim".

Soru: İnsanlara yaptığı konuşmada neler söyledi?

Cevap: İnsanlara yaptığı bu ilk konuşmasında yönetimde izleyeceği genel siyaseti anlattı. Konuşmasında şu ifadeler yer alıyordu: "...Hiç kimsenin kimseye zulmetmesine veya hakkını çiğnemesine izin vermeyeceğim. Hakkı kabul etmesi için gerekirse yüzünü yere çalabilir veya ayağımla yüzünü tekmeleyebilirim. Ben o sertliğimden sonra namuslu ve ehil kimseler için yüzümü yere koyacağım.

Ey insanlar! Sizin bendeki haklarınızı size haber vereyim: Sizin bendeki hakkınız haracınızı ve Allah'ın (c.c.) size verdiği ganimetleri -Allah rızası için harcamalar dışında- kendime ayırmamam, keyfime göre kullanmamamdır. Hakkınızdır ki; elime bir mal geçtiğinde onu ancak hak edilen yere sarf edeyim. Hakkınızdır ki; Allah'ın izniyle maaşlarınızı ve erzaklarınızı her geçen gün artırayım, ihtiyaçlarınızı gidereyim. Hakkınızdır; ki, sizi ölüme ve helâke atmayayım. Hakkınızdır ki; sizi uzun süre cihad meydanlarında bırakmayayım. Orduya katılıp cihada gittiğinizde, siz onlara tekrar dönene kadar aile efradınızın babası benim..."

Soru: Rasûlullah'ın (sallallâhu aleyhi ve sellem) minberinin neresinde hutbe veriyordu?

Cevap: Ebû Bekir (radıyallâhu anh) halife iken Rasûlullah'ın (sallallâhu aleyhi ve sellem) minberde çıktığı basamağın (Rasûlullah (sallallâhu aleyhi ve sellem) üç basamak çıkardı) bir altında hutbe veriyordu. Hz. Ömer (radıyallâhu anh) de halife olunca Ebû Bekir'in (radıyallâhu anh) bir alt basamağında hutbe verdi ve "Allah (c.c.) beni, kendimi Ebû Bekir'in derecesinde sayıyor halde görmemeli" dedi.

İnsanlara da şöyle dedi: "Ey insanlar! Kur'an okuyunuz ki onunla tanınasınız. O'nunla amel edin ki Kur'an ehli olasınız. Tartılmadan önce kendinizi tartınız. Allah'ın huzurunda duracağınız ve sizden hiçbir şeyin gizli kalmayacağı gündeki büyük duruşa hazırlanınız.... Hiçbir yetki sahibi Allah'a (c.c.) isyanda dahi itaat edilme hakkına sahip değildir. İyi bilin ki, Allah'ın malına (beytü'l-mal, hazine malı) yetim malı gibi yaklaşacağım; ihtiyaç duymadıkça hiç almayacak, ihtiyaç duyduğumda da yeteri kadar alacağım".

Soru: Hz. Ömer'in (radıyallâhu anh) "Mü'minlerin emiri (başkanı)" diye isimlendirilmesi nasıl oldu?

Cevap: Rivayet edildiğine göre O'na "Rasûlullah'ın halifesinin halifesi" diye uzunca hitap etmek Müslümanlara zor geldi ve bunun üzerinde düşündüler. Bir gün Irak'tan, Irak valisinin iki elçisi, İbn Rebia ile Adiyy b. Hatem gelmişti. Mescid'de Amr b. As'la karşılaştıklarında O'na "Bizim için mü'minlerin emirinden randevu al" dediler. O da "Vallahi doğru söylediniz. Biz mü'minleriz, O da bizim emirimiz (başkanımız)" dedi.

Sonra Amr Ömer (radıyallâhu anh)'ın yanına girince "Selamun aleyküm ey mü'minlerin emiri" dedi. Ömer (radıyallâhu anh) "Bunu nereden çıkardın?" deyince Amr iki elçinin sözünü aktardı. Bundan sonra halifeler hep bu isimle (lakapla) anıldı[222].

Soru: Hz. Ömer (radıyallâhu anh) Halid b. Velid'i (radıyallâhu anh) niçin azletti?

Cevap: Bir çokları bunu Hz. Ömer (radıyallâhu anh) ile Halid b. Velid (radıyallâhu anh) arasındaki çocukluktan gelen düşmanlıkla açıklamışlardır. Ama gerçekte Hz. Ömer (radıyallâhu anh) Halid b. Velid'i (radıyallâhu anh) azledip yerine Ebû Ubeyde b. Cerrah'ı getirirken bunun sebebini gönderdiği mektupla açıklamış, bu insanlara duyurulmuştur. Onda Halid'i, O'na kızgınlığından veya onun hainliğinden dolayı değil; O'na aşırı hayranlıkları sebebiyle insanların O'na çok güvenmeleri ve böylece inançta fitneye düşmelerinden korktuğundan görevden aldığını söylemiştir. Zaferin O'ndan (c.c.) olmasına rağmen Müslümanların O'nu Halid'e nisbet ederek dinde fitneye

---

222 Bir rivayete göre Hz. Ömer (radıyallâhu anh)'a ilk böyle hitab eden Muğire b. Şu'be'dir.

düşme tehlikesinde olduğunu ve O'nu azlederek onları bu tehlikeden kurtarmak ve insanlara asıl failin Allah (c.c.) olduğunu hatırlatmak istediğini belirtmiştir.

Soru: Hz. Ömer'in (radıyallâhu anh) yönetimdeki metodu ne idi?

Cevap: Yönetiminde başta ve sonda Allah'ın (c.c.) Kitabın'a başvururdu. Sonra Rasûlullah'ın (sallallâhu aleyhi ve sellem) sünnetine ve arkadaşı Ebû Bekir'in uygulamalarına bakar, kendisi de içtihad eder, yakın arkadaşlarına danışırdı. Bu yolda hiçbir çabasını geri koymaz, hiçbir görüş ve tavrında ısrar ve inat etmezdi.

Bir hutbesinde şöyle demişti: "Sizinle ve kendimle imtihana tabi tutulma belasına düçar oldum ve arkadaşımdan sonra yöneticiniz tayin edildim. Yanımızda olanların yardımına kendimiz yetişeceğiz. Uzaktakilere güçlü ve emin adamlarımızı göndereceğiz. İyilik yapanlara iyilikle karşılık verecek, kötülük yapanı da cezalandıracağız. Allah (c.c.) bizi ve sizi bağışlasın".

O'nun önem sıralamasında İslâm ve Müslümanlar ilk sırada yer alıyordu. Ne kadar önemli olursa olsun O'nu bundan hiçbir şey alıkoyamazdı. İnsanları hesaba çekmeden önce kendisini ve aile efradını hesaba çekerdi. Birinin kusur veya günahını yakaladığında, kim olursa olsun onu kayırmaz, müsamahakâr davranmazdı. O'nun yanında seçkinler ile halk eşitti.

Şöyle derdi: "Ey Allah'ın kulları! Allah'tan korkun! Kendiniz hakkında bana, kendinizi cezalı işlerden uzak tutarak yardım edin. Nefsime karşı da, emr-i bi'lmaruf venehyi an'ilmünker yapmak, Allah'ın hakkınızda verdiği görevde bana nasihatta bulunmak suretiyle destek olun..."

Soru: Sade ve zühd yaşantısı nasıldı, neden böyle yapıyordu?

Cevap: Amir b. Rebia der ki: "Hac için Mekke'den Medine'ye Ömer b. Hattâb'la (radıyallâhu anh) gittim, sonra birlikte döndük. Ne bir çadır kurdu, ne de gölgelendiği bir şeyi vardı. Bir ağacın dibine deriden bir sergi veya örtü serer, altında gölgelenirdi.

Bir gün Ömer (radıyallâhu anh) yediği yiyeceğin aşırı sertliğinden yakınınca Rebi B. Ziyad: "Ey mü'minlerin emiri, aslında yumuşak yiyeceğe, yumuşak bineğe ve yumuşak elbiseye en lâyık sensin!" dedi. Bunun üzerine Ömer (radıyallâhu anh) eline bir hurma dalı alarak başına vurdu ve "Vallahi, senin bununla Allah rızasını istediğini göremiyorum. Sen sadece bana yakınlığı kastettin. Biliyor musun benimle insanların misali nasıldır? Benimle onların misali, yolculuğa çıkan ve paralarını aralarından birine veren ve "Bunları bize harca" diyen kimselerin misali gibidir. Bu adamın o paradan bir şeyi kendisine ayırması helal olur mu?

Soru: Bu hususta Ömer (radıyallâhu anh) ile kızı Hafsa (radıyallâhu anhâ) arasında geçen konuşma nasıldır?

Cevap: Hafsa (radıyallâhu anhâ) bir gün babası Ömer'e (radıyallâhu anh) "Babacığım, Allah sana diyarları fethettirdi, rızkı genişletti ve malı artırdı. Şu yediklerinden yumuşak yiyecekler yesen, giydiklerinde daha yumuşak elbiseler giysen!!" dedi. Ömer (radıyallâhu anh) "Seninle kendi durumun hakkında tartışacağım. Rasûlullah'ın (sallallâhu aleyhi ve sellem) ne kadar zor koşullarda yaşadığını hatırlamıyor musun?..." dedi ve hayatından örnekler vererek sonunda O'nu ağlattı. Sonra "Ben sana söyledim. Vallahi, Rasûlullah (sallallâhu aleyhi ve sellem) ve

Ebû Bekir'e fakir ve zor yaşamlarında ortak olabilir, onlar gibi yaşayabilirsem, belki geniş yaşamlarında da onlara ortak olabilirim." dedi. Bir de O'na "Ey Ömer'in kızı Hafsa, insanlara güzel nasihatte bulundun, babanı ise aldattın. Ailem bana kendim ve malım hakkında karışabilir, ama dinim ve bana bırakılan emanet hususunda asla." dedi.

Soru: Hz. Ömer (radıyallâhu anh) bir çok konuda ilklere imza atmıştır. Bunları zikreder misiniz?

Cevap: Hz. Ömer (radıyallâhu anh) döneminde İslâm Devleti yönetim ve idarede eşsiz bir medenî atak ve atılım yapmıştır. Bunların hepsinde de Kur'an-ı Kerim, Sünnet-i Nebevi ve Hz. Ebû Bekir'in hilafet dönemi örnek alınarak ve göz önünde tutularak yapılmıştır.

Onun döneminde yapılan ilkler pek çoktur ve tarihçiler kitaplarında bunların uzun uzadıya açıklamışlardır.

Bunları bazıları şunlardır:

a. Ömer (radıyallâhu anh) Hicrî tarihi ilk yazan kişidir. Bu Hicret'in on altıncı yılının Rebiul evvel ayında gerçekleşmiştir.

En sağlam bilgilere göre bunun sebebi şudur: Şaban ayında Hz. Ömer (radıyallâhu anh)'a Şaban ayına ait olduğu yazılı bir borç belgesi getirildi. O "Ama hangi Şaban? Geçmiş Şaban mı, şimdiki Şaban mı, gelecek Şaban mı?" dedi.

Sonra tarihin nereden başlatılacağı hususunda farklı düşünceler oldu. Rasûlullah'ın (sallallâhu aleyhi ve sellem) doğduğu yıldan mı, peygamber gönderildiği yıldan mı, yoksa hicret ettiği yıldan mı başlatılmalıydı? Sonunda hicret ettiği yıldan başlatmaya karar verdiler.

b. Ömer (radıyallâhu anh) insanların durumlarını gözetlemek için geceleri devriye gezen ilk kişidir.

c. O (radıyallâhu anh) İslâm devletini Kûfe, Basra, Arap yarımadası ve Mısır gibi ülkelere ayıran ilk kişidir.

d. Kadıları ilk tayin eden kişidir.

e. Divanları yazdıran, insanları kabilelerine göre ayıran ve her birine ganimetten maaş ve hediye bağlayan ilk kişidir.

f. Değirmen kurdurup ve orada un, buğday, hurma ve üzüm ezmesi yaptıran ilk kişidir.

g. Mekke ile Medine arasında hacılar ve yolcular için çeşme ve yiyecek bulunan mekânlar yaptıran ilk kişidir.

h. Rasûlullah'ın (sallallâhu aleyhi ve sellem) mescidinde toprak üzerine çakıl taşları serdiren ilk kişidir.

i. Irak topraklarının tümünü fethedip toprak sahiplerine haraç ve ehl-i zimmete cizye belirleyen ilk kişidir.

j. Efendilerinden çocuk doğuran cariyelerin satılmasını yasaklayan ilk kişidir.

k. Ramazan ayında insanları bir araya toplayarak cemaatle Teravih Namazı kılmalarını sağlayan ve bunu başlatan ilk kişidir.

l. Attan zekat alan ilk kişidir.

m. Araplara Acemlerden miras bıraktıran ilk kişidir.

n. İçki içene seksen değnek vurduran ilk kişidir.

Bunlar O'nun diğer yaptıklarının yanında sadece nehirden bir damla, yığından bir tutamdır.

Ömer (radıyallâhu anh)'ın yaptığı ilklerin hepsini yazmaya kalkışsak zaman yetmez, bunlar kitaplara da sığmaz!

Soru: Hz. Ömer (radıyallâhu anh) Mescid-i Nebevi'yi genişletti mi? Neden?

Cevap: Ömer (radıyallâhu anh) cemaatin Mescid-i Nebevi'ye sığmadığını görünce onu genişlettirmeye karar verdi. Mescid'in sütunlarını kerpiç ve kalın tahtadan yaptırdı. Mescid'i kıble tarafına doğru genişletti. Kenarındaki Hz. Abbas (radıyallâhu anh)'ın evi ile Peygamber'in (sallallâhu aleyhi ve sellem) hanımlarının odaları dışındaki evleri satın aldı. Abbas (radıyallâhu anh) evinden vazgeçmek istemedi ve bunu da Rasûlullah'tan (sallallâhu aleyhi ve sellem) işittiği bir hadise dayandırdı. Übeyy b. Ka'b'ı da buna şahid tuttu. Ancak daha sonra, gasp şüphesi ortadan kalkınca evinin yerini vermeye razı oldu. Hz. Ömer (radıyallâhu anh) da O'na hazinenin malıyla Zevra mahallesinde bir ev yaptırdı.

Mescid'in yanına da "Buteyha" denen etrafı duvarla çevrili boş bir alan yaptırdı ve "şiir söylemek veya yüksek sesle konuşmak isteyenler bu alana çıksın" dedi.

Buteyha Mescid'in doğusunda ve arkasındaydı. Rivayet edildiğine göre bir grup tüccar Mescid'de ticaretlerinden ve dünyalık işlerinden konuşuyordu. Ömer (radıyallâhu anh) onlara "Bu mescidler ancak Allah'ın (c.c.) zikredilmesi için yapılmıştır. Ticaret ve dünyevî işlerinizden konuşacaksanız dışarıya boş alana çıkınız" dedi.

Ömer (radıyallâhu anh) insanları Mescid'de yüksek sesle konuşmaktan men eder, sesini yükseltenlere sopa cezası verirdi.

Soru: Peki Mekke'deki Mescid-i Haram'ı (Kâbe'yi) genişletti mi?

Cevap: Mescid-i Haram'ın çevresinde O'nu çevreleyen bir duvar yoktu ve etrafı Kureyşlilerin evleriyle kuşatılıydı. Evler arasında kapılar vardı ve insanlar Mescid-i Haram'a oradan giriyorlardı. Hz. Ömer (radıyallâhu anh) halife olunca, burasının insanlara dar geldiğini ve genişletilmesi gerektiğini görünce, kenardaki evleri satın alıp yıktırdı ve Mescid'in içine kattı. Mescid'in içine katılması gereken başka evler daha vardı ve sahipleri buna razı olmuyordu. Bunun üzerine Ömer (radıyallâhu anh) onlara "Siz Kâbe'nin alanına inip ev yapmışsınız. Aslında Kâbe'nin etrafında bir hak iddia etme hakkınız yoktur. Kâ'be sizin eviniz ve avlunuz arasında sıkışamaz" dedi. Sonra evlere paha biçildi, parası Kabe'nin için kondu. Ardından bu evler yıkılıp Mescid'e dahil edildi. Sonra ev sahipleri paralarını istediler, onlara paraları teslim edildi. Ömer (radıyallâhu anh) Mescid'in etrafına O'nu kuşatan alçak bir duvarın yapılmasını emretti. Yıkılmadan önce evler arasında bulunan kapılar gibi bu duvara da kapılar ve giriş yerleri koydurdu ve bunları önceki kapıların hizasına yaptırdı. Bütün bunlar Hicret'in on yedinci yılında yapıldı.

Soru: Hz. Ömer (radıyallâhu anh) Hacer'ül Esved'e nasıl seslendi?

Cevap: Hz. Ömer (radıyallâhu anh)'ın Hacer'ül Esved'e seslenmesi bilinen meşhur bir hadisedir ve O'nun Allah'tan başka tapınılan taş ve ağaç gibi şeylere karşı hassasiyetini göstermektedir.

Hz. Ömer (radıyallâhu anh) şöyle demiştir: "Vallahi senin zarar ve fayda vermeyen bir taş olduğunu biliyorum. Rasûlullah'ı (sallallâhu aleyhi ve sellem) seni öperken görmeseydim seni öpmezdim." O (radıyallâhu anh) bunu sadece, Rasûlullah'a (sallallâhu aleyhi ve sellem) olan saygı ve hürmetinden, O'na uymak için yapıyordu.

Yine Ömer (radıyallâhu anh)'ın, Müslümanlar fitneye düş-
mesin diye, Hudeybiye günü altında Rasûlullah'ın (sallallâhu
aleyhi ve sellem) Müslümanlardan biat aldığı ağacı kesmesi de
meşhurdur.

**Soru: Hz. Ömer (radıyallâhu anh)'ın katılığı ve yumu-
şaklığı nasıldı?**

Cevap: Ali, Osman, Talha, Zübeyr, Abdurrahman b. Avf
ve Sa'd b. Ebi Vakkas, Ömer'in katılığı hakkında konuştular,
sonra en cesurları olan Abdurrahman b. Avf'dan bu hususta
O'nunla konuşmasını rica ettiler. Abdurrahman b. Avf O'na
"Ey mü'minlerin emiri, insanlara yumuşak davran! Yanına ge-
liyorlar, ama senin heybetin onların meselelerini sana açma-
larını engelliyor. Seninle konuşmadan dönüp gidiyorlar"dedi.
Ömer (radıyallâhu anh) "Allah aşkına söyle, bunu bana söyle-
meni Ali, Osman, Talha, Zübeyr ve Sa'd mı istedi?" dedi. O
da "Evet" dedi. Bunun üzerine Ömer (radıyallâhu anh) "Vallahi
ey Abdurrahman, insanlara o kadar yumuşak davrandım ki,
aşırı yumuşaklıktan Allah'tan korktum. Sonra katı oldum ve
katılıkta haddi aşmış olmaktan Allah'tan korkuyorum. Peki
çıkış yolu nedir?" dedi. Abdurrahman ağlayarak kalktı. Hem
cübbesini çekiyor, hem de eliyle işaret ederek "Senden sonra
yazık başlarına geleceklere, senden sonra yazık başlarına ge-
leceklere!!" diyordu.

Soru: Öfkesi nasıl yatışırdı?

Cevap: Öfkelendiği vakit yanında Allah'ın (c.c.) adı anılır
veya birisi Kur'an'dan bir âyet okursa öfkesi yatışırdı ve yap-
mak istediği şeyden vazgeçerdi.

Rivayet edildiğine göre bir gün Bilal geldi ve Hz. Ömer'in
yanına girmek için hizmetçisi Eslem'den izin istedi. Eslem

O'nun uyumakta olduğunu söyledi. Bilal "Ömer'i nasıl buluyorsunuz?" diye sordu. Eslem: "İnsanların en hayrılısı. Ancak öfkelendiğinde durum çok kötü oluyor" dedi. Bilal: "Ben O'nun yanında olsaydım öfkelendiğinde öfkesi geçene kadar O'na Kur'an'dan bir şeyler okurdum" dedi.

Soru: Sürekli yaptığı bazı dualar vardı; onlar nelerdir?

Cevap: Kızı ve Rasûlullah'ın (sallallâhu aleyhi ve sellem) eşi olan Hafsa'nın rivayet ettiğine göre; Ömer (radıyallâhu anh) duasında "Allahım! Bana senin yolunda öldürülmeyi ve Peygamber'inin diyarında vefat etmeyi lutfet." derdi.

Kıtlık yılında "Allahım! Bizi kıtlıktan helak etme, bizden bu belayı kaldır" diye dua etti.

Yine "Allahım! Muhammed ümmetinin helakını benim elimle yapma!" derdi.

Ömrünün son günlerinde de sıkça şu duayı söylerdi: "Allahım! Yaşlandım, gücüm azaldı, halkım çoğaldı. Beni, onların haklarını zayi etmemiş ve onlara karşı görevinde kusurlu ve ihmalkâr davranmamış halde katına al".

Soru: Rasûlullah (sallallâhu aleyhi ve sellem) Ömer (radıyallâhu anh) hakkında "Gerçekten Şeytan Ömer'den korkar" buyurmuştur. Bu nasıl olmuştur?

Cevap: Rasûlullah (sallallâhu aleyhi ve sellem) doğru söylemiştir... Rasûlullah (sallallâhu aleyhi ve sellem) bir savaştan dönünce yanına siyah bir genç kız geldi ve "Ya Rasûlallah! Sağ salim dönersen huzurunda def çalacağıma dair Allah'a adakta bulundum" dedi. Rasûlullah (sallallâhu aleyhi ve sellem) "Adakta bulunduysan vur, yoksa vurma" buyurdu. Kız def çalmaya başladı. Biraz sonra içeriye Ebû Bekir girdi, kız def çalmaya devam etti. Sonra içeriye Ali, ardından Osman girdi ve kız hala çalıyordu. Biraz sonra içeriye Ömer (radıyallâhu anh) girer girmez kız defi yere koyup üstüne çıktı..... Sonra Rasûlullah (sallallâhu aleyhi ve sellem) "Şeytan senden gerçekten korkar ey Ömer![223] Ben otururken o def çalıyordu. Ebû Bekir girdi, çalmaya devam etti.Sonra Ali girdi; yine çalmaya devam etti, sonra Osman girdi, yine çalmaya devam etti. Sonra ey Ömer sen girer girmez defi elinden attı." buyurdu.

Soru: Abdullah b. Mesud (radıyallâhu anh), Ömer (radıyallâhu anh) hakkında ne demiştir?

Cevap: Abdullah b. Mesud (radıyallâhu anh) şöyle demiştir:

"İnsanlar Ömer b. Hattâb'ı şu dört şeyden dolayı üstün tuttular: Bir: Bedir günü esirlerin öldürülmeleri görüşündeydi, Allah (c.c.) "Allah tarafından önceden verilmiş bir hüküm olmasaydı, aldığınız fidyeden ötürü size mutlaka büyük bir azap dokunurdu" (Enfal: 68) âyetini indirdi. İki: Hicabı (perdeyi) gündeme getirmesiyle. Rasûlullah'ın (sallallâhu aleyhi ve sellem) eşlerine insanlardan saklanmalarını, kapı arkasından cevap vermelerini istemiş, Rasûlullah'ın (sallallâhu aleyhi ve sellem) eşlerinden Cahş kızı Zeyneb "Vahiy bizim evimizde nazil olduğu halde, sen bizim üzerimizde hakimiyet mi kuruyor, emir mi veriyorsun ey Ömer?" demiş, Bunun üzerine Allah "Peygamber'in hanımlarından bir şey istediğiniz zaman perde arkasından isteyin" (Ahzab: 53) âyet-i kerimesini indirmişti. Üç: Rasûlullah (sallallâhu aleyhi ve sellem) O'nun hakkında "Al-

---

223 Def şeytan işi değildir. Çünkü öyle olsaydı Rasûlullah (sallallâhu aleyhi ve sellem) hiçbir şekilde izin vermezdi. Ancak, şüpheleri def etmek için böyle yapmıştır.

lahım! İslâm'ı Ömer'le güçlendir" diye dua etmişti. Dört: Ebû Bekir (radıyallâhu anh) hakkındaki görüşünden dolayı. Zira O Ebû Bekir'e (radıyallâhu anh) ilk biat eden kişi olmuştur.

Abdullah b. Mesud (radıyallâhu anh) yine: "Ömer'in müslüman oluşu fetih, hicreti zafer ve halifeliği rahmet olmuştur" demiştir.

Soru: Hz. Ömer (radıyallâhu anh) geceleri Medine sokaklarını neden gezerdi?

Cevap: Hz. Ömer'in (radıyallâhu anh) sorumluluk duygusu büyüktü. Bunun sebebi Allah korkusu idi. Bu O'nu, yanında sadece hizmetçisi Eslem'in eşliğinde, geceleri herkesin yatıp uyudukları vakitte Medine mahallelerini gezmeye itmiştir. Bunu belki kendisi ve başkaları için dikkat etmesi gereken bazı hususları tespit etme ümidiyle yapıyordu. Gerçekten de bazı gecelerde önemli hadiselerle karşılaşmış, bunlar tarih ve siyer kitaplarında kaydedilmiştir. Bu kitaplar, O'nun bazı konularda aldığı önemli kararlara ve çok az yöneticide bulabileceğimiz insani uygulamalarına da işaret etmişlerdir.

Soru: Bu gecelerde karşılaştığı bazı olayları anlatır mısınız?

Cevap: Bunların en meşhuru şudur: Bir gece gezerken evinin avlusunda etrafında ağlayan, çığlık atan ve bağıran çocuklarla oturan bir kadınla karşılaştı. Ateş üzerinde, içinde su bulunan bir de kazan vardı. Hz. Ömer (radıyallâhu anh) kapıya yaklaştı ve "Ey Allah'ın kulu kadın!.. Bu çocukların nesi var, neden ağlıyorlar?" dedi ve aralarında şu konuşma geçti: Kadın: "Açlıktan ağlıyorlar". "Ateş üzerindeki kazan nedir? "İçinde su var. Sanki un ve yağ varmış gibi gösterip çocukları avutuyor, uyutmaya çalışıyorum." Bunun üzerine Ömer (radıyallâhu anh) ağlayarak oradan ayrıldı ve zekat mallarının tutulduğu depoya gitti. Bir çuval aldı ve içine bir miktar yağ, un, hayvan yağı, hurma, elbiseler ve paralar koydu ve çuvalı iyice doldurdu. Sonra "Ey Eslem, şunu sırtıma yükle!"dedi. O "Ey mü'minlerin emiri onu ben taşırım" dedi. Ömer (radıyallâhu anh) "Hayır, anasız kalasıca! Ben taşıyacağım; çünkü kıyamet günü onlardan ben mesul tutulacağım" dedi. Sırtına aldığı torbayı kadının evine götürdü. Kazana bir miktar un, yağ ve hurma koydu ve karıştırmaya başladı. Bir yandan da ateşe üflüyordu. Sakalı uzun olduğundan duman sakallarının arasından çıkıyordu. Yemeği pişirdi ve elleriyle onlara yedirdi. Doyunca karşılarına geçti ve arslan gibi yere uzandı. Çocuklar oynayıncaya ve gülünceye kadar onlarla oynamaya çalıştı.

Sonra "Ey Eslem, karşılarında niçin yere yattığımı biliyor musun?" dedi. Eslem: "Hayır ey Mü'minlerin emiri" deyince; "Ağlamalarını gördüğümden, onları güler halde görmeden bırakıp gitmek istemedim. Güldüklerini görünce rahatladım… "dedi.

Bu, yöneticinin halkına karşı duyduğu insanî mesuliyeti gösteren ve Ömer (radıyallâhu anh)'ın şahsiyetini ortaya koyan bir hadisedir.

Şimdi de sana yöneticinin toplumu çözülmeden ve fesaddan korumak için genel adaba uymadaki sorumluluğunu ortaya koyan başka bir resim sunacağım:

Âdeti üzere yine bir gece gezerken şu şiiri söyleyen bir kadın sesi işitti:

İçki bulabilir miyim ki ondan içeyim.

Veya Nasr b. Haccac'a nasıl ulaşayım?

Sabah olunca bu Nasr'ın kim olduğunu araştırdı ve yanına getirttirdi. Adamın saçı ve yüzü son derece güzeldi. Ömer (radıyallâhu anh) saçını kesmesini emretti, adamın alnı, yüzü ortaya çıktı ve daha da güzelleşti. Sonra sarık sarmasını emretti, adam daha da güzelleşti.

Sonra Ömer (radıyallâhu anh) ona "Hayır, canımı elinde tutana Andolsun ki, sen benim bulunduğum memlekette benimle birlikte durmayacaksın" dedi ve O'na işlerini görecek kadar bir para verilmesini emredip Basra'ya gönderdi.

Soru: Neden divanlar224 hazırlattı, divan ne demektir?

Cevap: Velid b. Hişam b. Muğire Şam'dan Medine'ye geldiğinde Hz. Ömer'e (radıyallâhu anh) uğradı ve O'na "Ey Mü'minlerin emiri, ben Şam'dan geliyorum. Oradaki kralların divan düzenlediklerini ve daimi asker bulundurduklarını gördüm" dedi. Bunun üzerine Hz. Ömer (radıyallâhu anh) divan düzenletti ve daimi askerlerden oluşan ordu kurdu.

Sonra Hz. Osman (radıyallâhu anh)'a danıştı; O: "Bence herkese yeteri kadar bol mal var. Alan herkesi yazmazsanız, alanlarla almayanların birbirine karışmasından korkuyorum" dedi. Hz. Ali'ye (radıyallâhu anh) danıştı, O da: "Her yıl sana gelen malı dağıtır, ondan hiçbir şeyi yanında tutmazsın" dedi.

Bunun üzerine Ebû Talib oğlu Ukayl, Mahrame b. Nevfel ve Cübeyr b. Mat'am'ı çağırttı. Bunlar Kureyşlilerin soylarını iyi bilen kimselerdi. İnsanları derecelerine göre listelemelerini emretti.

---

224 Divan arapça bir kelime olup çoğulu devavin'dir. Arapça'ya Farsça'dan geçen bu kelime "kayıt defterleri" anlamına gelir.

Onlar da önce Haşim oğullarını, sonra Hz. Ebû Bekir'in (radıyallâhu anh) akrabalarını, daha sonra da Hz. Ömer (radıyallâhu anh) ile akrabalarını yazdılar. Hz. Ömer (radıyallâhu anh) listeye baktı ve şöyle dedi:

"Vallahi ben de böyle istiyordum. Ancak Rasûlullah'ın (sallallâhu aleyhi ve sellem) akrabalarını O'na akrabalık derecelerine göre sıralayın ve Ömer'i de Allah'ın koyduğu yere koyun. Sonra Rasûlullah'ın eşlerini, sonra Ensarı, sonra Bedir ve Uhud'a katılanlar ile Bedir'e katılanların çocuklarını, Mekke fethinden önce hicret edenleri, Fetih'te müslüman olanları, Rasûlullah'ın (sallallâhu aleyhi ve sellem) yanında büyüyenleri ve Kur'an hafızlarını yazın" dedi.

Soru: Hz. Ömer (radıyallâhu anh)'ın malları dağıtmadaki içtihadı nasıldı?

Cevap: 12.000 dirhemden 100 dirheme kadar değişiyordu. Buluntu kimsesiz çocuğa 100 dirhem bağlamıştı. Ayrıca velisine (bakanına) her ay alacağı bir erzak belirlemişti. Bu her yıl artış kaydederek o büluğ çağına gelen kadar devam edecekti.

Onlara iyilik yapılmasını emreder ve nafakalarını Müslümanların hazinesinden karşılardı.

Baştan sona dünyanın hiçbir yerinde bu kadar insana böylesine ihtimam gösterilmemiş, durumlarıyla bu kadar ilgilenilmemiştir. Bilakis insanlar dağınık ve perişan bir haldelerdi ve köle muamelesi görüyorlardı.

Batı toplumları "Kimsesiz çocuklar yurdu"nu ancak Miladî on ikinci yüzyılda öğrendi.

Soru: Doğan çocuklara neden maaş bağlamıştı?

Cevap: Hz. Ömer (radıyallâhu anh) kimsesiz çocuklara maaş bağladığı gibi diğer çocuklara da maaş bağlamıştı. Sütten kesildiğinden itibaren başlayıp büluğ çağına kadar devam ediyordu. 100 dirhemle başlayan maaşı tedricen yükselerek 200 dirheme ulaşıyordu.

Bir gece gezerken annesinin yanında ağlayan bir çocuk gördü. Annesini emmek istiyor, o ise çocuğu sütten kesmeye çalışıyordu. Ağlamasının sebebini sordu; kadın: "Mü'minlerin emiri Ömer bebeklere sütten kesilmedikçe maaş bağlamıyor" dedi. Bunun üzerine Ömer (radıyallâhu anh): "Vay Ömer'in haline, çantasına ne kadar günah koymuş!" dedi. Sonra dellalına "Ey ahali! Çocuklarınızı sütten kesmeye zorlamayın. Ben doğan her müslüman çocuğa maaş bağladım" diye duyurmasını emretti ve bu fermanını İslâm devletinin dört bir yanına gönderdi.

Soru: Ömer'in (radıyallâhu anh) gönderdiği ilk ordu hangisidir? Nereye ve niçin göndermiştir?

Cevap: Müsenna b. Harise eş-Şeybânî Ebû Bekir'den (radıyallâhu anh) Fars diyarına -Irak da Fars devletinin bir parçasıydı- saldırmaya izin almak üzere Medine'ye geldi. Ancak geç kalmıştı; çünkü Ebû Bekir ölüm döşeğindeydi. Ebû Bekir (radıyallâhu anh) Ömer'e insanları bunun için toplamasını emretti; O da yaptı. Mescidde toplanan halka Müsenna şu konuşmayı yaptı: "Ey insanlar! Bu yüzler size kibirlilik taslamasın! Farslıların büyük gücünün karşısına dikildik ve onları yenerek ülkelerinden (İran ve Irak'tan) en iyisini (Irak'ı) ele geçirdik. Onlarla cesurca savaştık ve topraklarını elde ettik. Allah'ın izniyle bizim daha yapacaklarımız var".

Sonra Ömer (radıyallâhu anh) halkı cihada teşvik eden konuşmasında şöyle dedi: "Hicaz çakılıp kalmaya değecek bir memleket değildir. Genç ve dinç muhacirler Allah'ın vaadinin neresindeler? Allah'ın (c.c.), Kitabın'da sizi varis kılacağını haber verdiği diyarlara yürüyün. O (c.c.) "Tüm dinlere galip kılmak için..." buyurmuştur. Allah dinini galip kılacak, diğer milletlerin miraslarını bu dinin mensuplarına bırakacaktır... Allah'ın (c.c.) salih kulları nerede?"

Tembellik ve gevşekliklerinden sonra bu konuşmayla kül altında kalmış gayret yavaş yavaş canlandı. İnsanlar heyecanla harekete geçtiler ve çağrıya cevap verdiler. İlk cevap veren Ebû Ubeydullah es-Sekafi, Sa'd b. Ubeyd ve Salit b. Kays oldu. Daha sonra başkaları da cevap verdiler ve sonunda sayıları bine ulaştı.

Soru: Bu ordunun girdiği ilk savaş hangisidir? Nerede olmuştur ve bazı sonuçları nelerdir?

Cevap: İlk savaş, Hicrî 13 yılının Şaban ayında, Kûfe yakınlarında yapılan Köprü savaşıdır. Komutanları Ebû Ubeyd b. Mesud es-Sekafi idi. Çok cesur ve atılgan olan bu komutan ordusuyla Fırat'ı geçti. Orduda Müsenna da vardı. Ebû Ubeyd karşısına çıkan Fars ordusunu yenilgiye uğrattı ve karargâhlarını ele geçirdi. Hz. Ömer (radıyallâhu anh)'a müjde haberi gönderdi. Fakat Farslılar Caban komutasında yeni bir güç toplayarak Müslümanlar yeniden saldırdılar. Önlerinde büyük filler vardı. Aralarında nehir bulunuyordu. Ebû Ubeyd "Onlar ölümde bizden cesaretli olmasınlar" diyerek güçleriyle nehri geçmekte ısrar etti. İki güç birbiriyle karşılaşınca atlar fillerden ürküp geri çekildiler. Müslümanlar yenilgiye uğradılar. Binlerce Müslüman öldü, binlercesi boğuldu ve bir çoğu da firar etti. Ebû Ubeyd bir filin kayışından tutarak üstüne çıkmaya muvaffak oldu. Bazı cesur Müslümanlar da aynısını yaptılar. Ve düşmana karşı direndiler. Fakat fil Ebû Ubeyd'i ağzıyla yere attı ve ayaklarının altında çiğnedi. İşte o zaman olanlar oldu!

Soru: Köprü (cisr) muharebesinde Müslümanlar neden yenildiler?

Cevap: Nehri geçip düşmana karşı gitmek yenilginin sebeplerinden biri idi. Komutanın şehid olması da bir başka sebepti. Sonra kahraman bir Müslüman asker köprünün halatlarını kopardı ve "Ey insanlar! Ya komutanınızın öldüğü gibi ölene veya zafer kazanana kadar savaşınız!" dedi. İsmi Abdullah b. Mersed es-Sekafi olan bu askerin bu hareketi de işi daha da vahimleştirdi. Müslümanlar dört bir yandan kuşatma altında kaldılar.

Müslümanlardan ölenlerin sayısı 4000'e, boğulanların sayısı 2000'e ulaştı ve 2000'i de aştı. Kalan 3000 kişi de kurtuldu. Müsenna b. Harise de köprüyü geçti ve mücahidleri geri çekilmeye çağırdı; gelenleri de saldırıdan korudu. Onlara "Ben arkanızdayım… Köprüyü paniğe kapılmadan sakince geçin. Boğulmamak için dikkatli olun…" dedi.

Soru: Daha sonra Müslümanların komutasını kim ele aldı?

Cevap: Müsenna, beraberinde kalan askerlerle geri çekildi. Saflarını topladı ve kendisine katılan kabilelerle tekrar harekete geçti. Daha önce ele geçirdiği bölgeleri elinde tuttu. Düşmanla karşı karşıya gelmekten çekinmiyordu. Müslümanların itibarını tekrar kazandırmakta kararlıydı. Müsenna (radıyallâhu anh) askeri ehliyet, cesaret, usta taktik yeteneğine sahip olduğuna şahit olunan kimselerden ve Allah'la (c.c.)

ilişkisinde samimi biriydi. "Küçük Ülleys harbi" adıyla bilinen küçük çapta bir savaşla askerlere özgüvenlerini tekrar kazandırdı, onlara cesaret verdi.

Soru: Yenilginin Ömer (radıyallâhu anh)**'deki etkisi nasıl oldu? Ne yaptı?**

Cevap: Hz. Ömer (radıyallâhu anh) Müslümanların Köprü savaşında yenilmelerine çok üzüldü, ancak haberi sükûnetle karşıladı. Savaşa devam kararı aldı. Müslümanları cihada çağırdı ve teşvik etti. Bu çağrıya Becile kabilesi Cerir b. Abdullah komutasındaki askerleri ve Beni Dabbe kabilesi Ismet b. Abdullah komutasındaki askerleriyle icabet etti. Ömer (radıyallâhu anh) de bunları Müsenna'ya gönderdi.

Bu esnada garip bir şey yaşandı. Hala Hristiyan olan Beni Nemir kabilesinden Enes b. Malik komutasındaki büyük bir asker topluluğu geldi ve "(Arap) Milletimizle savaşmak istiyoruz" dediler ve gerçekten de samimiyetle, gayret ve sabırla savaştılar.

Soru: Müslümanlar itibar ve şereflerini tekrar kazandılar mı? Müsenna'nın "Buveyb muharebesi"ndeki komutanlığı nasıldı?

Cevap: Müsenna Farsların büyük bir orduyla O'na doğru gelmekte olduklarını haber aldı. Bunun üzerine onlara karşı ordusunu Buveyb denen bir nehrin bulunduğu yerde topladı. İlk çatışmalar orada yaşandı. "A'şar günü" diye bilinen bu çatışmalar Hicret'in 13. yılının Ramazan ayında yaşandı.

Savaş müthişti. Bunda Müsenna'nın cesareti ve savaşçılığı en büyük ve en mükemmel görünümüyle ortaya çıktı. Düşmanın üç safına birden dalıp karşıya geçiyor, böylece müslüman savaşçıların saldırma ve sebat etmedeki gayretlerini ve şevk fitillerini ateşliyordu.

Şöyle haykırıyordu: "Bizi ölmüş ve bitmiş halde görseniz bile moralinizi kaybetmeyin... Safınızda kalın ve arkanızdaki saflara gerek bırakmayarak kendiniz saldırın."

Farslılar büyük bir yenilgiye uğradılar ve binlerce kayıp verdiler. Hatta ölülerinin yüz bine ulaştığı söylenmiştir.

Müslümanlar da çok kurban verdiler. Pak şehidler arasında Müsenna'nın kardeşi Mesud b. Harise, Halid b. Hilal ile başka kardeşleri vardı. Müsenna cenaze namazlarını kıldırdı; onlar için dua ve istiğfar etti.

Soru: Müsenna daha nerelere kadar ilerledi? Bunları Hz. Ömer'e yazıyor muydu?

Cevap: Müsenna Hira'da Beşir b. Hassasiyye komutasında koruyucu bir güç bıraktıktan sonra, Irak'ta gözü kapalı ilerlemeye devam etti. Enbar şehrinin Ülleys adlı köyüne ulaşınca konakladı. O esnada kendisine büyük kalabalıkların toplandığı iki pazar kurulduğu haberi geldi. Biri Hanafis pazarı, diğeri Bağdat pazarıydı. En yakından başladı; saldırdı ve büyük ganimetler elde etti. İkincisine gelince; Enbarlılar gelerek O'na yardım ettiler, yiyecek içecek yardımında bulundular, hayvanlarını yemlediler. Müsenna o gece saldırdı ve kılıcıyla ahalinin boyunlarını vurdu, mallarını ganimet aldı.

Müsenna Irak'taki ilerlemelerine devam etti ve Tikrit'e kadar ulaştı. Her askerî hareketini Hz. Ömer'e (radıyallâhu anh) yazıyla bildiriyor, ganimetleri gönderiyordu.

Soru: Hz. Ömer (radıyallâhu anh) Yermük'ten sonra Ebû Ubeyde b. Cerrah'a ne yazdı?

Cevap: Yazdığı mektup şöyleydi: "İmdi... Önce Dımeşk'-ten (şimdiki Şam şehri) başlayın ve orada ısrar ve sebat edin; çünkü orası Şam diyarının kalesi ve Şam ülkesinin hazinesidir. Fahl, Filistin ve Humus ehlini size saldırmamaları için oyalayın. Atlılarınız buralarda bulunsunlar. Allah (c.c.) Filistin ile Humus'un fethini Dımeşk'ten önce nasip ederse, asıl arzumuz bu. Ancak buraların fethi Dımeşk'ten sonraya kalırsa Dımeşk'i koruyacak bir kuvvet orada kalsın. Sonra sen ve diğer komutanlar gidip Fahl'a saldırın. Allah (c.c.) buranın da fethini nasip ederse sen Halid'le birlikte Humus'a git. Şurahbil ve Amr'ı ise Ürdün ve Filistin'de bırak. Her bölgenin valisi ve askeri, onların yönetiminden Müslümanların yönetimine geçene kadar halkın başında kalsın."

Bundan anlaşılıyor ki: Hz. Ömer (radıyallâhu anh) uzaktan savaşları yönetiyor, komutanları ve orduları bilgi ve tecrübesiyle yönetiyor, yönlendiriyordu. Adeta tüm diyarlar ve beldeler önünde duran bir haritadaydı. Şüphesiz O'nun (radıyallâhu anh) Şam'ı, halkını, stratejik yerlerini ve önemini iyi bilen bir şura kurulu vardı. Ayrıca da kendisi de bu hususta özel bilgi, tecrübe ve yeteneğe sahipti.

Soru: Dımeşk kuşatması nasıl yapıldı?

Cevap: Dımeşk kuşatması Hicrî 14 yılında Muharrem ayının 16'sında başladı.

En kuvvetli görüşe göre yetmiş gün sürdü. Dımekş surları ve burçları olan, çok sağlam bir kaleyle korunan bir şehirdi. Baş komutan Ebû Ubeyde, diğer komutanlar ise Halid b. Velid, Şurahbil b. Hasne ve Amr b. Âs idi.

Rumlara Humus'tan yardım geldi, ancak Zuttilal el-Humeyri onları atlı güçleriyle engelledi. Karşılarına dikildi ve çatışmaya girmeye, böylece oyalamaya ve zaman kazanmaya çalıştı. Nihayet bu güçler ilerleyemediler, Dımeşk'e ulaşmalarına engel olundu.

Soru: Rumlarla Müslümanlar arasında savaş oldu mu? Nasıl?

Cevap: Kuşatma altındakiler Müslümanlarla barış yapma veya bulundukları hâl üzere devam etme hususunda ayrılığa düştüler. Çoğu Toma isimli din adamlarının yönlendirmesiyle savaşmadan yanaydı. Kalenin kapılarının birinin önünde haç işaretli savaş elbisesiyle ortaya çıktı ve savaşa girdi. Onun bu hareketi insanları cesaretlendirdi ve harekete geçirdi. Hemen karşısında ordusuyla birlikte Şurahbil b. Hasne vardı. Rumlar üzerlerine taş, ok ve ulaştırabildikleri her şeyi attılar. Ancak Müslümanlar sebat ederek oldukları yerden oynamadılar.

Soru: Said b. Âs'ın oğlu İban'ın şehadeti nasıl oldu? Eşi ne yaptı?

Cevap: İban b. Âs (radıyallâhu anh) o gün yaralananlar arasında idi. Ağır yara alan İban çok geçmeden kan kaybından ruhunu teslim etti. Evliliğinin üzerinden çok geçmemişti ve eşi de onunla birlikteydi. Kocasını görünce başında durdu ve şöyle dedi: "Sana bahşedilen bu nimet sana mübarek olsun. Bizi birleştiren ve ayıran Rabbinin yanına gittin. Vallahi sana ulaşmak için tüm gayretimi ortaya koyacağım. Çünkü seni çok özledim. Senden sonra bana kimseyi dokundurmayacağım; bu bana haram olsun. Ben, sana ulaşana kadar kendimi Allah yoluna adıyorum. Umarım bu yakında olur."

İyad'a şehid olduğu yerde bir kabir kazıldı ve oraya gömüldü. Cenaze namazını Halid b. Velid kıldırdı. Defninden sonra bir okçu olan hanımı Şurahbil'in ordusuna katıldı. Savaştı ve ok attı. Toma'yi iki gözünden vuran O'ydu. Toma başına gelen belanın şiddetinden çığlık atarak ve bağırarak içeri koştu.

Soru: Halid b. Velid Rumlara hangi kapılardan saldırdı? Onlara nasıl seslendi?

Cevap: Bu hususta farklı rivayetler vardır. En doğrusu Vakidi'nin zikrettiğidir. Bu özetle şöyledir: Toma, yaralanmasına rağmen insanları geceleyin Müslümanlara saldırmaya teşvik etti ve bir de taktik hazırladı. Sonra Müslümanlara bir çok kapıdan ani saldırı yapmak üzere çıktılar. Uykusundan uyanan Halid dehşete kapıldı ve şöyle bağırdı: "İmdat, İslâm'ın yardımına koşun. Kâbe'nin Rabbine andolsun ki milletim tuzağa düşürüldü. Allahım! O'nlara uyumayan gözlerinle nazar et. Ey merhametlilerin en merhametlisi onlara yardım et." Sonra dörtyüz kalkansız süvariyle kalenin doğu kapısına koştu. Sonucu belirleyen asıl çatışmalar orada yaşandı.

Soru: Halid b. Velid (radıyallâhu anh) Şurahbil hakkında neden korktu?

Cevap: Şurahbil b. Hasne de adamlarıyla doğu kapısındaydı. Rumların sayısı artmıştı ve aralarında Toma da vardı. Rumlar Şurahbil'e ve askerlerine saldırdılar ve içlerine kadar gittiler. Bu esnada onlara Halid yetişti ve saldırganları geri püskürttü. Hatta onları kale içine girmeye zorladı ve ardlarından girdi. Arkasında da kalabalık bir asker vardı. Onlarla savaşarak bir çok adamlarını öldürdü ve ellerindeki esirleri kurtardı. Onları evlerine, kiliselerine ve sığınaklarına girmeye mecbur bıraktı, sonra üzerlerine kapıları kapattı. Onlardan binlercesini öldürdüler ve yollar onların cesetleri ve uzuvlarıyla doldu. Müslüman esirler arasında İban'ın eşi de vardı. Şurahbil'in cephesinde savaşmış, sonra esir düşmüştü. Halid b. Velid başkalarıyla birlikte O'nu da kurtardı.

Soru: Ebû Ubeyde ile Rumlar arasında çatışmalar yaşandı mı?

Cevap: Ebû Ubeyde'nin bulunduğu cephe de gecenin başından itibaren çatışmalara sahne oldu ve bu bir müddet sürdü. Oradaki en yiğit ve atılgan savaşçı da Dırar b. Ezver (radıyallâhu anh) idi. Rivayete göre o gece düşmandan yüz elli kişi öldürmüştür!

Rumlar daha sonra kale içine çekildiler ve kapıları kapattılar.

O cephedeki çatışmalar tamamen durdu.

Soru: Rumlar neden barış için görüşme talep ettiler? Ebû Ubeyde bu tekliflerini kabul etti mi?

Cevap: Rumlar Toma'ya karşı seslerini yükselttiler. O'nu tenkit ederek barış için görüşmeler yapmaya zorladılar. "Bizden insanların çoğu öldürüldü. Bu komutan (Halid b. Velid) karşı konulamaz birisidir. O'nunla barış yap. Bu senin için de bizim için de daha iyidir." dediler.

Bunun üzerine Toma sabahleyin Ebû Ubeyde'ye barış için görüşmeler yapma taleplerini bildirdi. Ebû Ubeyde bunu kabul etti. Sonra Halid b. Velid'e de haber gönderdiler ve tekliflerini kabul etmesi için çalıştılar. Fakat O bunu reddederek saldırılara devam etti.

Soru: Ebû Ubeyde'nin kuvvetleri Halid b. Velid'in kuvvetleri ile nerede buluştu? Halid burada barışa razı oldu mu?

Cevap: Rumlar Ebû Ubeyde'den kiliselerini korumasını talep ettiler, O' da kabul etti ve onlara sulh ve eman belgesi gönderdi. Sonra onlarla birlikte beraberindeki otuz sahâbî ve altmış beş farklı yöreden insanla Dımeşk'e girdi.

Girişi Cabiye kapısından, Hicrî 14 yılının Recep ayında oldu.

Meryem kilisesine vardığında Halid b. Velid ile karşılaştı. Halid'in kılıcından hala kan akıyordu. Ebû Ubeyde orada sulh ve ittifakı O'na duyurdu. Ancak Halid b. Velid bunu kabul etmedi. Ebû Ubeyde "Ey Süleyman'ın babası (Halid)! Allah bana bu medineyi sulhle fethi nasip etti. Allah (c.c.) mü'minlerin savaşmasına gerek bırakmadı" deyince Halid b. Velid O'na boyun eğdi ve barışı kabul etti.

Soru: Şehrin teslimi nasıl gerçekleşti? Dımeşklilerin Ebû Ubeyde'ye yazdıkları mektubun metni nasıldır?

Cevap: Muhammed kürd Ali'nin Hutatu'ş-Şam kitabında aynen şöyle denmektedir:

"Dımeşkliler Ebû Ubeyde'ye aynen şöyle yazdılar:

Bismillahirrahmanirrahim,

Bu, Dımeşk ve çevresinde ve Şam diyarında oturan Acemlerden Ebû Ubeyde'ye mektuptur.

Sen ülkemize gelince canlarımız ve dinimiz için senden eman diledik. Dımeşk ve çevresinde yeni bir kilise, rahip hücresi ve uzlet yeri inşa etmeyeceğimize, müslüman semtlerinde harap olan kilise vs.yi tamir etmeyeceğimize, hiçbir müslümanı gece veya gündüzün herhangi bir vaktinde kiliseye girmekten engellemeyeceğimize, kapılarını geçenlere, yolculara açacağımıza; kiliselerde ve evlerimizde casus barındırmayacağımıza, müslümanlara ihanet edenleri gizlemeyeceğimize; çanlarımızı sadece kilise içinde hafif sesle çaldıracağımıza; haçlarımızı ve kitaplarımızı çıkarmayacağımıza, paskalya yortusunu çıkarmayacağımıza, kilisedeki seslerimizi ve okumalarımızı yükseltmeyeceğimize; müslümanların çarşılarında ateşlerimizi göstermeyeceğimize, müslümanlarla komşu olduğumuz yerlerde domuz yetiştirmeyeceğimize, Müslümanlara içki satmayacağımıza, müslüman mahallelerde hiçbir şirksel görüntü sergilemeyeceğimize, hiçbir müslümanı dinimize teşvik etmeyeceğimize ve davet etmeyeceğimize; müslümanların payına düşen hiçbir köleyi satın alıp köle olarak kullanmayacağımıza; yakınlarımızdan İslâm'a girmek isteyen hiçbir kimseyi engellemeyeceğimize; nerede olursak olalım dinimize göre yaşayarak takke, sarık ve ayakkabı giymede, saçı ikiye ayırmada ve bineklerinde Müslümanlara benzemeyeceğimize, dilleriyle konuşmayacağımıza, isimlerini koymayacağımıza; saçımızın ön kısmını keseceğimize, alnımıza sarkan saçı ikiye ayıracağımıza, belimize zinnar takacağımıza; yüzüklerimize Arapça yazı nakşettirmeyeceğimize; eğerli atlara binmeyeceğimize, hiçbir silah almayıp evlerimizde de bulundurmayacağımıza, kılıç kuşanmayacağımıza; Müslümanlara meclislerinde saygı göstereceğimize, istediklerinde yolu tarif edeceğimize, evlerinde gözetlemeyeceğimize; çocuklarımıza Kur'an öğretmeyeceğimize, ticaret sahibi müslüman olması dışındaki hiçbir durumda müslümanı kendimize ortak etmeyeceğimize, müslüman yolcuyu üç gün misafir edip onu bulduğumuz ve yediğimiz şeylerle ağarlayacağımıza; hiçbir müslümana sövmemenin bizim için bir görev olduğuna, onlardan birine vuran kişinin zimmet sözleşmesi haklarını kaybedeceğine söz verdik.

Bunları kendimize, kölelerimize, ruhlarımıza ve evlerimize telkin ettik. Eğer sana sunduğumuz ve binaenaleyh emanı kabul ettiğimiz şartları değiştirir veya muhalefet edersek, güvenilirliğimizi kaybetmiş oluruz ki bu durumda ayrılıkçılara ve inatçı muhaliflere (ehl-i zimmet olmayan kâfirlere) yapma hakkına sahip bulunduğun şeyleri bize yapma hakkına da sahip olursun.

Bu şartlar üzere senden, kendimiz ve dindaşlarımız için eman istiyoruz. Allah'ın size teslim ettiği bu diyarınızda kalmamıza razı olunuz, onaylayınız. Sizin için kendimize belirlediğimiz bu şartlara Allah şahiddir. O şahid olarak yeter."

Soru: Ebû Ubeyde daha sonra nereye yöneldi?

Cevap: Ebû Ubeyde kalabalık bir orduyu Ebû Süfyan oğlu Yezid komutasında Dımeşk'te (Şam şehrinde) bırakarak Hz. Ömer (radıyallâhu anh)'ın kendisine çizdiği program gereği Fahl'a yöneldi. Önde Halid b. Velid, askerlerin başında Şurahbil, sağ ve sol kanatların başında Ebû Ubeyde ile Amr, atlıların başında Dırar b. Ezver, yayaların başında İyaz b. Ğanem vardı. Ebû Ubeyde Fahl yakınlarındaki "Bisan" denen yerde kalabalık bir düşman ordusuyla karşılaştı. Gece gündüz çetin çatışmalar yapıldı. Allah (c.c.) Müslümanlara fetih ve zafer nasip etti. Rumlardan seksen bine ulaşan çok sayıda insan öldürüldü. Onlardan sadece Şerid kurtuldu. Bu muharebe de Hicrî 14 yılının Zilkade ayında oldu.

Soru: Ömer (radıyallâhu anh) neden Irak'a gitmek için hazırlandı ve valilerine ne yazdı?

Cevap: Farslılar dağınıklıktan sonra Rüstem'in orduya komutan tayin ettiği Yezdecrid etrafında birleştiler. Bunun üzerine Müsenna Ömer (radıyallâhu anh)'a bir mektup yazarak durumu bildirdi ve yardım istedi. Ömer (radıyallâhu anh) durumun tehlikesini ve meselenin ciddiyetini anladı. Vakit Hacc mevsimiydi. Farklı bölgelerdeki valilerine şu emri gönderdi: "Elinde silah, at, güç veya görüş bulunan kimi görürseniz seçip hemen bana gönderin. Acele edin, çabuk olun!"

Ömer (radıyallâhu anh) "Vallahi Acem krallarını Arap krallarıyla vuracağım" dedi.

Hacc'da yanına bir çok insan geldi. Medine yolunda onlara çok sayıda insan daha katıldı. Ve kendisi ordunun başında olduğu halde Medine'den yola çıktılar ve Irak yolunda Sırar adındaki bir suda konaklanıldı.

Onunla birlikte çok sayıda da sahâbî çıkmıştı ve hiç kimse Hz. Ömer (radıyallâhu anh)'ın içinde gizlediğini bilmiyordu. Sorulduğunda "Şimdilik yürüyoruz ve aklımıza daha iyi bir görüş gelene kadar yürümeye devam edeceğiz."dedi.

Soru: Sahâbîlerin ileri gelenlerinin görüşü ne idi, Ömer (radıyallâhu anh) buna ikna oldu mu?

Cevap: İleri gelen sahâbîler toplanarak aralarında istişare yaptılar ve vardıkları kararı Ömer'e (radıyallâhu anh) Hz. Ali'nin (radıyallâhu anh) bildirmesini kararlaştırdılar. Buna göre Hz. Ömer (radıyallâhu anh) orduya bir komutan seçmeliydi. Fetih nasip olursa olur, olmazsa Ömer (radıyallâhu anh) destek kuvvetler gönderirdi ve bu da düşmanı kızdırırdı. Halifenin savaş meydanında öldürülmesi ise telafi edilemez bir kayıp, büyük bir hezimet, zelil bir yenilgi olurdu. Hz. Ömer (radıyallâhu anh) görüşlerine ikna oldu ve kabul etti. Ancak bu iş için kimi seçecekti?

Soru: Ömer (radıyallâhu anh) **Sa'd b. Ebi Vakkas'ı** (radıyallâhu anh) **nasıl seçti?**

Cevap: Sa'd b. Ebi Vakkas (radıyallâhu anh) Necd bölgesinde Hevazin kabilesinin zekatlarını topluyordu. Hz. Ömer (radıyallâhu anh)'ın yardım isteği mektubu diğer valiler gibi O'na da gelince ondan isteneni yaptı ve Hz. Ömer (radıyallâhu anh)'a şöyle mektup gönderdi: "İmdi...Sana bin atlı savaşçı gönderiyorum. Hepsi de savaşta görüş sahibi, dikkatli, güçlü, milletinin şerefini koruyup mukaddesatına sahip çıkacak kimseler. Ancak bu kadar bulabildim. Cesaret ve görüşleriyle onları sana gönderiyorum. Artık onlara dileğini yaptır."

Mektup Hz. Ömer (radıyallâhu anh)'a, O karargahta ve askerlerinin arasındayken ulaştı. Askerler "İşte buldun ey Mü'minlerin emiri!"dediler. "Kimi?" dedi, "Pençeleriyle arslanı!" dediler. "Kim o?" dedi, "Sa'd b. Ebi Vakkas" dediler. Hz. Ömer (radıyallâhu anh) onları bu seçimlerinde isabetli buldu ve Sa'd b. Ebi Vakkas'ı (radıyallâhu anh) yanına çağırttı.

Soru: O'na ne tavsiyelerde bulundu?

Cevap: Sa'd b. Ebi Vakkas (radıyallâhu anh) gelince Hz. Ömer (radıyallâhu anh) O'na kararlaştırdıkları şeyi haber verdi ve şu tavsiyede bulundu: "Ey Sa'd b. Üheyb![225]Sana "Rasûlullah'ın dayısı" denmesi seni aldatmasın; çünkü Allah kötülüğü kötülükle silmez, kötülüğü iyilikle siler. Zira Allah (c.c.) ile hiçbir kulu arasında nesep bağı yoktur, tek bağ O'na itaat bağıdır. Alt tabakadan, üst tabakadan tüm insanlar Allah (c.c.)'ın katında eşittirler. Allah onların Rabbi, onlar da O'nun kullarıdırlar. Birbirlerine oranla şansları, içinde bulundukları sağlık ve afiyete

---

225 Sa'd b. Vehb de denir. Rasûlullah'ın (sallallâhu aleyhi ve sellem) dayılarından Zühre oğullarındandır. Ebû Vakkas'ın adı da Malik'tir.

göredir. Allah'ın katındaki nimetlere de itaatlarına göre ulaşırlar. Rasûlullah'ın (sallallâhu aleyhi ve sellem), peygamber gönderilmesinden bizi terk edene kadar ki dönemde gördüğün haline bak ve ona tutun; çünkü asıl tutunulması gereken şey odur.

Bu benim sana nasihatimdir. Terk edersen, bundan kaçarsan amelin boşa gider ve hüsrana uğrayanlardan olursun."

Soru: Gönderirken O'na ne söyledi?

Cevap: Irak'a gitme emri verirken O'na şöyle dedi: "Ben sana Irak'ta savaş görevini veriyorum. Vasiyetimi tut. Sen çok zor bir göreve gidiyorsun. Onda tek kurtulan hak olacak. Onun için kendini ve beraberindekileri hayırlara ve güzelliklere alıştır ve işlerine onlarla başla. Bil ki her şeyin anahtarı ve gıdası vardır, hayrın gıdası ve anahtarı da sabırdır.

Başına gelenlere sabredeceksin, sabredeceksin. Öyle yaparsan sende Allah korkusu ve saygısı oluşur. Bil ki Allah korku ve saygısı iki şeyde toplanmıştır: O'na itaat etmek ve karşı gelmekten sakınmak. O'na itaat edenler ancak dünyayı sevmeyip ahireti sevmeleriyle itaat etmişler; âsi olanlar da dünyayı sevip ahireti sevmemeleriyle bunu yapmışlardır. Kalplerin halleri vardır ki Allah onları böyle yaratmıştır. Bunların bazıları görünmez, bazıları görünür şeylerdir. Görünmeyeni kişinin gözünde kendisini hak yere öven ile yerenin bir olmasıdır. Görüneni ise hikmetin kalbinden diline akmasıyla ve insanların ona muhabbet duyması ile ortaya çıkar. İnsanlar tarafından sevilmede isteksiz ve zahid olma. Çünkü Peygamberler de Allah'tan, insanlar tarafından sevilmeyi istemişlerdir. Ayrıca Allah bir kulu sevdiğinde onu sevdirir; sevmediğinde başkalarına da sevdirmez. Öyleyse Allah (c.c.) katındaki değerini, bu işe seninle başlayanlar katındaki değerinden öğren."

Soru: Sa'd, Müsenna b. Harise'ye yetişti mi?

Cevap: Müsenna Köprü savaşı günü yaralanmıştı ve onun acısını çekiyordu. Ölümü yaklaşınca Sa'd'a bir vasiyet yazıp, geldiğinde vermesi için onu kardeşi Ma'ni'ye teslim etti.

Müsenna'nın vefat tarihi Hicrî ondört yılının Safer ayıdır.

Soru: Müsenna'nın Sa'd'a vasiyeti ne idi?

Cevap: Müsenna'nın Sa'd'a yazdığı vasiyet, O'nun Farslılarla savaştan çok tecrübe ve deneyim kazandığını, komuta, olayları değerlendirme, planlama, cesaret ve gözüpeklikte ne büyük bir insan olduğunu göstermektedir.

Ona düşmanla düşman topraklarında değil kendi sınırları içerisinde savaşmayı, Arapların Acemlerle olan sınırında dövüşmeyi tavsiye ediyordu. Çünkü müslümanların ardında, onları koruyucu kalkanlar, destekçi birlikler bulunuyordu. Öndekiler düşmana galip gelirlerse bunlar içlere dalmaya muvaffak olabilir, düşman gücünü tamamen kırabilirlerdi.

Sa'd bunu teslim alınca Müsenna'ya Allah'tan rahmet diledi ve Ma'ni'ye yapmakta olduğu valilik ve komutanlığına devam etmesini emretti. Ayrıca Müsenna'nın hanımına talip oldu ve onunla evlendi.

Soru: Ömer (radıyallâhu anh) ile Sa'd b. Ebi Vakkas arasındaki mektuplaşmalar sürekli devam etti mi?

Cevap: Ömer (radıyallâhu anh) Sa'd b. Ebi Vakkas'a (radıyallâhu anh), O'na mektup yazmasını ve içinde bulunduğu durumu bildirmesini, büyük küçük her şeyi haber vermesini emretti. Böylece her hareketlerinde sanki sürekli onlarla olacaktı... Sa'd da bu tavsiyeyi harfiyyen uyguladı. Mü'minlerin emirine sürekli mektup yazıyordu. Şeraf'a gelince de bir mektup yazarak durumu bildirdi.

Soru: Müslümanlar Şeraf'a inince Hz. Ömer (radıyallâhu anh) onlara ne yazdı?

Cevap: Gelen mektuba şu cevabı gönderdi: "Sana bu mektubum ulaşınca insanları onar kişilik gruplara ayır. Her birine durumu bildir ve başlarına bir başkan seç. Müslüman komutanları da çağır, hazır bulunsunlar. Sayılarını belirle, sonra arkadaşlarının yanına gönder. Onlara buluşma yerinin Kadisiyye olduğunu söyle. Yanına süvarileriyle birlikte Muğire b. Şube'yi de al. Son durumu bana yaz."

Soru: Sa'd b. Ebi Vakkas güçlerini ve ordusunu nasıl düzenledi?

Cevap: Sa'd b. Ebi Vakkas'ın hazırladığı askerlerin sayısı 35 bine ulaştı. 15 biniyle Medine'den çıktı, 20 binini de Müsenna ile bıraktı.

Sonra Muğire b. Şu'be atlı savaşçılarıyla yola çıktı.

Şeraf'ta askerleri sayıp bölüklere ayırdı. Komutanları ve çavuşları belirledi. Sancakların başına ilk Müslümanlardan birini, bölüklerin başına da tecrübeli birini geçirdi. Belirlediği savaş komutanları da şunlardı: Önde Zühre b. Abdullah, sağ kanat komutanı Abdullah b. Mu'tem, sol kanat komutanı Şurahbil b. Simt, arkadaki destek güçler komutanı Asım b. Amr, öncü kuvvetler komutanı Sevad b. Malik, yaya savaşçıların komutanı Cemal b. Malik, atlıların komutanı Abdullah b. Zissehmeyn, kendi yardımcısı da Halid b. Urfute.

Selman b. Farisî'yi de savaş dellalı ve keşifçi olarak tayin etti.

Soru: Ömer (radıyallâhu anh)'ın Sa'd b. Ebi Vakkas'a (radıyallâhu anh) ikinci mektubu nasıldır?

Cevap: Ömer (radıyallâhu anh) Sa'd b. Ebi Vakkas'a (radıyallâhu anh), Müsenna'nın Sa'd'a söylediği tavsiyelerle uyuşan ikinci bir mektup gönderdi. Mektubun metni şöyledir:

"İmdi... Beraberindekilerle, eşrafla Fars diyarına doğru yürü[226]. Allah'a (c.c.) tevekkül et ve her işinde O'ndan yardım iste. Bil ki sen çok kalabalık, tam teçhizatlı, yaman savaşçıları bulunan bir ordu üzerine, korumalı ve zor bir ülkeye gidiyorsun.....Orasının denizleri ve nehirleri çetin, geceleri de zifiri karanlıktır. Ancak çok yerine aza razı olursanız, başka!

Onlarla karşılaştığınızda önce onları kendinize çekip vurun. Topluluklarla münakaşaya dalmayın. Sakın sizi aldatmasınlar; çünkü onlar tuzakçıdırlar. Onların durumu sizinki gibi değildir. Ama onlar için (Müslüman olmaları ihtimalinden dolayı) kendinizi feda etmek isterseniz, başka! Kadisiyye'ye vardığınızda, ki Kadisiyye cahiliyye devrinde Farslıların kapısı sayılırdı. Orası diğer kapıların birleştiği en stratejik kapıdır. Diğer kapılar ve kalelerin merkezi mesabesindedir. Toprakları bereketli, tam korunmalı ve herkesçe ele geçirilmek istenen bir beldedir. Ötesinde de çetin nehirler ve köprüler vardır. Silahlı adamların gediklerinde, diğerleri kayalıkların ve tepelerin başında ve bunlar arasındaki kumsal topraklarda bulunsunlar. Sonra sen yerinden ayrılma; çünkü seni fark ederlerse harekete geçerler, yayalarıyla, süvarileriyle ve tüm güçleriyle sana saldırırlar. Eğer siz Allah'tan sevap umarak ve omuzlarınızdaki emaneti düşünerek düşmanlarınız karşısında sebat ederseniz onlarda yürek denen bir şey yoktur zaten. Öyle yapmazsa-

---

226 Denilir ki: Sa'd'la birlikte 99 Bedir ehli, 300 Mekke fethine katılmış sahâbî, 700 sahâbe evladı vardı.

nız geri çevrilir ve vardığınız en uzak tepelerinden sizin en uç kayalıklarınıza kadar çekilmek zorunda kalırsınız. Siz (gereğini yaptıktan sonra) yenilseniz bile onlara karşı daha cesur ve haklarında daha bilgili olacak, onlar ise size karşı daha korkak ve hakkınızda daha bilgisiz olacaklar. Allah onlara fetih nasip etmeyip sırayı size verecek."

Soru: Bu mektubunun yanında bir mektup daha gönderdi mi?

Cevap: Evet, o mektupta da şöyle yazdı: "Şu gün olunca insanlarla yola çık. Hecenat suyu ile Kavadis suyu arasındaki yere ulaşınca konakla. Adamlarını doğuya ve batıya gönder". Yani düşmanları korkutmak için öncü birliklerini dört bir tarafa gönder.

Bu mektuplar şüphe bırakmayacak şekilde Hz. Ömer (radıyallâhu anh)'ın, yönetim ve idaredeki isabetliliğindeki yüksek imkanlarının ve eşsiz ferasetinin yanında, askerî alanda da sahip olduğu geniş ufuk, askerî dirayet ve önemli yerini göstermektedir.

Soru: Hz. Ömer (radıyallâhu anh) ona ve askerlerine ne tavsiyede bulundu?

Cevap: Hz. Ömer (radıyallâhu anh) ona ve askerlerine nasihatte bulunduğu mektubunda şunları söyledi: "...İmdi; Nasihat, iyi niyet ve Allah'tan sevap ummayı kalbine sürekli hatırlat ve bunları askerlerine de sürekli söyle. Gaflete düşenlere bunları anlat. Ve sabredin, sabredin... Allah'tan yardım niyet oranında gelir, ecir sevap umulduğu kadar kazanılır. Bulunduğun işte ve yolda çok dikkatli ol. Bir de çokça "Lâ havle velâ kuvvete illâ billâh" deyin. Bunları, bildiğin başka birliklere ve düşmanla çarpışmak üzere olanlara da yaz; çünkü sizin durumunuzu ve düşmanın hangi konumda olduğunu bilememem bunları başkalarına da göndermemi engelliyor. Şimdi bana Müslümanların konakladıkları noktaları ve Medain ile aranızdaki beldeleri, oraları görüyormuşumcasına anlat ve bana durumunuz hakkında tam bilgi ver. Allah'tan kork, O'ndan um ve naz yapma! Bil ki Allah (c.c.) size vaad etmiştir. Bu işe alternatifi yokmuş gibi kendinizi verin. Allah'ın bu nimeti sizden alıp yerinize başkalarını getirmesinden, buna sebebiyet vermekten sakının."

Soru: Sa'd Kadisiyye'yi Hz. Ömer'e (radıyallâhu anh) **nasıl anlattı:**

Cevap: Sa'd Hz. Ömer (radıyallâhu anh)'a gönderdiği bu beldeyi anlatan mektubunda şöyle dedi: "İmdi... Kadisiyye çukur ile eski bir yer arasında. Solunda, üç tarafta, Hira'ya bakan, iki yol arasında yeşil bir deniz var. İki yoldan biri sırtta, diğeri Hadud adında bir nehir kıyısında. Bu yol, oraya gireni Hurnaki ile Hira arasında bir yere ulaştırıyor. Kadisiyye'nin sağında da Velce'ye kadar bir nehir bulunuyor. Tarafımdaki Müslümanlarla barış yapan tüm Sevad ehli, Farslılarla güçlerini birleştirdiler. Gizlice bizim için hazırlık yapıyorlar. Bizimle çarpışmaya hazırlanan, emsali adamlarıyla Rüstem isimli biri. Onlar bizi sıkıştırarak ortaya çıkarmaya, biz de aynı şekilde onları sıkıştırarak ve yaşamı dayanılmaz kılarak meydana çıkmaya çalışıyoruz. Allah'ın dediği olacak. O'nun takdirine, bizim leh veya aleyhimize yazdığı kadere teslim olduk. Allah'tan, en hayırlı kaza ve en hayırlı kader diliyoruz."

Soru: Ömer (radıyallâhu anh) **O'na ne cevap verdi?**

Cevap: Ömer (radıyallâhu anh) şöyle cevap verdi: "Mektubun bana geldi ve onu anladım. Allah düşmanını önüne atıncaya kadar yerinden ayrılma. Bil ki bunun ötesi de vardır. Allah (c.c.) sana onların yenilip kaçmasını nasip ederse, Medain şehrine girip, yıkmadan peşlerini bırakma. İnşaallah bu orasının harabı olacak!"

Soru: Sa'd karargâhını nereye kurdu?

Cevap: Sa'd kadınları ve çocukları bir grup süvari korumasında su pınarının olduğu yerde bırakarak, yavaşça Kadisiyye'ye doğru ilerledi. Burası Fırat nehrinin suladığı geniş bir ovaydı. Buradan, kayıklardan yapılma köprüyle Hira'ya, Hira'dan da başkent Medain'e ulaşılıyordu.

Sa'd'ın karargâhını kurduğu ve tarihte büyük bir olayla yadedilecek yer burasıydı. Rumlarla yapılan Yermuk savaşı Şam diyarının anahtarı olduğu gibi, Kadisiyye savaşı da Fars ülkesinin anahtarı ve Pers İmparatorluğunun sonu olacaktı.

Soru: Sa'd savaşmadan ne kadar bekledi? Bu hususta Hz. Ömer'e (radıyallâhu anh) ne yazdı?

Cevap: Fars kralı Yezdicerd savaşmak için acele ediyor; Fars ordusu başkumandanı Rüstem ise acele etmiyor, ağır davranıyordu. Sa'd da onlarla bazı çatışmalara ve vur kaç saldırılarına başlamıştı. Bazı birlikleri bazı kalelere, şehirlere ve köylere gönderiyor, kafirlerin kalplerine korku salıyor, onlardan koyun, büyük başhayvan vb. ganimetler getirtiyordu.

Ancak düşman hala harekete geçmiyor, Müslümanların karşılarına dikilmiyordu. Müslümanların bekleyişleri bir ay sürünce Sa'd Hz. Ömer'e şu mektubu gönderdi: "İmdi... Bunlar bizlere kimseyi göndermediler, bildiğimiz kadarıyla kimseye saldırmadılar. Herhangi bir şey olursa da sana yazarız. Allah'tan zafer dile. Çünkü biz, genişlik ve güvenlik içindeyiz, ama ötesinde büyük felaket var. Biz çok güçlü bir toplulukla savaşa davet edilmiş bulunmaktayız: "Siz çok güçlü ve yaman bir millet (ile savaş)e çağırılacaksınız" (Âyet-i kerime)".

Soru: Hz. Ömer (radıyallâhu anh) O'na ne cevap verdi?

Cevap: Hz. Ömer (radıyallâhu anh) Sa'd'a (radıyallâhu anh) yazdığı mektupta şunları söyledi: "Onlardan sana gelen veya gelecek saldırılar sakın seni üzmesin. Allah'tan yardım dile ve O'na tevekkül et. O'na (yani Rüstem'e), bilgili, tartışma yapabilen, görüş sahibi ve yürekli kimseler gönder, İslâm'a davet etsinler. Çünkü Allah onlara daveti, güçlerini kırma ve gevşetme vesilesi kılmıştır. Bana da hergün yaz."

Soru: Sa'd'ın (radıyallâhu anh) Fars kralı Yezdicerd'e gönderdiği delegede kimler vardı?

Cevap: Sa'd (radıyallâhu anh), Hz. Ömer'in (radıyallâhu anh) mektubunda belirttiği vasıflara sahip, tartışma yapabilen, görüş sahibi ve yürekli şu kimseleri, konuşup İslâm'a davet etmek üzere Kral Yezdicerd'e gönderdi: Nu'man b. Mukarrin, Bisr b. Ebi Ruhm, Hamele b. Haviye, Hanzala b. Ebi Rebi', Furat b. Hayyan, Adiyy b. Sehl, Utarid b. Hacib, Muğire b. Zürare, Eş'as b. Kays, Hars b. Hassan, Asım b. Amr, Amr b. Ma'diyekrub, Muğire b. Şu'be, Ma'ni b. Harise....[227]

Soru: Nu'man b. Mukarrin ne dedi ve Yezdicerd O'na ne cevap verdi?

Cevap: Süslü bir sancağı taşıyan Nu'man b. Mukarrin ar-

---

227 Bu eşsiz şahsiyetlerin seçiminde şu göze çarpıyor: Bunlar sahip oldukları şahsî meziyetlerinin yanında, her biri, İslâm ordusunu meydana getiren farklı unsurları temsil eden kimselerdi; zira her biri milletini temsil ediyordu. Hepsinin ortak sözcüsü ise tek bir kimseydi.

kadaşlarına "Arzu ederseniz sizin namınıza ben konuşayım... Konuşmak isteyen birisi varsa da onu tercih ederim." dedi.

Onlar "Sen konuş"dediler.

Bunun üzerine Nu'man şöyle dedi:

"Ey kral! Yüce Allah bize merhamet buyurarak bizlere iyiliği emreden, kötülükten sakındıran bir Peygamber gönderdi. Onun çağrısını kabul ettiğimiz taktirde bize dünyanın da ahiretin de hayırlarını vadetti. Davet ettiği her bir kabileden kimi kimseler O'na yaklaşıyor, kimi kimseler de O'ndan uzaklaşıyordu. Daha sonra kendisine muhalefet eden Araplara antlaşmalarının geçersiz sayılması emri verildi. O da onlardan başladı. İki tür olarak O'nunla birlikte bu davaya giriştiler. Bu işe istemeyerek giren pişman olmadı. İsteyerek itaatle O'nun yanına gelenlerin de iyilikleri ve ibadetleri arttı. Hep birlikte O'nun getirdiği dinin bizim vaktiyle üzerinde bulunduğumuz düşmanlıktan ve sıkıntılardan üstünlüğünü anladık. Daha sonra bize, bize yakın olan milletlerden başlayarak onları adalete ve insafa çağırmamızı emretti. Şimdi bizler sizleri dinimize çağırıyoruz.Bu din güzeli güzel görmüş, bütün çirkinlikleri de çirkin saymıştır. Kabul etmeyecek olursanız bazı kötü durumlar diğer bazı kötü durumlardan kötü gelir. Bu da cizyedir. Kabul etmeyecek olursanız bu sefer birbirimizle savaşırız. Dinimizi kabul ederseniz size Allah'ın Kitabı'nı, yerimize bırakır ve O'nun hükümlerini uygulamanız için aranızda kalır, ondan sonra sizi ülkenizle baş başa bırakır gideriz. Cizyeyi verecek olursanız bunu da kabul eder, buna karşılık sizleri koruruz. Aksi taktirde sizlerle savaşırız."

Yezdicerd onu öfke ve sinirle dinledi, sonra alay ve istihzayla şöyle dedi:

"Ben, yeryüzünde sizden daha fakir, daha az ve araları sizden daha geçimsiz hiçbir millet bilmiyorum. Biz sizleri sınır kasabalarına terk eder, oradakiler de sizin işinizi hallediverirlerdi. Şimdi akıllarınıza Farslara karşı dikilmeyi koymuş olmayasınız. Şayet sizler bu konuda aldanışa düşmüşseniz bize karşı bu aldanıştan vazgeçin. Eğer açlıktan dolayı bu duruma gelmişseniz, bolluğa kavuşuncaya kadar size yetecek gıda veririz. Sizin eşrafınıza ikramda bulunur, sizi giydirir ve başınıza da size yumuşak davranacak birini getiririz."

Soru: Muğire b. Zürare ne dedi?

Cevap: Yezdicerd'in sözlerini işitince önce herkes sustu. Ardından Muğire b. Zürare aralarından sıyrıldı ve ayağa kalkıp hiddet ve şiddetle Yezdicerd'in iddialarına, onları tamamen çürüten şu cevabı verdi: "Bunlar geçmişteki cahiliyye dönemlerinden sadece Allah'ın (c.c.) Muhammed (sallallâhu aleyhi ve sellem) eliyle kurtardığı pisliklere, alıp akide, yaşantı, Allah'ı birleme ve doğru yolda yürüme zirvesine çıkardığı küfür, şirk ve zillet bataklığı kadarısını kabul etmezler..." Söyledikleri arasında şu söz de vardı: "Artık sen seç! İster bizi bu doğru din üzere kabul et, ister zelil bir şekilde cizyeyi kabul et, istersen de kılıçlar konuşsun!"

Soru: Bu görüşme nasıl sonuçlandı?

Cevap: Kisra Yezdicerd köpürdü, hiddetlendi ve "Beni böyle mi karşılıyorsun?" dedi. Muğire "Ben sadece benimle konuşana karşılık verdim. Senin yerine başkası konuşsaydı sana böyle bir karşılık vermezdim" dedi. Yezdicerd "Elçilerin öldürülmemesi kuralı olmasaydı sizi öldürürdüm... Sizin benden alacağınız hiçbir şey yok."dedi. Sonra bir yük toprak getirilmesini emretti ve "Bunları sizin en şereflinizin üstüne yükleyin. Sonra Medain kapısından çıkana kadar bunu önünüze katıp götürünüz. Komutanınız olacak kişiye benim kendisine Rüstem'i göndereceğimi ve hem O'nu, hem de onlarla birlikte sizleri Kadisiyye hendeğine gömeceğimi, arkasından O'nu ülkenize gönderip sizlerin başınıza Sabur'un eliyle başınıza gelenlerden daha acısını tattırarak kendi kendinizle uğraştıracağımı bildirin" dedi.

Asım b. Amr toprağı almak üzere kalktı ve "Onların en şereflileri benim. Ben, bütün bunların efendisiyim" diyerek toprağı omzuna aldı ve bineğine doğru gitti. Sonra Sa'd'a "Müjdeler olsun, yemin ederim ki Allah bizlere onların mülk ve saltanatlarının anahtarlarını vermiş bulunuyor" dedi.

Soru: O vakit Farslıların komutanı kimdi?

Cevap: Farslıların komutanı daha önce geçtiği gibi Rüstem idi. Rüstem deneyimli, tecrübeli, savaş taktiklerinde usta,cesur ve cür'etkar bir komutandı. Zamanın en meşhur Fars komutanıydı.

Rüstem askerlerini topladı. Sonra sayıları yüz yirmi bini bulan ordusuyla Medain'e doğru yürümeye başladı. Âdetleri üzere önlerinde filler vardı. Yavaş yavaş ilerliyorlardı. Babil'deyken Fırat'ı geçtiler, sonra Hira'ya doğru ilerlediler. Müslüman ordu tarafından görünecek kadar yaklaşınca karşı kıyıya konakladı. Arap olan Hira halkını tehdit etti, ancak onlar Araplardan tarafta olmakta ısrar ettiler.

Soru: Bu arada Sa'd ne yapıyordu?

Cevap: Sa'd, Halife'nin emri gereği savaşa başlamamıştı. Ancak Farsların içlerine dalıyor, üzerlerine birkaç yüz kişilik seriyyeler gönderiyor, çevredeki yerleşim birimlerine saldırılar düzenliyordu. Böylece kalplerine korku salıyor, erzak ve ganimet elde ediyordu. Bu hareket Müslümanların Araplar gözündeki güç ve heybetlerini artırdı.

Her yüz askerin başında Asım b. Amr, Cabir el-Esedi, Amr b. Ma'diyekrub ve Tuleyha el-Esedi emsali bir müslüman kahraman bulunuyordu. Bunların her birinin orada bir çok zafer, galibiyet, macera ve fedailikleri oldu.

Bunların en ünlüsü Tuleyha el-Esedi'nin yaptığı idi. Fars kumandan Calinos'un karargâhı ile Zülhacib'in karargahına, bir de de Necef'teki üçüncü bir karargâha girdi. üzerlerine çadırlarını yıktı ve atlarını alıp geldi. Onlar arkalarından yetiştiler. Fakat O, Calinus ile Zülhacib'i öldürdü, üçüncüsünü esir alıp Sa'd'a getirdi. Bu müslüman oldu ve Sa'd O'na Müseylem adını verdi.

Soru: Rüstem savaş için neden acele etmedi?

Cevap: Rüstem cesaretine, yürekliliğine ve şöhretine rağmen yıldızname, burçlar ve yıldızların hareketlerine kafasını fazlasıyla takmış biriydi. Bir gece gözüne, savaşa girecek olursa Farsların durumunun çok kötü olacağı ve aleyhlerine döneceği kanaati süslü gösterildi. Onun için, belki yıldızları, gezegenleri ve burçları O'na iyimser düşünebileceği bir hareketi haber verir, O da azim ve gayretle bu işe girer düşüncesiyle, acele etmeyip yavaş davranıyordu.

Öte yandan da Sa'd'la görüşmeler yapıyor, harbin çıkmaması ve savaşın olmaması için çalışıyordu. Mektup ve görüşmelerinde Müslümanların gayretini kırıcı ve onları tehdit edici sözler sarfediyordu. Ayrıca Farslıların güçlerini, geçmişlerini, askerlerin güç, sayı ve erzak itibariyle ne büyük bir ordu olduğunu hatırlatıyordu.

Fakat bu tereddütlü tavır Kisra Yezdicerd'in hoşuna gitmiyordu. Barış çabalarından ve görüşmelerinden dolayı O'nu azarlıyor ve meseleyi bitirmeye çağırıyordu.

Soru: Sa'd Rüstem'le mektuplaştı mı?

Cevap: Rüstem barış için Sa'd ile görüşmeler yapıyordu. Sa'd'ın (radıyallâhu anh) cevabı ise her defasında "Ya İslâm, ya cizye, ya da savaş!" oluyordu.

Rüstem bir gün Zühre b. Huveyyeh'in komutanlığını yaptığı cenaha doğru ilerledi ve O'na seslendi. Zühre gelince O'na şöyle dedi: "Siz bizim komşumuzsunuz. Sizden bir grup bizim yönetimimiz altındaydı. Onlara güzel komşuluk yapar, onlardan şerleri def eder, pekçok yerin yönetimini onlara verir, onları çöl ehli kimselerden korurduk. Hayvanlarını otlaklarımızda otlattırır, onları ülkemizde yedirip içirirdik. Topraklarımızın herhangi bir yerinde ticaret yapmalarını engellemez, hatta onlara maaş verirdik."

Soru: Zühre b. Huveyyeh[228] O'na ne cevap verdi?

Cevap: Zühre şöyle cevap verdi: "Doğru söyledin. Söylediğin şeyler öyleydi. Bizim durumumuz onlarınki gibi değil. İsteklerimiz de onlarınki gibi değil. Biz size dünyalıklar için gelmedik. Bizim arzumuz ve gayretimiz ahiret içindir. Biz söylediğin gibiydik. Bizden size gelenler önünüzde eğilip yalvarırlar, ellerinizdekinden isterlerdi. Sonra Allah (c.c.) bize, kendisine çağıran bir elçi gönderdi. Biz de icabet ettik. O (c.c.) Peygamberi'ne şöyle bildirdi: "Ben bu topluluğu dinimi kabul etmeyenlerin başına musallat edeceğim. Biz bunlar vasıtasıyla onlardan intikam alacağız. Buna inandıkları sürece galibiyeti

---

228 Zühre b. Huveyyeh et-Temimi. Kadisiyye'ye katılmıştır. Calinus'u O öldürmüştür. El-İsabe 1 / 534.

onlarda yapacağım. Bu hak dindir. Ondan yüz çeviren herkes zelil, ona tutunan herkes de aziz olur.". Rüstem: "O nedir?" dedi. Zühre: "O olmadan hiçbir şeyin geçerli olmayacağı şey; Allah'tan başka ilah olmayıp Muhammed'in O'nun peygamberi olduğuna şehadet getirmek ve O'nun (sallallâhu aleyhi ve sellem) Allah (c.c.) katından getirdiği her şeye inanmak, kabul etmektir" dedi. Rüstem: "Ne güzel bir şeymiş bu? Başka nedir?" dedi. Zühre: "Kulları, kullara kulluktan kurtarıp sadece Allah'a kul olmalarını sağlamak" dedi. Rüstem: "Güzel! Başka nedir?" dedi. Zühre: "İnsanlar Adem ile Havva'nın çocukları, anne baba bir kardeştirler" dedi. Rüstem: "Peki, ben bu dini kabul eder ve size icabet edersem ve benimle birlikte milletim de bu dine girerse... Sizin durumunuz ne olacak? Geri dönecek misiniz?" dedi. Zühre: "Bu ne güzel olur!"dedi. Sonra "Evet vallahi, sonra da ülkenize ebediyyen yaklaşmayız. Olsa olsa ticaret veya bir ihtiyaçtan dolayı geliriz"dedi.

Rüstem'in gönlü Zühre'nin söylediklerine meyletti. Ancak O'nun ordusuna, milletine ve krala karşı konumu bunu açıklayacak veya buna çağıracak kadar güçlü değildi.

Soru: Rib'i b. Amir[229] Rüstem'in huzuruna nasıl girdi? Aralarında nasıl bir konuşma geçti?

Cevap: O'nu Rüstem'e Sa'd gönderdi. Rib'i elinde silahıyla kısa bir atı üzerinde Rüstem'in çadırına girdi. Engellemeye çalıştılar, ancak dinlemedi. Rüstem de girmesine izin verdi. Rib'i mızrağına dayana dayana ve ağır adımlarla ilerlemeye başladı. Elindeki mızrağıyla yerdeki halıları yırtıyordu. Rüstem'in oturduğu yere yaklaşınca yere oturdu. O'nu Rüstem'in yakı-

---

229 Rib'i b. Amir: Rasûlullah'la (sallallâhu aleyhi ve sellem) görüşmüşlüğü olduğundan sahâbîdir. Kadisiyye ve Nehavend savaşlarına katılmış, Taharistan'ın valiliğini yapmıştır.

nındaki yumuşak bir koltuğa oturtmaya çalıştılarsa da O bunu kabul etmedi ve "Biz sizin bu süslü eşyalarınızın üzerinde oturmaktan hoşlanmıyoruz" dedi. Sonra aralarında şu konuşma geçti: Rüstem: "Sizi buraya getiren nedir?". Rib'i: "Bizleri buraya Allah getirdi. O bizleri, kullarından dileyen kimseleri dünyanın darlığından genişliğine, batıl dinlerin zulmünden İslâm'ın adaletine çıkartmak üzere gönderdi. O bizleri diniyle bütün mahlukatına gönderdi. Kim bu dini kabul ederse bunu ondan kabul ederiz ve ona dokunmadan geri döner, kendisini ülkesiyle baş başa bırakırız. Kim de yüz çevirirse Allah'ın vaat ettiğine ulaşana dek onunla savaşırız." "Allah'ın vaadi nedir?". "Yüzçevirenlerle savaşırken ölene cennet, kalana zaferdir". "Sözünü işittim. Üzerinde düşünmemiz için bu işi geciktirebilir ve bize mühlet verebilir misiniz?". "Evet. Kaç gün istiyorsun? Bir gün mü, iki gün mü?" "Hayır... Milletimizin önde gelenleriyle ve görüş sahipleriyle mektuplaşıncaya kadar". "Rasûlullah'ın (sallallâhu aleyhi ve sellem), bize koyduğu ve önderlerimizin uyguladığı sünnetlerinden biri de düşmanımıza üç günden fazla fırsat vermememiz, karşılaştığımızda üç günden fazla geciktirmememizdir. Biz üç gün boyunca size gidip geleceğiz. Senin ve onların durumunu ölç, biç. Sonra, bu süre sonunda şu üç şeyden birine karar ver: Ya İslâm'ı seç ve biz seni yurdunla baş başa bırakıp gidelim. Veya cezayı (cizyeyi) kabul et ve sana dokunmayalım; bizim yardımımıza ihtiyacın olmazsa yardım etmez, ihtiyacın olursa seni koruruz. Veyahut dördüncü gün savaşırız. Bu dördüncü güne kadar sen başlamadıkça biz savaşa başlamayacağız. Ben bu hususta tüm arkadaşlarım ve tüm gördüklerin için kefilim." "Sen onların efendisi misin?" "Hayır, fakat Müslümanlar bir beden gibidirler. Onlar birbirlerinin parçasıdırlar. En alt seviyedekinin sözü en üst seviyedekine geçer."

Soru: Sa'd Rüstem'e bu iki elçiden sonra başka elçilerini de gönderdi mi? Onlar kimdir ve ne dediler?

Cevap: Üç günlük süre dolunca Rüstem tekrar görüşmek istedi. Bu defa Sa'd, Huzeyfe b. Muhsan'ı gönderdi. O'nun konuşması da Zühre ve Rib'i'ninki gibi idi.

Rüstem daha sonra başka bir görüşmeci istedi. Sa'd bu defa dehasıyla ünlü Muğire b. Şube'yi gönderdi. Rüstem O'na, bırakıp gitmeleri karşılığında Mü'minlerin emirine bir elbise, bir katır ve bin dirhem, her bir kişiye bir ağır yük hurma ile iki elbise vermeyi teklif etti. Muğire de "Biz bunlar için gelmedik" deyip, oradan ayrıldı.

Rüstem anlaşmaya ve barışa eğilimliydi, ancak diğer komutanlar bunu reddettiler ve savaşı, harbi tercih ettiler. Şüphesiz bunda Allah'ın (c.c.) olmasını murad ettiği hikmetli şeyler vardı.

Soru: Rüstem'in adamlarıyla istişaresi nasıldı, ne dediler; Rüstem onlara ne cevap verdi?

Cevap: Farslıların, görüşmek için gelen Zühre, Huzeyfe, Rib'i ve Muğire gibi kimselerle alay ettikleri hususlar onların görünüşleri, kıyafetleri, silahları vs idi. Bu ayak takımı kimseler büyük kalabalık ve teçhizat karşısında ne yapabilirler?

Rüstem onlara "Yazık size…Siz elbiselere bakmayın, görüş, söz ve yaşantıya bakın… Araplar giyime, yiyeceğe zaten önem vermezler, onlar soylarına önem verirler. Kıyafet hususunda sizin gibi değiller, sizin gibi düşünmüyorlar" dedi.

Soru: Rüstem Sa'd'a ne haberi gönderdi, Sa'd O'na ne cevap verdi?

Cevap: Belirlenen süre bitti, görüşmeler durdu ve seferberlik ilan edildi. Rüstem Sa'd'a "Siz mi (nehri) geçip bize geleceksiniz, yoksa biz mi geçip gelelim?" diye haber gönderdi. Sa'd "Siz geçip bize gelin"diye cevap verdi. Rüstem komutanlarına hazırlıklarını yapmaları emrini verdi ve sebep ne olursa olsun düşmanın onları köprüyü geçmeye zorlamasına karşı uyanık olmaları için uyardı.

Soru: İki taraf savaş için nasıl saf tuttu?

Cevap: Farslılar önlerinde onsekiz fille nehri geçtiler. Fillerin üzerinde sandıklar ve adamlar vardı. Rüstem de tahtı üzerindeydi ve sağında komutan Calinus, solunda komutan Birzan bulunuyordu. Arkalarında da yüz yirmi bine ulaşan kalabalık bir ordu bulunuyordu. Bunlar savaşmak üzere yerlerini aldılar. Müslümanlar da karşıda saf tuttular. Sa'd askerlerin başına Zühre b. Huveyye, Asım b. Amr, Abdullah b. Mu'tem ve Şurahbil b. es-Sımt'ı geçirdi. Merkez ile cenahları birbirine kattı. Ve tellalı "İyi bilin ki, haset sadece Allah yolunda cihadda helaldir. Ey insanlar! Cihad için birbirinize haset edin, birbirinizi kıskanın"diye seslendi.

Soru: Sa'd savaşa bizzat kendisi neden katılmadı? Ordunun başkumandanlığına kimi atadı?

Cevap: Bazı önyargılı kimseler Sa'd'ı (radıyallâhu anh) o gün savaşa bizzat katılmamakla tenkit ederler. Gerçek o ki, Sa'd'da o gün Nıkris denen hastalık ile sırtından makatına kadar yayılmış çıbanlar vardı. Ayrıca O'nda, hayatı ve cihadı boyunca at üzerinde çok bulunması sonucu siyatik hastalığı vardı. Göğsünün altına bir yastık koymuş, üzerine dayanarak damdan orduyu yönetiyordu. Yönlendiriyor, emirler veriyor ve savaşın olduğu kanadı sanki çarpışmanın merkezinde ve kalbinde gibi yönetiyordu. Biz bunu ona mazeret bulma çabasıyla zikretmiyoruz. Çünkü tarihin şahitliği her sözün üstündedir. O gerçekten Kadisiyye'nin kahramanıdır!

Soru: Sa'd orduya ne konuşma yaptı?

Cevap: İnsanlara şu konuşmayı yaptı: "Şüphesiz asıl Hak Allah Teala'dır. Varlık aleminde O'nun ortağı yoktur. Sözünün yerini tutacak hiçbir söz de yoktur. Şanı yüce Allah "Andolsun Tevrat'tan sonra Zebur'da da "Arza mutlaka iyi kullarım varis olacak" diye yazmıştık" (Enbiya: 104) buyurdu. Bu sizin mirasınız ve Rabbinizin vaadidir. Üç yıldır burayı sizin emrinize verdi. Bundan yediriyor, bundan yiyorsunuz. Sahiplerini öldürüyor, mallarını alıp adamlarını-kadınlarını köle-cariye ediniyorsunuz. Bundan şu güne kadar sizden nasiplenenler nasiplendi. Bu gün de onlardan bu büyük kalabalık geldi. Siz ise Arapların gözdeleri, eşrafı, tüm kabilelerin en hayırlıları, ardınızdan gelenlerin şerefisiniz. Eğer dünyayı önemsemeyip ahireti arzularsanız Allah size hem dünyayı hem ahireti verir. Nitekim bu hiç kimseyi eceline yaklaştırmaz. Ama gevşer, zaafa düşer ve başarısızlığa uğrarsanız gücünüz gider ve ahiretinizi mahvedersiniz."

Soru: Ayrıca kim konuşma yaptı?

Cevap: Onlara ayrıca Asım b. Amr et-Temimi (radıyallâhu anh) şu konuşmayı yaptı: "Buralar Allah'ın (c.c.) sahiplerini size helal kıldığı yerlerdir. üç yıldan bu yana[230] siz onlardan, onların sizden elde edemediğine ulaştınız. En yüce sizlersiniz ve Allah sizinle. Eğer sabreder ve onlara tüm gücünüzle vurur, büyük yara açarsanız onların malları, kadınları, çocukları ve yurtları sizin olacak. Ama başarısız olur ve yenilgiye uğrar-

---

230 Müsenna b. Harise (radıyallâhu anh) güçlerini kırmaya ve zayıf düşürmeye başladığından itibaren.

sanız sizin hiçbir komşunuz ve koruyucunuz olmayacak. Bu topluluk elinde kalanları, onları yok edecek bir güçle tekrar dönerler korkusuyla hayatta bırakmaz. Allah... Allah... Güzel günleri ve Allah'ın (c.c.) size lutfettiği günleri hatırlayın. Görmüyor musunuz, gerideki araziler çöl ve çoraktır, orada sığınılacak, korunulacak ve himayesine girilecek yer yoktur. Öyleyse siz de asıl derdinizi ahiret yapın.

Sa'd, Halid b. Urfuta'yı savaş meydanındaki temsilcisi olarak atadı ve onlara emirlerini vererek şöyle dedi: "Öğle namazını kılana kadar yerinizden kımıldamayın. Namaz kılınca ben bir tekbir getireceğim. Siz de tekbir getirin ve hazırlanın. Ben ikinci tekbiri getirince siz de tekbir getirin ve teçhizatınızı atın. Ben üçüncü tekbiri getirince atlılarınızın diğer insanları canlandırması için siz de tekbir getirin. Ben dördüncü tekbiri getirince düşmanınıza karışıncaya kadar hep birlikte ilerleyin ve "Lâ havle ve lâ kuvvete illâ billâh" deyin.

Soru: Savaşın ilk gününün adı nedir? Nasıl başlamıştır?

Cevap: İlk güne "Ermas günü" adı verildi. Savaş Müslüman süvariler ile güç ve kuvvet sahiplerinin ortaya çıkmasıyla başlatıldı.

Bunların ilki Galip b. Abdullah idi. Çıktı ve şu şiiri söyledi:

Gelen kahramanlar, anlaşılır konuşulanlar.

Şunu bildir ki; ben,

Silahları kuşanan, en zor işleri başaran,

Ne kadar hızlı biriyim.

Bunun üzerine karşısına Hürmüz çıktı. Krallık ailesine yakınlığı bulunan bu adamın başında bir de taç vardı. Galip

O'nu esir alarak Sa'd'ın yanına getirdi. Sonra savaş meydanına döndü.

İkincileri Asım b. Amr'dı. O da meydana indi ve şu beyitleri okumaya başladı:

Gümüşün üzerini kaplayan altın gibi

Sarı beyaz gerdanlı bilir ki

Ben bir şeyle ayıplanmıyorum;

Kınanmaktır beni sana karşı kışkırtan.

O'nun karşısına da katır üzerinde bir Farslı çıktı. Sonra katırını ve yükünü bırakarak kaçıp gitti. Sonra Katade ve Asım ordu safına geri döndüler.

Üçüncüleri de Amr b. Ma'diye idi. Karşısına çıkan kişiye vurarak boynunu kırdı. Sonra kılıcını boğazına koyup kesti ve arkadaşlarına "İşte siz de böyle yapın!"dedi. Onlar ise: "Ey Ebû Sevr, senin yaptığın gibi kim yapabilir?"dediler.

Soru: Müslümanları yoran tehlike ne idi, onu nasıl def ettiler?

Cevap: Farslılar Beni Becile kabilesi cephesine on yedi fil gönderince Müslümanların atları ürktü ve geri çekildi.

Becile neredeyse yeniliyordu. Sa'd damdan savaşın seyrini izliyordu. Hemen Beni Esed kabilesi birliğine Becile'nin yardımına yetişmeleri ve onları müdafaa etmeleri emrini verdi. Onlar da çağrıya icabet ederek hemen oraya gittiler. Başlarında Tuleyha b. Huveylid, Hammal b. Malik, Galib b. Abdullah ve Rübeyl b. Amr vardı ve hepsi de yaman savaşçıydılar.

Tarihçiler filleri şöyle anlatırlar: "Her bir filin üzerinde yirmi adam bulunuyordu ve her biri hareket halindeki bir kale gibiydi."

Tuleyha milletine şöyle seslendi: "Ey aşiretim! Siz adı övgüyle anılan, kendine güven duyulan kimselersiniz. Bu, onların yardımına sizden daha layık birini bilseydi; onu söylerdi. Bu sıkıntı onların başına, düşmana saldırmasından dolayı geldi. Onlara kızgın arslanlar gibi saldırdılar....Size Esedoğulları (Esed: arslan) denilmesi arslan gibi olmanız içindir....Haydi ısrarla ilerleyin geri çekilmeyin. Saldırın; kaçmayın..."

Bunun üzerine onlara vurdular ve yaraladılar. Sonunda fillerin önünü keserek aradaki mesafeyi açtılar.

Soru: Sa'd'ın hanımı O'na ne dedi?

Cevap: Bu vakte kadar Sa'd henüz dördüncü tekbiri getirmemişti. Esed ve Becile oğullarının zor durumunu görünce tekbir getirdi. Bunun üzerine Müslümanlar topluca ilerlediler. Harp makinesi çalışmaya başlamıştı. Sa'd okçulara, oklarını fillere ve üstündekilere yöneltip hücum etmelerini emretti, onlar da öyle yaptılar. Kayışlarını çözerek üstündekileri yere düşürdüler. Savaşın şiddeti arttı ve Müslüman kahramanlar en büyük kahramanlıklara imza attılar.

Sa'd 'ın hanımı Hafsa kızı Selma olanları görünce - daha önce geçtiği üzere kendisi önceden Müsenna b. Harise'nin hanımıydı- O'nun kahramanlıkları gözünün önüne geldi ve şöyle haykırdı: "Ah bu gün Müsenna olacaktı! Bu gün atların önünde Müsenna gibisi yoktur!". Bununla Sa'd 'ın savaşa katılmamasını ima ediyordu. Oysa O'nun hastalığını biliyordu. Sa'd bu sözünden dolayı sinirlenerek O'na tokat attı ve "Savaşın etraflarında dönüp durduğu bu bölükte Müsenna olsaydı ne yapabilirdi ki?" dedi. Selma: "Hem kıskançlık, hem korkaklık öyle mi?" dedi. Sa'd "Allah'a (c.c) yemin ederim ki durumumu gördüğün halde beni mazur görmeyecek olursan hiç kimse benim özürlü olduğumu kabul etmez." Oysa Sa'd (radıyallâhu anh) ne korkaktı, ne de kınanacak bir durumu vardı. O'nun savaşı yönetmesi ve zafer kazanması yeterdi.

Soru: Savaşın ikinci gününün adı nedir?

Cevap: Kadisiyye savaşının ikinci gününün adı "Ağvas günü"dür. İki taraf sabaha ceset taşıma zorunluluğuyla girdi. Sa'd şehidlerini Uzeyb'e taşıyıp defnedecek adamlar görevlendirdi. Yaralıların tedavisini ise kadınlar üstlendi.

Tam çatışmalar başladığında Şam'dan gelen yardımcı kuvvetler Müslümanların imdadına yetişti. Haşim b. Utbe b. Ebi Vakkas komutasında altı bin kişilik ordunun öndeki bin kişilik süvari bölüğünün başında Ka'ka b. Amr bulunuyordu. Ka'ka onları yüzer kişilik on kısma ayırdı. Her biri diğerinin arkasından gidiyordu ve en önde de O vardı. Bu da müslümanların gayretini artırdı; Farslıların azmini kırdı, moralini düşürdü.

Ka'ka meydana çıktı ve "Benimle kim teke tek savaş yapacak?" dedi. Karşısına Behmen Caziveyh çıktı. Ka'ka "Ebû Ubeyd'in, Selit'in ve Köprü vak'asında şehid düşenlerin intikamını almanın zamanı geldi" dedi ve onunla vuruştu ve sonunda öldürdü. Sonra arkadaşlarına "Ey Müslümanlar, kılıçlarınızla aralarına girip savaşın! İnsanlar ancak bununla biçilir" dedi. Akşama kadar çarpışmalar devam etti. İkinci gün Ka'ka düşmanı telaşa düşürecek bir hileye başvurdu. Amcaoğulları olan kişiler, onar kişilik gruplar halinde, üzerlerine peçe ve değişik elbiseler giydirilmiş bir halde ve atlılar tarafından korunan develer üzerinde hamleler yapmaya başladılar. Bu hamleler Farslılara fillerin Müslümanlara saçtığından daha büyük bir dehşet saçıyorlardı.

Bu günle ilgili anlatılmaya değer olaylardan biri de şair hanım Hansa'nın dört oğlunun ardarda şehid olmasıdır. Bunu gören Hansa şöyle dedi: "Beni bunların öldürülmesiyle şereflendiren Allah'a hamdolsun. Rabbimden, rahmet yurdunda beni onlarla buluşturmasını umarım".

Soru: Ebû Mihcen es-Sekafi'nin kıssası nedir?

Cevap: Ebû Mihcen es-Sekafi cesur bir süvariydi. Rivayete göre Sa'd O'nu, içki içtiğinden dolayı hapsetmişti. Dışarıdaki gürültü ve çığlıkları duyunca Sa'd'dan kendisini meydanda savaşması için serbest bırakmasını rica etti. Sa'd bunu kabul etmeyince Ebû Mihcen, Sa'd'ın hanımı Selma'dan rica etti ve sağ kalırsa dönüp ayaklarını zincire tekrar vuracağına söz verdi. Sonra huzurunda şu şiiri söyledi:

Yeter artık atlar mızraklılarla giderken

Benim bağlı durmamın üzüntüsü.

Ayağa kalksam demirler çökertiyor beni,

Bağıranı sağır eden kapılarsa kapanıyor yüzüme.

Çok servetim ve çok kardeşim vardı,

Şimdi bırakıp gittiler; hiçbiri yok.

Caymamak üzere Allah'a söz veriyorum:

İçki içilen yerlere gitmeyeceğime.

Selma duygulandı ve O'na acıdı. Zincirlerini çözüp serbest bıraktı. Ebû Mihcen de Sa'd'ın Belka isimli atına binip gitti ve düşman ordusunun tam göbeğine kadar ilerledi. Vuruyor, yaralıyor, safları yarıyordu. Bu Müslümanların şevk ve heyecanını artırdı ve onlar da peşine takıldılar. Hatta bazıları onun Hızır (a.s.) olduğunu söylediler.

Sa'd bunu uzaktan gördü ve "Ebû Mihcen'in mahpus olduğunu bilmeseydim bu O derdim... Şu Belka da benim atım!.."dedi.

Rivayete göre Selma, Ebû Mihcen'e hapis nedenini sordu. O "Vallahi beni yediğim veya içtiğim bir haramdan dolayı hapsetmedi. Ancak ben cahiliyye döneminde içkiciydim ve şiir diline kolayca gelen bir şairdim. Bazen dudaklarımdan şiirler mırıldanırım. Bu yüzden adım kötü anılır oldu ve O da beni hapsetti. Bir şiirimde de şöyle demiştim:

Ölürsem beni bir üzüm asmasının dibine gömüver.

Öldükten sonra kökleri ıslatsın kemiklerimi.

Beni ağaçsız bir yere gömme sakın,

Çünkü ölecek olursam o şarabı tatmamaktan korkarım.

Sa'd durumu öğrenince O'nu hapisten çıkardı ve O'ndan şöyle söz aldı: "Git, yapmadığın sürece sırf söylediklerinden dolayı seni sorumlu tutmayacağım." Bunun üzerine Ebû Mihcen: "Mesele yok. Allah'a yemin ederim ki bu dilimle artık kötü hiçbir şeyin vasfını yapmayacağım" diye cevap verdi.

Soru: Savaşın üçüncü gününün kahramanı kimdi?

Cevap: Üçüncü gün "İmas günü" adıyla anıldı. O günde insanlar birbirleriyle yarıştılar. Haşim b. Utbe ile Kays b. Hübeyre o iki gündeki gürültüleri ve olanları işitmişler, bu işte kendilerinin de bir payının olmasını arzulamışlardı. "Yarışçılar işte bunda yarışsınlar" (ayet-i kerime). Beraberindekileri yetmişer gruba ayırdılar ve her bir grubu ardarda dizdiler. Sonra bunlar Farslıların saflarını yarıp içeri geçtiler ve tekbir getirdiler. Ardlarından askerleri tekbir getirerek harekete geçtiler ve düşmanın üzerine saldırdılar.

İmas günü başından sonuna Müslümanlar için zor bir gündü. Müslümanlar ile Farslıların durumu aynıydı, kimse diğerine üstünlük sağlayamadı. Sebebi de Farslıların, durumlarını düzelttikten sonra filleri meydana tekrar çıkarmalarıydı.

Sa'd, filler hususunda adamlarına danıştı; onlar "Ölümü gözlerinde ve hortumundadır" dediler. Bunun üzerine Sa'd, Ka'ka ile Asım'a "Beni, ardından askerlerin geldiği "ebyad" isimli filden koruyun" dedi ve onu öldürmeye teşvik etti. Onlar da hemen kalktılar ve hizasına kadar varıp mızraklarını hayvanın gözlerine sapladılar. Fil başını kaldırıp sırtındaki seyisini yere attı ve hortumunu aşağıya doğru sarkıttı. Onlar da kılıçlarıyla hortumunu kopardılar.

Soru: Savaşın son gününün adı nedir? Çatışma geceye kadar sürdü mü? Farslıların yenilgisi nasıl gerçekleşti?

Cevap: Kadisiyye savaşının son gününe "Herir gecesi" denir. Gün yerine gece denmesi, savaşın gece boyu da sürmesindendir. Bu çatışmalar savaşın sonucunu belirleyici oldu. "Herir" denmesi de süvarilerin birbirlerine hırlamalarından dolayıdır.

Sa'd (radıyallâhu anh), âdeti üzere askerlere, üç defa tekbir getireceğini ve üçüncüsünün saldırma anlamına geldiğini duyurdu. Tuleyha ve Amr ise düşman karargâhına iki taraftan saldırılması görüşündeydiler.

Bunlar saldırdılar, Farslılar da karşılık verdiler. Sa'd izin vermeden Ka'ka adamlarını onların yardımına koşturdu. Bunu gören Sa'd "Allahım! O'nu bağışla ve muzaffer et. Benden izin istemese de O'na izin verdim." dedi.

Sa'd daha sonra herkese izin verdi ve savaş başladı. İnsanlar birbirlerine girdiler ve çatıştılar. Vakit yatsı sonrasıydı. O gece demir ve silah sesleri demircinin demir dövme sesini andırıyordu. Bu, sabaha kadar sürdü. Sa'd'ın şu şiirini işitene kadar kimse hangi tarafın galip geldiğini anlayamadı:

Biz onu öldürdük, hem fazlasını.

Dördü, beşi, biri öldürdük.

Siyah saçları arslan yelesi sandık.

Nihayet onlar ölünce geri çekildim ve

"Rabbim Allah'tır" diye şahitlik ettim.

Gün ışımasıyla birlikte Ka'ka insanların yanlarına gitti ve "Biraz sonra, önce kim saldırırsa yenilen taraf o olacak. Biraz sabredin ve tahammül edin. Çünkü zafer sabırla elde edilir. Sabrı telaşın önüne geçirin...." dedi. Bunun üzerine etrafında gözde ve güçlü bir grup süvari toplandı ve Rüstem'in olduğu yere doğru gittiler. Siperlerini oldukları yerden söküp attılar. Farslıların iki kanadında gerilemeler başladı. Öğle vakti yaklaşınca şiddetli bir kasırga esti ve Rüstem'in çadırlarını söküp attı. O da kaçtı ve üzerinde yük bulunan bir katırın ardına saklandı. Hilal b. Allefe ardından yetişti ve yüke bir darbe vurarak yere düşürdü. Rüstem de kendisini nehre attı. Hilal ayağından yapıştı ve kendine doğru çekti. Kılıcıyla alnına vurarak öldürdü. Sonra "Kâbe'nin Rabbine andolsun ki Rüstem öldü" diye bağırdı. Bunun üzerine Farslılar sarsıldılar ve büyük yenilgiye uğradılar. Calinus da kaçanlarla birlikte kaçtı. Ancak Zühre b. Huveyyeh ardından yetişerek öldürdü.

Soru: O gün Müslümanların kayıpları ne kadardı? Ne kadar ganimet elde ettiler? En önemlilerini zikreder misiniz?

Cevap: O gün Müslümanlardan birkaç bin kişi şehid oldu. Farslılardan ise binlercesi öldürüldü. Sa'd Mü'minlerin emiri Hz. Ömer'e müjde ve zafer haberini Sa'd b. Amile el-Fezari'yle gönderdi. Sa'd'la humusları da (ganimetin beşte biri) gönderdi. Müslümanların ganimetleri öyle çoktu ki tek bir askere verilen miktar altı bin dirhemi buluyordu.

Bu ganimetlerin en meşhuru Rüstem'in sancağıydı. Kaplan derisinden yapılmış ve mücevherlerle kaplatılmış olan bu sancağa yüz bin dirhem biçildi ve Rüstem'in katili Hilal'e verildi.

Soru: Fars ordusunun dağılmış kalıntıları nereye çekildiler? Sa'd onları takip etti mi? Bu esnada yapılan en önemli çatışmalar nelerdir?

Cevap: Kadisiyye savaşından ve Farslıların hezimetinden sonra Sa'd askerlerine iki aya yakın dinlenme fırsatı verdi. Bu sürede kendisi de hastalığından şifa buldu ve düzeldi. Hicret'in 15. yılında Şevval ayının sonlarında Babil'e doğru harekete geçti. Ordunun önünde Abdullah b. Mu'tem, Şurahbil b.Simt, Zühre b. Abdullah bulunuyordu. Hep birlikte iken Farslılarla Burs denen yerde karşılaştılar. Onlarla savaşarak yendiler. Zühre Fars komutan Busbuhra'yı öldürdü. Ancak Burs'un lideri Müslümanlarla barış yaptı ve onlara köprüler kurdurdu. Babil tarafında Firuzan komutasında toparlanan güçleri haber verdi. Zühre durumu Kûfe'de bulunan Sa'd'a bildirdi. O da hemen, beraberinde Haşim b. Utbe ile geldi. Orada sıcak çatışmalar yaşandı. Ama Farslılar fazla dayanamadan yenildiler ve Ehvaz tarafına, oradan Kisra'nın hazinelerinin bulunduğu Nihavend'e kaçtılar.

Bu çatışmadan sonra Sa'd birkaç gün Babil'de kalarak işlerini düzene koydu. Sonra Hz. İbrahim'in (a.s.) doğup büyüdüğü Kusi denen bölgeye gitti. İbrahim (a.s.)'in hapsedildiği *eve* girdi. Baktı ve Rasûlullah'a (sallallâhu aleyhi ve sellem), İbrahim (a.s.)'e salat etti. Sonra "O günleri Biz insanlar arasında döndürür dururuz (zaferi bazen bir topluma bazen öteki topluma nasip ederiz.)" (Âl-i İmran: 140) âyet-i kerimesini okudu.

Soru: Fars diyarının başkenti Medain'in231 fethi nasıl gerçekleşti?

Cevap: Burasının fethi ve ele geçirilmesi Sa'd'ın kafasını en çok kurcalayan şeydi. Burası Farslıların Irak'taki başkentiydi ve krallığın simgesi saray da burada bulunuyordu.

Sa'd güçleriyle oraya doğru harekete geçti. Behüresir'e varınca buranın halkı onunla sulh yaptı. Zühre b. Huveyyeh de Kisra'nın kızı Buran'a bağlı bir Fars birliğini yenilgiye uğrattı. Buradan, dört bir tarafı gezip yolların kesişim yerlerini kontrol altına almaları ve ellerinde tutmaları için birlikler gönderdi. Behüresir, Medain'in batısına düşüyordu ve aralarında nehir vardı. Sa'd iki ay kadar buradan ayrılmadı. Bu sürede Medain'in kalelerini vurmak için yirmi adet mancınık yaptırdı. Şehir halkına gidecek erzakı da engelledi. Halk kedi ve köpekleri yemek zorunda kaldı.

Bu, birisinin gelip Yezdicerd hazinesini ve mallarını alıp gitmeden, nehri doğu tarafından geçip Medain'i vurabileceği bir geçiş yeri söyleyene kadar devam etti. O da istihâre namazı kıldı ve Allah'a dua etti. Sonra karar verdi ve insanlara "Sürekli, 'Nesteînu billahi ve netevekkelu aleyh. Hasbunalla-

---

231 Medain, Fars kralının başkenti, Sasani kral ve kısralarının oturduğu yer idi ve yedi şehirden (semtten) oluşuyordu.

hu ve ni'me'l-vekîl' (= Allah'tan yardım ister, O'na tevekkül ederiz. Allah bize yeter, O ne güzel vekildir)deyin. Vallahi Allah dostuna yardım edecek, dinini galip kılacak ve düşmanını mutlaka hezimete uğratacak" dedi. İkinci kıyıya sağ salim çıktılar. Askerler atlarıyla Medain'e doğru ilerlediler. İnsanlar Dicle'ye doğru akın ettiler ve Müslümanların ellerine düştüler. Kisra Hulvan'a kaçtı. Sa'd (radıyallâhu anh) sürekli şu âyet-i kerimeleri okuyordu: "Onlar geride nice şeyler bıraktılar; bahçeler,çeşmeler, ekinler, güzel konaklar ve zevk-ü sefa sürdükleri nice nimetler!" (Duhan: 25-27).

Soru: Kisra'nın sarayını, halılarını ve tacını anlatır mısınız. Hz. Ömer (radıyallâhu anh) Kisra'nın mücevheratı getirildiğinde ne dedi?

Cevap: Büyük ve görkemli bir yapıydı. Bir çok Fars kralı tarafından yaptırılmıştı. Balkonları vardı ve duvarlarında resim ve süslemeler bulunuyordu. Zemini damarlı mermerle döşenmişti. Bir çok bölmesi bulunan sarayın her tarafında heykeller vardı.

Sa'd buraya Hicrî 16. yılın Safer ayında girdi. İlk yaptığı iş arada selam vermeden sekiz rek'at namaz kılmak oldu. Sonra saraydaki her şeyin olduğu gibi kalmasını emretti.

Amr b. Mukarrin'e saraydaki, boş ev, dükkânlardaki malları ve süs eşyalarını toplayıp saymasını ve beşe bölmesini emretti. Tek bir askerin payı on iki bin dinardı. Şehidlerin payları da verildi, hatta askerleri cihada teşvik eden kadınlara da ganimetten dağıtıldı. Sa'd sonra humusu (ganimetin devletin olacak beşte biri) Hz. Ömer'e (radıyallâhu anh) gönderdi. Bunlar arasında, harikalardan bir harika olan Kisra'nın halısı da bulunuyordu.

Gören birisi onu şöyle anlatıyor: "Hepsi, ipekle örülü altından. Renkli inci ve yakutlarla, değerli maden ve mücevherlerle ve zümrütle süslenmiş. Boyu altmış arşın. Tek bir parçadan oluşan bu büyük halının deseni, bir tarafından sanki canlı resimleri gibi, bir tarafından ağaçlar gibi, bir tarafından bahçeler ve çiçekler, bir tarafından da ilkbaharda türlü türlü bitkinin açtığı tarla gibi gözüküyor. Hepsi renkli ipekten ve mücevherler de altın, gümüş ve zümrüt çubuklar şeklinde. Kral bunu sadece kış günleri, sarayında, içkiye oturduğu zaman serdirirdi. Buna "gezinti ve şenlik halısı" derlerdi ve üzerindeki kişi kendisini çiçek bahçesinde gibi hissederdi.

Taç ise ağırlığından dolayı tahtadan iki direk üzerinde yükseltilir, sonra Kisra başını altına sokardı.

Bu hazineler Hz. Ömer'in (radıyallâhu anh) önüne konulunca ağladı. "Neden ağlıyorsun ey Ömer?" diye sordular. "Bu değerli eşyalar gerçekten de emin ellere teslim edilmiş bulunuyor!" dedi. Hz. Ali (radıyallâhu anh) "Ey Mü'minlerin emiri, sen iffetli davranınca insanlar da iffetli davranıyor. Sen otlansaydın şüphesiz insanlar da otlanacaklardı..." dedi.

Soru: Sa'd (radıyallâhu anh) Celula'ya vardığında Hz. Ömer'e (radıyallâhu anh) danıştı mı? Ömer (radıyallâhu anh) O'na ne emretti? Fetih ne zaman gerçekleşti?

Cevap: Medain'in fethinden sonra Ömer (radıyallâhu anh) Sa'd'a savaşlara ara vermesini emretti. Yaz ayı geçtikten sonra Sa'd'a Kisra Yezdicerd'in Hulvan'da büyük bir ordu topladığını, sonra Celula'ya gidip kalesine girdiğini, kalelerin etrafına da demirden büyük çiviler yaptırdığını haber aldı. Sa'd (radıyallâhu anh) Ömer'e (radıyallâhu anh) danışmak üzere birini gönderdi. Ömer (radıyallâhu anh) de ona, Haşim b. Utbe'yi on bin kişilik Müslüman süvari timiyle göndermesini, başına da Ka'ka b. Amir'i geçirmesini emretti.

Yola çıktılar. Sonra Celula'yı kuşattılar. Kaleye seksenden fazla yığınak yaptılar. Sa'd da onlara destek verdi. Sonunda kritik bir gecede şiddetli bir savaş yaptılar. Tarihçiler ve savaşa katılanlar onu Kadisiyye'deki Herir gecesine benzetirler. Ka'ka, suvarileriyle birlikte Celula'yı kuşatan hendeğe yürüdü ve geçti. İşte Fars saflarında yenilgi burada başladı ve o gün onlardan yüz bin kişi öldürüldü.

Hatta bu savaşa "Celula" denmesinin sebebinin o bölgenin ovalarının, dağlarının ve vadilerinin kanla örtülmüş olması olduğu söylenir. Yezdicerd buradan Hulvan'a, oradan da Kazvin tarafındaki Reyy'e kaçtı. Bu büyük fetih aynı yılın Zilkade ayında gerçekleşti.

Soru: Tikrit ile Musul'un fethi nasıl gerçekleşti?

Cevap: Ka'ka Hulvan'a yöneldi ve orayı fethedip, içindeki malları ganimet olarak aldı. Süvarilerin her birine düşen pay dokuz bin dirhemi buldu. Toplam ganimetin değeri de otuz milyon dirhemdi.

Sonra Sa'd (radıyallâhu anh), Tikrit'e ilerleyip ilerlememe hususunda Ömer (radıyallâhu anh)'a danıştı. Burası bir dağ başındaki sağlam bir kaleden ibaretti. Hiçbir Farslı yoktu ve Rumlarla Hristiyan Arap kabilelerin elindeydi. Ömer (radıyallâhu anh) O'na izin verdi ve komutan olarak Abdullah b. Mu'tem'i, süvarilerin başına Urfuce b. Hirsime'yi atadı. Geldiler ve burayı kırk gün kuşattılar. Sonra Hristiyan Arap kabileler müslümanlarla anlaştılar. Abdullah, eğer doğru iseler İslâm'ı kabul etmelerini istedi, onlar da bu davete icabet ederek müslüman oldular. Onlara hendek tarafında durmalarını ve tekbir getirdiklerinde ilerlemekte ve zafer elde etmekte olduklarını bilmelerini söyledi. Böylece müslüman ordusu onlardan taraftan yana rahat oldu ve iş bitirildi.

Abdullah bundan sonra Rib'i b. Efkel'i Musul ve Ninova kalelerine gönderdi. Rib'i onlarla barış yaptı ve kalelere ehl-i zimmet olarak girdiler. Burada da ganimetler dağıtıldı ve her bir atlı savaşçıya üç, yaya savaşçıya bin dirhem düştü. Humus da Medine'ye götürüldü. Humus'u oraya Furat b. Hayyan, zafer müjdesini de Haris b. Hassan götürdü.

Soru: Karkisya'nın fethi nasıl gerçekleşti?

Cevap: Tikrit ile Musul'un ele geçirilmesi Rumlarla teslim olmamakta ısrar eden bazı Hristiyanları derinden yaraladı ve bunlar Hit denen yerde toplandılar. Sa'd Mü'minlerin emirine danışınca o üzerlerine yürünmesi emrini verdi. Komutan olarak Amr b. Malik, Haris b.Yezid'i, sağ ve sol kanatlara da Rib'i b. Amir ve Malik b. Habib'i atamasını emretti. Hit'e geldiklerinde halk hendeklerine sığındılar ve teslim olmamakta ısrar ettiler. Süre uzayınca komutan onları başka yönden sıkıştırmak istedi. Haris b. Zeyd'i kuşatmanın başına geçirerek Karkisya'ya gitti. Orayı aniden kuşattı ve halk cizyeyi kabul ederek teslim oldu. Böyle olunca Hit halkı da duruma boyun eğmek ve teslim olmak zorunda kaldı.

Soru: Basra ve Kûfe şehirleri neden kuruldu? Hz. Ömer'in (radıyallâhu anh) düşüncesi ne idi?

Cevap: Utbe b. Ğazvan Mü'minlerin emiri Ömer'e bir mektup yazarak Basra mıntıkasında bir şehir kurulması için O'ndan izin istedi. Mektubunda "…. Müslümanlar için, kış geldiğinde kalacakları ve savaşlarından döndüklerinde sığınacakları bir yer şart…" diye yazdı.

Hz. Ömer (radıyallâhu anh) O'na "Su ve otlaklara yakın bir yer ara ve bulduktan sonra vasıflarını bana yaz." diye yazdı. Utbe O'na "Bir yer buldum. Karanın denize bakan tarafında kesik taşları bol bir yer. İlerisinde de su kaynakları ve şeker kamışı var..." diye cevap gönderdi. Mektup Ömer'e (radıyallâhu anh) ulaşınca Utbe'ye şöyle yazdı: "Orası Basra topraklarıdır. Su kaynaklarına, otlaklara ve odun toplanabilecek yerlere yakındır...". Sonra ona "Oraya yerleş" diye emir gönderdi, Utbe de yerleşti. Şeker kamışı bol olduğundan bundan bir mescid inşa ettirdi. Mescidden biraz daha küçük bir valilik konağı yaptırdı. Sonradan buna "Beni Haşim avlusu" dendi. Buraya "Dehna" da denirdi.

Kûfe de aynı yılda şehir haline getirildi. Bu da şöyle oldu: Sa'd Ömer'e (radıyallâhu anh) fetihlerin haberlerini iletmeleri için bir delege gönderdi. Ömer (radıyallâhu anh) hallerini görünce renklerinin ve hallerinin değişiminin sebebini sordu. Onlar "O diyarların pis ve kötü havası bizi böyle değiştirdi" dediler. Bunun üzerine Ömer (radıyallâhu anh) onlara insanların yerleşmesi için bir yer araştırmalarını emretti. Sa'd'a da "Selman-ı Farisî, Huzeyfe ve İbn Yeman'ı gönder de yerleşilecek bir yer tespit etsinler. Bizimle aralarında deniz ve köprü olmasın..." diye mektup gönderdi. Sa'd ikisini gönderdi. Hire yakınında ve Fırat'ın batı kıyısında bulunan Kûfe toprakları bunların hoşuna gitti. İnip namaz kıldılar ve sebat yurdu olması için Allah'a (c.c.) dua ettiler.

Bu iki büyük beldenin şehir, haline getirilmesi işte böyle oldu. On dört asırdır bunlar aynı ismi taşımaktadırlar.

Daha sonra bu iki şehir, bir çok sahâbe ve tabiinin yurt edindiği bir kale, asırlar boyunca dünyaya ilim fışkıran ve dünyayı ilimle dolduran bir ilim pınarı oldu.

Soru: Ebû Ubeyde (radıyallâhu anh) Hıms'ı ne zaman ve nasıl fethetti?

Cevap: Cezire'de geride kalan ve dinini değiştirmeyen Hristiyan Araplar, Rumları Müslümanlarla savaşmaya teşvik ettiler ve onlara yardım edeceklerini ima ettiler. Ebû Ubeyde (radıyallâhu anh) bunu öğrenince merkezleri olan ve Rum kralı Heraklius'un bulunduğu Hıms'a doğru yola çıktı. Durumu Hz. Ömer'e (radıyallâhu anh) bildirdi. Bu arada yanına Yeffisrin'den Halid b. Velid geldi. Meseleyi konuştular. Halid Rumlara saldırılması taraftarıydı. Ancak Ebû Ubeyde yavaş davrandı.

Bu arada Ömer (radıyallâhu anh) Sa'd'a (radıyallâhu anh) mektup göndererek, dört bin kişilik süvari birliğini Ka'ka b. Amr komutasında Ebû Ubeyde'nin yardımına göndermesini, Abdullah b. Utban ve İyaz b. Ğanem'i de Rumları Müslümanlara karşı ilk kışkırtan ve onlarla ittifak oluşturan Cezire Hristiyanlarına ders vermek için Cezire'ye göndermesini emretti. Bunlar görevlerine, Ka'ka da Hıms'a Ebû Ubeyde'nin yardımına gitmek üzere yola çıktılar.

Fars ve Rumlardaki bu hareketlenmeler Ömer'i (radıyallâhu anh), ordunun başına geçerek orduyla Medine'den çıkmaya itti. Cabiye'ye indi. Cezire Hristiyanları bu sürprizleri görünce Rumlara yardımdan geri çekildiler ve ittifaklarını bozdular. Parça bölük halde kendi yurtlarına çekildiler. Öyle olunca Ebû Ubeyde ile Halid Rumlara saldırmada görüş birliğine vardılar ve şiddetli bir savaşa girdiler. Bu savaşta onlara düşmanlarına karşı zafer nasip edildi ve Hıms fetholundu. Ka'ka oraya savaşın bitiminden üç gün sonra ulaştı; ancak savaşa yardım ve destek için geldiklerinden O'na ve askerlerine de ganimetten pay verildi.

Soru: Cezire nasıl ve kim tarafından fethedildi? Buna kimin tavsiyesiyle girişildi ve hedef ne idi?

Cevap: Buraya Cezire (ada) adının verilmesi iki nehir, Dicle ile Fırat arasında olmasından dolayıdır. Burası Allah'ın (c.c.) en bereketli ve verimli topraklarındandır. Mudar ve Bekr kabilelerinin yerleşim yerlerindendi. En meşhur şehirlerinden bazıları Harran, Rukka, Ruha, Nusaybin, Mardin, Van ve Musul'dur. Buralarda pekçok kale ve sığınaklar vardır.

Irak ile Şam arasında sadece Cezire bölgesi kalmıştı. Öyle bırakıldığı taktirde tehlike kaynağı olacaktı. O yüzden oranın da fethedilerek fethin tamamlanması gerekiyordu. Mü'minlerin emiri, devletin ve anının dikkatli adamı Ömeru'l-Faruk (radıyallâhu anh) böyle düşünüyordu.

O yüzden Kûfe'de bulunan Sa'd'a (radıyallâhu anh) şöyle yazdı: "Allah (c.c.) Müslümanlara Şam ve Irak'ın fethini nasip etti. Şimdi de Cezire bölgesine asker gönder ve başlarına şu üç kişiden, Halid b. Urfuta, Haşim b. Utbe ve İyaz b. Ğanem'den birini ata."

Sa'd dikkatli ve zeki biriydi, şöyle cevap yazdı: "Vallahi Mü'minlerin emiri buraya İyaz'ı atamam için bir emir vermedi. Ancak O'nda benim O'nu buraya atamam arzusu var, ben de atayacağım.." Sa'd O'nu, aralarında Ebû Musa Eş'ari, Osman b. Ebi Âs ve kendi oğlu Ömer b. Sa'd'ın bulunduğu bir orduyla Cezire'ye savaş tecrübesi için gönderdi. İyaz'ı tayin etmesinin sebebi O'nun oralar hakkında bilgi ve tecrübe sahibi olmasıydı.

Cezire bölgesinin çoğu sulhla fethedildi; ancak topraklarına zimmet ehlinin toprakları muamelesi yapıldı. Denildiği gibi, burası en kolay fethedilen ülkeydi.

Soru: Hz. Ömer (radıyallâhu anh) Şam'a yola çıktı mı? sonra neden geri döndü?

Cevap: Hicrî 17 yılına gelindiğinde Irak ve Şam bölgelerindeki fetihler genişlemiş, büyük fetihler yapılmıştı. Hz. Ömer (radıyallâhu anh) de, kendisi cihadın baş yöneticisi, yönlendiricisi ve hazırlayıcısı olduğu halde, cihadda direk payının olmasını, bir müslüman birliğinin başında cihada gitmeyi arzuladı. Arabistan'ın uç kısmında ve Şam sınırında yer alan Serağ denen yere varınca, orada veba salgının olduğunun haberini aldı. Komutanlar zaten O'nu gerçekleştirilen başarılardan tamamen haberdar ediyor, bilgilendiriyorlardı. Bu haber gelince seferi durdurdu ve ne yapacakları hususunda komutanlarla istişare etti. Bazıları geri dönmeli derken, bazıları ilerlemeye teşvik ettiler. Sonunda dönelim diyenlerin görüşleri ağır bastı. Ebû Ubeyde bunu tenkit ederek "kaçış Allah'ın kaderinden mi?" dedi. Ömer (radıyallâhu anh) "Evet, Allah'ın kaderinden Allah'ın kaderine kaçıyoruz... Keşke bunu başkası deseydi ey Ebû Ubeyde!" dedi. O sırada, henüz orada bulunmayan Abdurrahman b. Avf geldi. İnsanlar arasındaki kargaşayı görünce sebebini sordu. Haber verdiler. "Bende bu hususta bilgi var" dedi. Hz. Ömer (radıyallâhu anh) "Sen bizim katımızda emin ve sözü doğrulanan birisin. Nedir sendeki bilgi?" dedi. Abdurrahman b. Avf (radıyallâhu anh) "Rasûlullah'ı (sallallâhu aleyhi ve sellem) şöyle buyururken işittim: "Bu vebanın bir beldede olduğunu işittiğinizde oraya gitmeyin. Siz oradayken böyle bir şey baş gösterirse kaçarcasına oradan çıkmayın." dedi. Hep birlikte "Sadeka Rasûlüllah (Rasûlullah (sallallâhu aleyhi ve sellem) doğru buyurmuştur)" dediler. Ömer (radıyallâhu anh) ve beraberindekiler Medine'ye döndüler. "Amevas vebası" denen bu veba salgınında, ileri gelen pekçok sahâbî burada vefat etti.

Soru: Kanserin ve Antakya nasıl fethedildi?

Cevap: Humus'un fethinden sonra Ebû Ubeyde b. Cerrah (radıyallâhu anh), Halid b. Velid'i Kanserin'e gönderdi. Burası Şam'da kuzey bölgelerin kalesiydi ve ardından Halep geliyordu. Rumlar buranın Arap halkını hakimiyetleri altına almışlar, Müslümanlarla savaşta kullanıyorlardı. Halid b. Velid askerleriyle geldi ve onlarla savaştı. Rumları yendi ve komutanları Minas'ı öldürdü. Kanserin şehrini kuşatmaya başladığında onlara "Siz bulutta olsanız Allah bizi size taşır veya sizi bize indirir" diye haber gönderdi. Aralarında danışıp konuştular, sonunda Humuslularla yapılan sulh şartlarında sulh yaptılar. Halid de (radıyallâhu anh) kabul etti. Halid Kanserin'de iken Antakya'ya doğru yola çıkmıştı. Antakya tepesinde Rum ordusuyla karşılaştı. Onlarla savaştı ve onları yendi. Çoğu Antakya şehrine sığındılar. Bu defa Antakya'yı kuşattı. Orada kalıp cizye vermek veya orayı boşaltmak arasında serbest bırakıldılar. Bunun üzerine bazıları orada kalırken çoğu terk edip gitti.[232]

Soru: Kayseriyye'yi kim fethetti?

Cevap: Yezid b. Ebû Süfyan'ın vefatından sonra Ömer (radıyallâhu anh) O'nun yerine Muaviye'yi atadı ve O'na şu mektubu gönderdi "Ben seni Kayseriyye'ye[233] atadım. Oraya yürü ve onlara karşı Allah'tan yardım iste. Şunu sürekli söyle: "Lâ havle ve lâ kuvvete illâ billâh, Allâhu rabbunâ ve siğatunâ ve mevlânâ. Ni'me'l-mevlâ ve ni'me'l-vekîl (Güç ve kuvvet ancak Allah'tandır. Allah rabbimiz, güvencemiz ve Mevlâmızdır. O ne güzel Mevlâ (dost) ve ne güzel vekildir.)"

---

232 Antakya bir ara Müslümanların elinden çıktı, ama sonra tekrar fethedildi.

233 Arapçaya geçen bu kelime, krallarının lakabı Kayser'e nisbet (Kayser'in şehri anlamında) olup ve Filistin'in kenar şehirlerindendir.

Muaviye b. Ebi Süfyan askerleriyle yola çıktı. Kayseriyye'ye varınca halkı kuşatma altına aldı. Üzerlerine her yürüyüşlerinde ve her saldırılarında onları yenilgiye uğratıp, kaleye çekilmeye mecbur bırakıyorlardı. Sonunda tüm güçleriyle saldırmaya karar verdiler. Gittiler ve ölesiye savaştılar. Onları püskürttüler, bozguna uğrattılar ve yorup bitirdiler. Hatta ölülerinin sayısı seksen bine ulaştı. Muaviye oradan Hz. Ömer'e (radıyallâhu anh) fetih ve zafer müjdesini gönderdi.

Soru: Hz. Ömer (radıyallâhu anh) Amr b. Âs'a neden Arapların Artabon'u adını vermiştir.

Cevap: Artabon, Rumların dahi komutanlarındandı. Kurnaz, taktikçi ve usta bir komutandı ve Filistin'in büyük bölümünü hakimiyeti altında tutuyordu. Rumların orada toplanmasının nedeni Şam'da yenilgiye uğrayan güçlerin Filistin'e sığınması ve orada yığılmasıydı. Ötesindeki, hâlâ Rumların elinde bulunan, Mısır da öyleydi. Daha ötesinde Akdenizin güney sahili boyunca uzanan kuzey Afrika da bu konumdaydı. Buralar onların elindeydi. Amr b. Âs Halife Ömer'in (radıyallâhu anh) emriyle Filistin cephesinin komutanlığını üstlendi. Artabon'u oyalamak ve hareketsiz hale getirmek için güçlerini oraya buraya gönderdi. Onun, Müslümanların zafer ve galibiyetine zemin hazırlayacak bir zayıflık anını gözetliyordu.

Amr b. Âs güçlerinden bir kısmını İylya'ya, bir kısmını Remle'ye vs. gönderdi. Artabon'un olduğu yere de O'nun niyetlerini ve sağa sola gidişlerini öğrenecek casuslar gönderdi. Bir süre bekledi, ancak bu fayda vermeyince bu işi kendisi yapmaya karar verdi. Amr b. Âs komutanıymışçasına giderek Artabon'la görüştü. Gözleri ve zihni son derece keskindi. Her şeyi en ince ayrıntısına kadar kavradı, güçlü ve zayıf noktalarını tespit etti. Artabon kendisiyle konuşanın ya Amr veya O'nun en yakın adamlarından olduğunu anladı ve O'nu öldürmeyi kararlaştırdı. Korumalardan birine Amr çıkarken O'nu öldürmesini emretti. Bunun farkına varan Amr daha büyük tuzakla karşılık verdi. Artabon'a kendisinin, Hz. Ömer'in (radıyallâhu anh) gönderdiği on kişiden biri olduğunu, kral dilerse diğerlerini de getirebileceğini ve kendisinden işittiklerini onlardan da dinleyebileceğini söyledi. Öyle olunca Artabon fikrini değiştirdi ve içinden "O'n kişi bir kişiden iyidir" dedi ve Amr'ın sağ salim çıkmasına izin verdi. Hile daha sonra anlaşıldı ve Artabon: "Beni aldattı. Bu insanların en dahisi!" dedi.

Ömer (radıyallâhu anh) de: "Amr O'nu yendi; helal olsun Amr'a. Biz Rumların Artabon'unu Arapların Artabon'uyla vurduk... Nasıl kurtulduğunu gördünüz mü?" dedi.

Amr b. Âs durumu cesaret, deha ve girişkenliğiyle takip etmeye ve değerlendirmeye devam etti. Sonunda Artabon'u savaş alanına çekti ve O'nunla savaştı. Bisan ve Ecnadin'i ele geçirdi. Artabon kaçarak îlîyâ'ya sığındı. Encadin savaşının Yermuk kadar şiddetli ve çetin olduğu söylenir.

Soru: Ömer (radıyallâhu anh) Şam'daki Cabiye'ye neden gitti?

Cevap: Ömer (radıyallâhu anh) Şam'a daha önce geçtiği üzere, Rumların dört bir taraftan üzerine saldırdığı Müslüman askerlere yardım için gitti. Taun hastalığının insanlar arasında yayıldığını duyunca da geri döndü. Bu Hicrî 17 yılının başında, Muharrem ayında oldu. O gün şehadete ilk ulaşan genel komutan ve "ümmetin emini" Ebû Ubeyde b. Cerrah (radıyallâhu anh) oldu.

Soru: Beytulmakdis (Kudüs) nasıl fethedildi?

Cevap: Binlerce kişiyi biçip geçen Taun hastalığından önce Ebû Ubeyde ordusunu, fethetmek üzere Beytulmakdis'e yürütmüştü. Her birinde beş bin atlı bulunan yedi ayrı ordudan oluşuyordu. Her birinin komutanlığına Halid b. Velid, Yezid b. Ebi Süfyan, Şurahbil b. Hasne, Mirkal b. Haşim b. Utbe b. Ebi Vakkas, Müseyyeb b. Neciye, Kays b. Hübeyre, Urve b. Mühelhel b. Zeyd'i getirdi. Bunlar Kudüs'e yedi gün boyunca ardarda geldiler ve Kudüs'ü kuşatma altına aldılar.

Askerler Kudüs'te üç gün kaldılar ve bu arada hiçbir çatışma olmadı. Ne bir elçi gönderiyorlar ne de halktan birileriyle konuşulabiliyordu. Sadece surlarını mancınıklar, kılıçlar, kalkanlar, siperler ve zincirden zırhlarla büyük bir koruma altına almışlardı.

Komutan Müseyyeb b. Neciyye olayı şöyle anlatır: Şam diyarında Kudüs kadar süslü ve orası kadar teçhizatlı bir yere gitmedik. Kudüs dışına her nereye gittiysek, oranın halkını büyük dehşet ve korku kapladı, önümüzde bölük parça oldular. Kudüs'ün karşısında bir yere konaklayıp üç gün kaldık da bizimle kimse konuşmadı, ağızlarından bir kelime çıkmadı. Ancak korumaları güçlü, teçhizatları tamdı. Dördüncü gün olunca Müslüman askerlerden köylü birisi Şurahbil b. Hasne'ye "Ey komutan, sanki bu adamlar sağırlar ve işitmiyorlar, dilsizler ve konuşmuyorlar, körler ve görmüyorlar. Bizi onların üzerlerine gönderin." dedi. Beşinci gün sabah namazından sonra onlarla konuşmak üzere komutanlardan ilk defa Yezid b. Ebi Süfyan kılıcını çekti ve surlarına doğru gitti. Yanına bir de onların söylediklerini tercüme edecek bir tercüman aldı. Surların karşısında, söylediğini işitebilecekleri bir yerde durdu ve tercümanına şöyle dedi: "Onlara de ki: Arapların başkanı size şöyle diyor: İslâm dini, hakikat ve "Lâilâhe illallâh, MuhammedurRasûlullah" demek olan kelime-i şehadet hakkında ne diyorsunuz? Böylece Rabbimiz günahlarınızı bağışlayacak ve siz canlarınızı güvenceye almış olacaksınız. Reddeder ve davetimizi kabul etmezseniz sizden daha güçlü ve teçhizatlı beldeler ne üzere sulh yaptılarsa aynısıyla bizimle sulh yapın. Bu iki şeyi birden reddederseniz başınıza felaket gelir ve sonunuz cehennem olur!"

Tercüman onlara yaklaştı ve "Sizin adınıza kim konuşacak?" dedi. Üzerinde kıldan kalkanlar bulunan bir papaz "Onlar adına ben konuşacağım, ne diyorsun?" dedi. Tercüman: "Başkan böyle böyle diyor. Sizi şu üç şeyden birine çağırıyor. Ya İslâm'a girmek, ya cizye vermek, ya da kılıç!" dedi. Papaz arkasındakilere tercümanın söylediğini iletince onlar "Biz izzet ve ruhbanlık dininden dönmeyiz. Öldürülmemiz bundan iyidir." dediler. Tercüman bunu Yezid'e iletti. Yezid de diğer komutanların yanına gidip halkın cevabını iletti veya onlara "Onları neden bekliyorsunuz?" dedi. "Komutan Ebû Ubeyde bize savaşmayı da, bu milletle harbetmeyi de emretmedi. Sadece yanlarına konaklamamızı emretti. Ümmetin eminine bir daha mektup yazalım. Saldırıyı emrederse saldırırız."dediler.

Bunun üzerine Yezid b. Ebû Süfyan, Ebû Ubeyde'ye Kudüslülerin cevabını ileten ve ne emrettiğini soran bir mektup gönderdi. Ebû Ubeyde de saldırı emrini verdi ve kendisinin de mektubun ardından oraya ulaşacağını bildirdi.

Müslümanlar Ebû Ubeyde'nin mektubunu görünce sevindiler, coştular ve sabahı beklemeye başladılar. Her komutan fethin kendi eliyle gerçekleşmesini ve orada namaz kılma ve Peygamberlerin izlerine bakma zevkini yaşamayı istiyordu. Sabah aydınlanınca ezan okundu ve insanlar sabah namazını kıldılar. Ardından Yezid "Ey kavmim, Allah'ın sizin için yazdığı mukaddes yurda girin ve geri dönmeyin" âyet-i kerimesini okudu. Denilir ki: O vakitte tüm komutanlar önceden anlaşmışcasına, birbirlerinden habersiz bu âyet-i kerimeyi okudular. Şüphesiz onu dillerine getiren Allah (c.c.) idi.

Namaz bitince bazıları "Haydi silahbaşına, silahbaşına!.. Ey Allah'ın süvarileri, binin atınıza!.." diye bağırdılar. Savaş için meydana ilk çıkan kişi Yemenli yiğitlerden Humeyr oldu. Müslümanlar kızgın arslanlar gibi savaş meydanına çıktılar. Kudüslüler onların savaşmak için dört bir yana yayıldıklarını görünce harekete geçtiler ve Müslümanları ok yağmuruna tuttular. Oklar Müslümanların üzerine çekirge gibi yağıyordu. Müslümanlar bu oklardan zırhlarıyla korunmaya çalışıyorlardı. Savaş sabahtan güneş batımına kadar sürdü. Şiddetli çatışmalar oldu, ancak düşmanlara büyük bir korku ve dehşet yaşatamadılar. Kudüslüler Müslümanlara şehirlerini ele geçirmeye dair hiçbir ümit vermedi.

Güneş batınca herkes yerine döndü. Müslümanlar Allah'ın (c.c.) kendilerine farz kıldığı namazı kıldılar, başka işleriyle ve akşam yemekleriyle ilgilendiler. İşleri bitince bol bol ateş yaktılar. Çünkü yanlarında odun çoktu. Gece boyu kimileri namaz kıldı, kimileri Kur'an-ı Kerim okudu, kimileri yakardı, kimileri de savaş yorgunluğunu atmak için uyudu. Sabah olunca Müslümanlar tekrar harekete geçtiler. Allah'ı (c.c.) çok zikrettiler, hamdettiler, Rasûlullah'a (sallallâhu aleyhi ve sellem) salevat getirdiler. Okçular öne geçtiler ve ok atmaya başladılar. Allah'ı (c.c.) zikrediyorlar, O'na yalvarıp yakarıyorlardı. Müslümanlar bu şekilde savaşa devam ettiler. On birinci gün Ebû Ubeyde'nin sancağı müslümanlara beliriverdi. Sancağı kölesi Salim taşıyordu ve ardında da Müslüman süvariler vardı. Ebû

Ubeyde'nin karşısına geçip O'na gözlerini diktiler. Bu arada kadınlar geldi; mallar getirildi. Hep birlikte getirdikleri tekbir ve tehlillerle yeri göğü inlettiler. Diğer kabileler de onlara eşlik ettiler. Bu, Kudüslülerin kalbine büyük korku saldı.

Sonra Patrik[234] gelen komutanı görmek için geldi ve Ebû Ubeyde'nin olduğu sura çıktı. Patriğin önünden gelen bir adam "Ey Müslümanlar, savaşı bırakın. Size bir şeyler soracağız" dedi. Bunun üzerine Müslümanlar savaşı bıraktılar. Rumlardan biri fasih bir Arapçayla "Şehrimizi ve tüm topraklarımızı fethedecek adam budur. Eğer komutanınız bu ise şehri size teslim edeceğiz, başkası ise ebediyyen teslim etmeyeceğiz." dedi.

Müslümanlar bunu işitince onlardan bir grup Ebû Ubeyde'ye gelerek işittiklerini haber verdiler. Ebû Ubeyde çıktı ve hizalarına kadar geldi. Patrik O'na baktı ve "Bu adam değil" dedi. Sonra milletinin yanına gitti ve "Müjdeler olsun, yurdunuzu, dininizi ve namusunuzu korumak için savaşın" dedi. Onlar da önceki gibi savaşmaya devam ettiler. Patrik Ebû Ubeyde'yle bir kelime konuşmadan döndü. Müslümanlar da savaşa daha şiddetle devam ettiler. Müslümanlar Kudüs'e kışın gelmişlerdi ve Rumlar Müslümanların bu mevsimde onlara hiç bir şey yapamayacaklarını sanıyorlardı.

Yemen Arapları galeyana gelerek Rumları ok yağmuruna tuttular. İsabet ettiriyorlardı ve surların arkasından Rumlar koyunlar gibi bağırışıyorlardı. Okların kendilerine yaptıklarını görünce kendilerini korumaya aldılar ve surları derilerle ve kalkanlarla örttüler.

Ebû Ubeyde Kudüs'ü dört ay boyunca vurmaya devam

---

234   Kudüs patriği. Yani başpapaz. Adı Safruniyus'tur.

etti. Her gün şiddetli çatışmalar oldu. Müslümanlar soğuk, kar ve yağmura karşı sabrettiler. Kudüslüler kuşatmanın çetinliğini görünce Patriklerine giderek durumu anlattılar ve kralları Heraklius'un onları bırakıp kendi derdine düştüğünü ve yardım göndermediğini söylediler. O'ndan, Araplarla konuşmasını ve ne istediklerine bakmasını istediler. Bunun üzerine Patrik onlarla sura çıktı ve Ebû Ubeyde'nin olduğu yere geldi. Aralarından biri fasih bir Arapçayla "Ey Araplar! Hristiyanlık dininin başı ve şeriatının sahibi sizinle konuşmaya geldi. Komutanınız bize yaklaşsın" dedi. Müslümanlar Ebû Ubeyde'ye onların sözünü aktardılar. O "Vallahi, nereye derlerse oraya gelirim" dedi. Sonra bir grup sahâbe ve komutanla, yanına bir de tercüman alarak bulunduğu yere gitti. Hizasına varınca Hristiyanların tercümanı "Bu mukaddes beldede bizden ne istiyorsunuz? Bu beldeye kastedene Allah gazap eder ve onu helak eder" dedi. Tercüman bunu Arapçaya çevirip söyledi. Ebû Ubeyde (radıyallâhu anh) "Evet, burası değerli bir şehirdir. Peygamberimiz göğe buradan yükseldi. Rabbine (birleştirilmiş) iki yay arası kadar, hatta daha da yakın oldu. Burası Peygamberlerin yurdudur ve kabirleri de buradadır. Biz onlara sizden daha yakınız. Allah (c.c.) diğer yerler gibi burayı da bize verinceye kadar savaşmaya devam edeceğiz." dedi. Patrik: "Bizden ne istiyorsunuz?" diye sordu. Ebû Ubeyde "Şu üç şeyden birini.;Birincisi "Allah'tan başka ilah yoktur, O tektir, hiçbir ortağı yoktur. Muhammed de O'nun kulu ve elçisidir" demenizdir. Bunu derseniz bizim haklarımıza sahip olur, sorumluluklarımızın aynısını yüklenirsiniz." dedi. Patrik: "Bu yüce bir sözdür, ancak biz Muhammed'in Allah Rasûlü olduğunu söylemiyoruz." dedi. Sonra "Biz bu isteğinize evet demeyeceğiz. İkinci husus nedir?" dedi. Ebû Ubeyde "Beldeniz için bizimle sulhedersiniz ya da diğer Şamlılar gibi zelil bir şekilde bize cizye verirsiniz." dedi. Patrik: "Bu, bizim için ilkinden daha ağırdır. Biz hiçbir zaman zillet ve küçüklüğü kabul edecek değiliz." dedi. Ebû Ubeyde "O zaman, Allah sizi bizim elimize geçirene kadar sizinle savaşmaya devam edeceğiz." dedi.

Sonra Patrik "Biz kitaplarımızda gördüğümüze ve öğrendiklerimize göre bu beldeyi, Muhammed'in Ömer isminde, Faruk lakaplı arkadaşı fethedecek. O Allah yolunda hiçbir kınayıcının kınamasından korkmayan güçlü biridir. O'nun sıfatını sizlerde göremiyorum" dedi.

Ebû Ubeyde bunu işitince kahkaha attı ve "Kâbe'nin Rabbine andolsun ki burayı fethettik" dedi. Sonra Patriğe "O'nu görürsen tanır mısın?" diye sordu. Patrik "Evet, vasıfları, yönetim süresi ve daha pekçok hususun bilgisinin hepsi bende iken O'nu nasıl tanımam?" dedi. Ebû Ubeyde (radıyallâhu anh) "Vallahi O devlet başkanımızdır ve Peygamberimizin (sallallâhu aleyhi ve sellem) arkadaşıdır..." dedi. Patrik "Durum söylediğin gibiyse sözümün doğru olduğunu bilirsin. Şu halde kanımızı akıtma. Arkadaşına haber gönder, gelsin. O'nu görür ve tanır, sıfat ve özelliklerini öğrenirsek, hiçbir zorluk ve sıkıntı çıkarmadan beldemizi O'na açar, cizyeyi veririz." dedi.

Hz. Ömer (radıyallâhu anh) gelinceye kadar savaşın durdurulması için anlaşma yaptılar. Ebû Ubeyde (radıyallâhu anh) Ömer'e (radıyallâhu anh) şöyle yazdı: "Bismillahirrahmanirrahim. Valisi Ebû Ubeyde Amir b. Cerrah'tan Allah'ın kulu ve Mü'minlerin emiri Ömer b. Hattâb'a! Selamün aleyk. Kendinden başka ilah bulunmayan Allah'a hamd, peygamberi Muhammed'e (sallallâhu aleyhi ve sellem) salat ederim. Mü'minlerin emiri, biz dört aydır İliya şehrinin halkıyla savaşıyoruz. Hergün biz onlarla savaşıyoruz; onlar bizimle savaşıyorlar. Müslümanlar kar, soğuk ve yağmurdan dolayı büyük zorluklar yaşadılar. Ancak bunda sabretmekte, Rabbleri Allah'ın rızasını istemekteler. Bu mektubu yazdığım güne ulaştığımızda halkın yücelttiği Patrik bize çıkageldi. Kendilerinin kitaplarında,beldelerini ancak Peygamberimizin arkadaşı ve ismi Ömer olan birinin fethedeceğini, O'nun vasıf ve hasletlerini bildiğini, bunların kitaplarında yazılı olduğunu söyledi ve bizden kan dökülmesinin durdurulmasını istedi. Kendin çıkıp bize gel ve yardımımıza yetiş. Belki de Allah (c.c.) bu beldeyi bize senin elinle fethettirecektir".

Bu mektubu Hz. Ömer'e (radıyallâhu anh) getiren kişi Meysere b. Mesrur el-Abesi idi. Hz. Ömer (radıyallâhu anh) mektubu alıp okuduktan sonra sahâbelerle istişare etti. Hz. Ali (radıyallâhu anh) gitmesini söyledi, O da onun görüşünü aldı. İnsanlara, O'nunla birlikte yola çıkmak için hazırlık yapmalarını emretti. Sonra Mescid-i Nebeviye girip dört rek'at namaz kıldı. Sonra Rasûlullah'a (sallallâhu aleyhi ve sellem) ve arkadaşı Ebû Bekir'e (radıyallâhu anh) selam verip çıktı. Medine'de de kendisine vekalet etmesi için Hz. Ali'yi bıraktı.

Üzerinde, birine un diğerine hurma konmuş iki çuval bulunan kırmızı bir deveye bindi. Önünde bir su testisi, arkasında bir yemek kasesi bulunuyordu. Onunla birlikte bir grup sahâbe de, Kudüs'e gitmek üzere yola çıktılar. Bir sabah dinlenmek için konakladıklarında sabah namazını kıldıktan sonra beraberindekilere şu konuşmayı yaptı: "Bizi İslâm'la aziz kılan, imanı ihsan eden, bize Peygamberi Muhammed'i (sallallâhu aleyhi ve sellem) nasip eden, sapıklıktan hidayete sevkeden, dağınıklıktan sonra takva üzere birleştiren, kalplerimizi birbirine ısındıran, düşmanlarımıza karşı yardım eden, ülkelerinde hakimiyeti bize veren, bizleri birbirlerini seven kardeşler kılan Allah'a hamdolsun. Ey Allah'ın kulları, bu büyük nimetlerinden ve açık lütuflarından dolayı Allah'a hamdedin. Çünkü Allah fazlasını isteyen ve katındakini arzulayanlara fazlasıyla verir, nimetlerini şükredenlere tamamlar."

Ömer (radıyallâhu anh) bu tarihi mukaddes yolculuğu boyunca, Kudüs'e yaklaşana kadar hep böyle yaptı. Orada Ebû Ubeyde ve büyük komutanlar yanına geldiler. O'na selam verdiler ve hoş geldin dediler. Müslümanların karargâhına ulaşıncaya kadar onunla yürüdüler.

Soru: Hz. Ömer (radıyallâhu anh) orduya ne konuşma yaptı?

Cevap: Hz. Ömer (radıyallâhu anh) orduya yaptığı konuşmada şöyle dedi: "Mecid ve çok güçlü, dilediğini rahatlıkla yapan Allah'a hamdolsun. Allah (c.c.) bize İslâm'ı lutfetti, bizi Muhammed'le -salat ve selamın en üstünü üzerine olsun-müşşerref kıldı. Bizden sapıklığı attı ve bölünmüşlükten sonra bir araya getirdi, kin ve nefretten sonra kalplerimizi birbirine ısındırdı. Öyleyse bu nimetlere şükredin ki, daha çok vermesini hak edesiniz. Zira Allah (c.c.) "Eğer şükrederseniz, elbette size (nimetimi) artıracağım ve eğer nankörlük ederseniz hiç şüphesiz azabım çok şiddetlidir" (İbrahim: 7) buyurmuştur. Hz. Ömer daha sonra "Allah kime hidayet ederse, işte o, hakka ulaşmıştır; kimi de hidayetten mahrum ederse artık onu doğruya yöneltecek bir dost bulamazsın" (Kehf: 17) âyet-i kerimesini okudu, ardından şöyle dedi:

"İmdi... Ben size Aziz ve Celil olan, dışındaki her şey fani kendisi ise baki ve daim olan, itaatleri nedeniyle dostlarına nimetler ulaştıran, isyanlarından dolayı düşmanlarını yok eden Allah'tan korkmanızı tavsiye ediyorum. Ey İnsanlar! Mallarınızın zekatını gönül hoşluğuyla ve nefsiniz razı bir halde verin. Onun karşılığında hiçbir kimseden ne bir mükafat ne de bir teşekkür bekleyin. Size nasihat edileni iyi anlayın. Çünkü akıllı kişi dinini koruyan, bahtiyar başkalarından nasihat ve ibret alandır. Bilin ki en şerli şeyler bid'atler, sonradan çıkma şeylerdir. Sünnete sarılın. Peygamber'inizin (sallallâhu aleyhi ve sellem) sünnetine tutunun. Çünkü sünnet çerçevesinde yapılan normal çalışma, bidatte çok uğraşıp yorulmaktan daha hayırlı ve kârlıdır. Kur'an-ı Kerim'e tutunun, O'nu bırakmayın; çünkü şifa ve sevap O'ndadır. İnsanlar! Rasûlullah (sallallâhu aleyhi ve sellem), benim aranızda kalkıp konuşuşum gibi aramızda kalktı ve şöyle buyurdu: "Ashabıma tutunun, sonra onların ardından gelenlere, sonra onlardan sonra gelenlere tutunun. Daha sonra da yalan yayılacak. Hatta şahitliği talep edilmeyen şahitlik yapacak, yemin istenmeyen yemini edecek." Her kim cennetin ortasını arzu ediyorsa (müslüman) cemaatten (topluluktan) ayrılmasın. Şeytandan Allah'a (c.c) sığının. Sizden hiçbiri bir kadınla baş başa kalmasın; zira kadınlar şeytanın tuzaklarıdırlar. Kimi iyilikleri sevindiriyor, kötülükleri üzüyorsa o mü'mindir. Şimdi namaza kalkın, namaza!"

Sahâbîlerin önde gelenleri Hz. Ömer'in (radıyallâhu anh) elbisesini, görünüşünü ve bineğini değiştirmesini arzu ettiler ve O'na beyaz bir elbise getirdiler. O da giydi. Sonra binmesi için bir beygir getirdiler. Binince beygir caka satarak yürümeye başladı. Hz. Ömer (radıyallâhu anh) insanlara bağırarak "Bundan vazgeçin, Allah da sizin günahlarınızı bağışlasın. Vallahi ben Rasûlullah'ı (sallallâhu aleyhi ve sellem) "Kalbinde hardal tanesi ağırlığı kibir bulunan kimse cennete giremez..." buyururken işittim" dedi, sonra indi ve üzerinde geldiği devesine bindi.

Soru: Kudüs Patriği Hz. Ömer'i (radıyallâhu anh) nasıl karşıladı? Ömer (radıyallâhu anh) şehre nasıl girdi?

Cevap: Ertesi gün sabahleyin Hz. Ömer (radıyallâhu anh) insanlara sabah namazını kıldırdı ve Ebû Ubeyde'ye "Ey Amir, şu adamlara git ve benim geldiğimi haber ver" dedi. Ebû Ubeyde gitti ve "Ey halk, arkadaşımız Mü'minlerin emiri gelmiştir. Söylediğinize binaen ne yapacaksınız?" dedi. Bunun üzerine Patrik büyük bir törenle kiliseden çıktı ve sura çıkıp Ebû Ubeyde'ye baktı. Ebû Ubeyde "Bu, mü'minlerin, daha üstü olmayan başkanıdır, gelmiştir" dedi. Patrik O'nu görmek istedi. Hz. Ömer (radıyallâhu anh) kalkmaya yeltenince arkadaşları "Ey mü'minlerin emiri, tek başına ve silahsız mı gideceksin? Biz onların bir tuzak ve hile yaparak sana bir zarar getirmelerinden endişe ediyoruz" dediler. Hz. Ömer (radıyallâhu anh) "De ki: Bize ancak Allah'ın takdir ettiği isabet eder. O bizim dostumuzdur. Mü'minler ancak Allah'a tevekkül etsinler" (Tevbe: 51) âyet-i kerimesini okudu.

Sonra devesinin getirilmesini emretti, getirildi. Üzerine bindi. Üstünde yamalı bir elbise vardı. Başında da bir tutvani abası sarılıydı. Yanında da sadece Ebû Ubeyde vardı. Ebû Ubeyde önden yürüdü ve surlara yaklaşınca Patriğin karşısında durdu. Patrik baktığında Hz. Ömer'i (radıyallâhu anh) tanıdı ve "Ey Kudüslüler, bununla eman ve zimmet akti yapın. Vallahi bu Abdullah oğlu Muhammed'in arkadaşıdır" dedi.

Bunun üzerine kalenin kapısını açtılar ve Hz. Ömer'e (radıyallâhu anh) giderek O'ndan ahit, misak ve zimmet andlaşması istediler.

Ömer (radıyallâhu anh) onları bu halde görünce, bu nimetten Allah'a mahcubiyet duydu ve O'nun (c.c.) için devesinin kamburuna secde etti. Sonra bineğinden indi ve "Beldenize gidin. Bizimle barış yapıp cizyeyi kabul ettiyseniz sizin zimmet ve ahit hakkınız vardır!" dedi.

Bunun üzerine halk şehirlerine gittiler. Kapıları kapamadılar. Ömer (radıyallâhu anh) de askerlerinin yanına döndü ve geceyi orada geçirdi.

Ertesi günü Hz.Ömer kalktı ve korkusuz ve korumasız Kudüs'e girdi. Girişi Pazartesi günüydü, Cuma gününe kadar kaldı. Doğu tarafına mihrap olarak bir çizgi çizdi ve burada arkadaşlarına Cuma namazı kıldırdı. Kendi adıyla bilinen mescidin yeri burasıdır.[235]

Soru: Hz. Ömer'in (radıyallâhu anh) Kudüslülere verdiği ahit236 nedir?

Cevap: Hz. Ömer (radıyallâhu anh) Kudüslülere aynen şu ahdi yazdı:

"Bismillahirrahmanirrahim. Bu, Allah'ın kulu, Mü'minlerin emiri Ömer'in İliya halkına verdiği eman akdidir. Bunu, canlarının, mallarının, kiliselerinin ve haçlarının, hastalarının, sağlıklılarının ve muhtelif halklarının güvencesi olarak vermiştir. Kiliseleri mesken edilmeyecek, yıkılmayacak. Kiliselerinin alanından ve etrafından, haçlarından veya herhangi mallarından hiç bir şey eksiltilmeyecek. Dinlerini değiştirmeleri için zorlanmayacaklar. Onlara hiçbir zarar verilmeyecek. İliya'da onlarla birlikte hiçbir Yahudi oturmayacak. İliya halkı da diğer şehirler gibi cizye verecekler. Rumları ve hırsızları şehirden çıkaracaklar. Onlardan buradan çıkanlar, dönene kadar güven içinde olacaklar. Burada oturanlar da güven içinde olacaklar. Buradan çıkan İliya halkının ödediği miktarda cizye ödeyecek.

---

235 Kıyamet kilisesinin karşısındadır.
236 Buna Ömerî Ahit denilir.

İliya halkından kimler kilise ve haçlarını burada bırakıp, mallarını da alıp Rumlara giderlerse canları, kiliseleri ve haçları, güvenli yere ulaşana kadar güvende olacaktır.

Filan öldürülmeden önce burada yerleşik bulunanlardan; isteyen burada oturur ve İliya halkı gibi cizye öder, isteyen Rumlarla gider. Gidenlerden isteyen ailesine tekrar döner ve ürünlerini toplayıncaya kadar onlardan hiçbir şey alınmaz.

Bu akitte yazılı olanlar üzerinde Allah'ın ahdi, Peygamber'inin, halifelerin ve mü'minlerin zimmeti (sözü) vardır. Cizyeyi verdikleri sürece bunlar geçerlidir. Buna Halid b. Velid, Amr b. Âs, Abdurrahman b. Avf ve Muaviye b. Ebû Süfyan da şahittir. Muaviye on beş yılında hazır bulunmuş ve bunu Ömer'in yazdırmasıyla yazmıştır.

Bu tarzda bir ahit ve zimmeti Hz. Ömer (radıyallâhu anh) Lidd halkına ve tüm Filistinlilere de yazmıştır. O da şöyledir:

"Bismillahirrahmanirrahim. Bu, Allah'ın kulu ve mü'minlerin emirinin Lidd halkına ve tüm Filistinlilere yazdığı ahittir. Bunu, canlarının, mallarının, kiliselerinin ve haçlarının, hastalarının, sağlıklılarının ve muhtelif halklarının güvencesi olarak vermiştir. Kiliseleri mesken edilmeyecek, yıkılmayacak. Kiliselerinin alanından ve etrafından, haçlarından veya herhangi mallarından hiç bir şey eksiltilmeyecek. Dinlerini değiştirmeleri için zorlanmayacaklar. Onlara hiçbir zarar verilmeyecek. Lidd halkı da diğer Şam şehirlerinin verdiği gibi cizye verecek....."

Rivayete göre Hz. Ömer (radıyallâhu anh) Kıyamet kilisesinin[237] avlusunda oturdu. Namaz vakti gelince çıktı ve kilisenin dışında, kapısındaki basamakta tek başına namaz kıldı. Sonra

---

237 Bu, tarihçilerin söylediği isimdir.

oturdu ve Patriğe: "Şayet namazı kilisenin içinde kılsaydım benden sonra Müslümanlar "Ömer burada namaz kıldı" diyerek burasını alırlardı." dedi.

Sonra "Müslümanlar basamakta tek tek namaz kılmasınlar, Müslümanlar namaz için burada toplanmasınlar, ezan okumasınlar" diye ferman yazdırdı.

Soru: Hz. Ömer (radıyallâhu anh) Kıyamet kilisesinde hiç namaz kıldı mı, neden?

Cevap: Daha önce geçtiği üzere Hz. Ömer (radıyallâhu anh) namaz vakti gelince kiliseden çıktı ve kapının önündeki basamakta tek başına namaz kıldı. O bu hareketiyle, Kudüslülere yazılan ahitte geçen kiliselerine dokunulmayacağı ve dinlerini değiştirmeye zorlanmayacakları şıklarını uyguladığını gösteriyordu. Eğer kilise içinde namaz kılsaydı Müslümanlar bunu ahdi bozmak için bir sebep sayacaklardı.

O'ndan günümüze kadar tüm Müslüman yöneticiler bu Ömerî ahdi uyguladılar. Bu düzen sadece, haçlı seferleriyle Müslümanların Kudüs'ünü işgal edip, canlara, mallara ve mukaddesata yaptıkları tüyler ürpertici ve saçlar ağartıcı çirkin .şeyleri yapan haçlılar tarafından bozuldu

Anlatıldığına göre Patrik Hz. Ömer'e (radıyallâhu anh) kayanın olduğu yeri gösterdi. Üstünü toprak kaplamıştı. Ömer (radıyallâhu anh) elbisesini aldı ve topraktan bir avuç alıp içine attı. Bunun üzerine Müslümanlar oradaki toprağı tamamen temizlediler ve kayayı ortaya çıkardılar. Bu kaya üzerine mübarek mescid yapıldı. Allah (c.c.) gücü, kuvveti ve ordusuyla burasını Müslümanlara geri versin ve bu mübarek diyarı Yahudilerin ve yardımcılarının pisliklerinden temizlesin. (Amin)

Soru: Halep ne zaman ve nasıl fethedildi?

Cevap: Halep Hicretin 16 senesinde fethedildi. Ebû Ubeyde burasını dört ay kuşatma altında tuttu. Çevresindeki yerleşim bölgelerinin bir kısmı Müslüman oldu, bir kısmıyla sulh yapıldı, ancak bir sonuç alınamadı. Bunun üzerine Ömer (radıyallâhu anh) O'na, mektubunun gecikmesinin sebebini sordu ve Müslümanlar hakkında kaygılı olduğunu belirtti. Ebû Ubeyde durumu açıklayan bir mektup gönderdi. Mektubunda burasını şimdilik terk edip başka yönlere, ardındaki beldelere yönelmeyi, buraya sonra dönmeyi teklif etti. Ancak Ömer (radıyallâhu anh), ardında, ileride büyük zarara yol açabilecek veya başkalarıyla ittifak ederek O'na ve Müslümanlara zarar verebilecek bir yer bırakmaması için buna izin vermedi.

Mektupla birlikte Yemenli askerlerden destek gönderdi. Aralarında Damis isminde korkuların adamı lakaplı bir kral vardı. Çok uzun boylu ve cesur bir süvari olan bu kimse, bir çok bölgede büyük kahramanlıklar yapmıştı. Bu kimsenin vesilesiyle Halep kuşatması sona erdi. Surlara çıkıldı, kapılar açıldı ve başlarında Halid ve İyaz olmak üzere Müslüman askerler içeriye daldılar. İçerdekiler silahlarını bırakarak teslim oldular ve "Yardım, yardım!" diye bağırdılar. Ebû Ubeyde'nin gelip durumu görmesi için Müslümanlar ilerlemeyi bıraktılar. Ebû Ubeyde onlara İslâm'ı teklif etti. Önde gelenlerinden bazıları kabul etti. O da mallarını ve ailelerini onlara teslim etti. Köylüleri de affetti ve onlarla sulh yaptı; ahit ve cizye aldı.

Savaşçılarsa gayet çok miktarda olan ganimetleri aldılar. Beşte dördü onlara, beşte biri devlete olacak şekilde dağıtıldı.

Soru: On sekiz yılına neden kül yılı dendi, Ömer (radıyallâhu anh) ne yaptı?

Cevap: Bu yılda insanlara büyük bir kıtlık, kuraklık ve açlık isabet etti. "Kül yılı" denmesi rüzgarın toprağı kül gibi kaldırmasından dolayıdır.

Medine bundan en çok etkilenen şehirdi.

Hz. Ömer (radıyallâhu anh) insanlar kendilerine gelinceye kadar yağ, süt ve eti ağzına almayacağına yemin etti.

Rivayete göre Mekke pazarına yağ, hurma ve süt getirilmişti. Kölesi kırk dirheme bunlardan aldı ve O'na getirdi. Ömer (radıyallâhu anh) "Pahalıya almışsın. Bunları sadaka ver. Ben israf ve lüks bir şey yemek istemem." dedi.

Sonra ekledi: "Halkın başına gelen başıma gelmezse ve yaşadıklarını yaşamazsam hallerini nasıl önemseyebilirim?"

Yine rivayete göre, Hz. Ömer'in (radıyallâhu anh) gıdasızlıktan ve başkalarının yardımna koşmasından rengi sararıp solmuştu. Diğer ülkelerden yardım istedi ve dört bir taraftan erzak yardımı geldi.

Ömer (radıyallâhu anh) bir gün yanına Abbas b. Muttalib'i alarak halkla Medine'nin dışına çıktı ve yağmur namazı kıldırdı. Orada şu duayı yaptı: "Allahım! Dostlarımız bize çare bulmaktan aciz kaldı. Bizim güç ve kuvvetimiz de aciz kaldı. Kendimiz kendimize bir şey yapmaktan aciz kaldık. Güç ve kuvvet ancak sendendir... Bize yağmur yağdır, toprakları ve insanları dirilt". Sonra Abbas'ın elini tutarak "Allahım! Biz sana Peygamberinin amcası, kalan atası ve en değerli adamıyla tevessül ediyoruz. Sen şöyle buyurdun -ki senin sözün haktır-: "Duvar ise şehirdeki iki yetimindi ve bunların babaları salihti..." (Kehf: 82) Yetim çocukları babalarının salihliği nedeniyle korudun. Şimdi de Allahım Peygamberini, amcasını korumak suretiyle koru. Biz sana O'nunla tevessül ediyor, O'nu aramızda şefaatçi kılıyor ve senden istiğfar diliyoruz" dedi. Ardından "Rabinizden bağışlanma dileyin; şüphesiz O çok bağışlayıcıdır. (Bağışlanma dileyin ki) Gökten size bol yağmur yağdırsın." (Nuh: 10, 11).

Ravilerin anlattıklarına göre hemen bir bulut belirdi. Sonra başka bulutlar belirdi ve birleştiler. Sonra bir rüzgar, ardından yağmur başladı. Vallahi, öyle yağmur yağdı ki, koşarak evlere sığındılar ve (yerdeki suyun bolluğundan) elbiselerini yukarıya çekmek zorunda kaldılar.

Soru: Veba salgını insanları ne kadar etkiledi? Amevas veba salgınında ölen en meşhur sahâbîler kimlerdir?

Cevap: Amevas, Filistin'de, Kudüs yolu üzerindeki Remle şehrine altı mil uzaklıkta önemli bir köydür. On sekiz yılında burada Müslümanlar veba hastalığına yakalandılar, sonra bu yayıldı. O gün ölenlerin sayısı yirmi beş bin olarak belirlenmiştir. Ölenlerin en meşhurları Şam fetihlerinin komutanı Ebû Ubeyde b. Cerrah'tır.

Ebû Ubeyde insanlara şu konuşmayı yaptı: "Ey insanlar, bu hastalık Rabbinizin rahmeti, Peygamberinizin ("yanıma gelin") daveti ve sizden salihlerin ölüm vesilesidir. Ebû Ubeyde Allah'tan, bundan O'na nasibini vermesini niyaz eder"

Bu vebanın kurbanlarından diğer bazıları Muaz b. Cebel, Yezid b. Ebû Süfyan ve Şurahbil b. Hasne'dir. Allah (c.c.) hepsinden razı olsun. Böylece Şam diyarının bu fatihlerinin hayatları şehadetle son bulmuştur.

Soru: Ömer (radıyallâhu anh) **daha sonra Şam'a geldi mi? Şam'a kimi atadı?**

Cevap: Şam'ın hepsi fethedildikten ve insanlara veba salgını isabet edip bir çok acı sonuçlar doğurduktan sonra Hz. Ömer (radıyallâhu anh), insanların ve diyarların durumunu bizzat kendisini kontrol etmek, oradaki işlerin valiler ve askerler tarafından nasıl yürütüldüğünü görmek amacıyla iki ülkeye, Irak ile Şam'a, gitmek istedi. Bazı sahabiler önce Irak'a, bazıları da Şam'a gitmesini tavsiye ettiler. Ömer (radıyallâhu anh) "Önce Şam'a gideceğim. Çünkü Amevas şehitlerinin bıraktıkları miras mallar ortada kaldı. Onları dağıtayım. Onlara düşündüğüm bazı şeyleri yapayım. Sonra da ülkeleri gezip oradakilere görüşlerimi sunayım." dedi.

Halefi olarak Ali'yi bıraktıktan sonra[238] Medine'den ayrıldı. Akabe'yi kendisine yol güzergahı edindi. Orada konakladı ve birkaç gün kaldıktan sonra Şam'a gitti. Dımeşk'e geldi ve erzağı insanlara dağıttı. Malları yazlık ve kışlık olarak ayırdı. Şam'ın deniz ve karadan tüm gediklerini kapattırdı. Şehirleri teker teker gezdi, durumlarını kontrol etti.

Anlatıldığına göre kıyı bölgelerin valiliğine Ebû Musa Eş'ari'yi, Dımeşk'e Muaviye b. Ebû Süfyan'ı getirdi. Amevas şehidlerinin miraslarını taksim etti.

Bir gün Dımeşk'teyken namaz vakti geldi. İnsanlar O'na "Bilal'e emretsen de ezan okusa"dediler. Emretti, O' da okudu. Peygamberimizi (sallallâhu aleyhi ve sellem) ve Bilal'i görmüş ve tanımış herkes, sakalları ıslanana kadar ağladı. En çok ve en içten ağlayanları da Ömer'di.

---

238 Dikkat ederseniz Hz. Ömer (radıyallâhu anh) Medine'den her ayrılışında yerine Hz. Ali'yi bırakmıştır.

Ömer (radıyallâhu anh) Kûfe kadılığına (hakimliğine) Şurayh b. Haris el-Kindi'yi, Basra kadılığına da Ka'b b. Sur el-Ezdi'yi getirmiştir.

Soru: Amr b. Âs (radıyallâhu anh) Hz. Ömer'den (radıyallâhu anh) fethetmek üzere Mısır'a yürümek için ne zaman izin istemiştir?

Cevap: Amr b. Âs (radıyallâhu anh) Filistin'den Şam'a geldi ve Hz. Ömer'in (radıyallâhu anh) orada bulunduğu sürece O'nunla birlikte oldu. Ömer'in (radıyallâhu anh) Filistin'deki İslâmî varlığı iyice yerleştirmişti. Ancak Güneydoğu cephesinden, Mısır'dan gelecek Rum tehlikesini görüyordu. Şamlıların ve Filistinlilerin güvenliği için bu tehlikenin sona erdirilmesi şarttı.

Amr b. Âs da İslâm'dan önce tüccarlık mesleğinden dolayı Mısır, Habeşistan ve başka ülkelere gidiyordu. Bu ülkelerin sahip olduğu bolluk, gelişmişlik ve önemli askerî merkezler hakkında bilgi sahibiydi.

Bir gün Hz.Ömer'le baş başa kaldı ve içindeki düşünceyi O'na açtı ve Mısır'ın fethi için O'ndan izin istedi. Ancak Ömer (radıyallâhu anh) başta reddetti. Çünkü İslâm ülkeleri henüz istikrara kavuşmamıştı. Veba salgını ve insanların başına gelen belalar biteli fazla olmamıştı. İslâm ordusu binlerce askerini kaybetmişti. Fakat Amr b. Âs (radıyallâhu anh) ısrar etti. Olayı güzel ve hoş göstermeye çalıştı. Sonunda Ömer (radıyallâhu anh) belli şartlarla bunu kabul etti.

Soru: Ömer (radıyallâhu anh) O'na hangi şartlarda izin verdi? Ve yanındaki asker sayısı ne kadardı?

Cevap: Ömer (radıyallâhu anh) O'na şöyle dedi: "Yürü, ama hep Allah'a istihare ederek, O'ndan hayrı dileyerek yürü. Allah'ın izniyle sana mektuplarım çabuk ulaşacak. Eğer mektubum sen Mısır'a veya Mısır'ın bir yerine ulaşmadan gelirse oraya girmemeni emrediyorumdur. Daha sonra gelirse Allah'tan yardım ve zafer dileyerek yoluna devam et.".

Sonra emrine dört bin asker verdi.

Amr b. Âs (radıyallâhu anh) askerleriyle yola çıktı. Filistin'i geçti. Ardında, tarihini kirletecek bir şey bırakmamak için, oradan geçerken insanların ve şehirlerin durumlarını kontrol etti ve her şeyin yolunda olduğundan emin oldu.

Soru: Ömer'in (radıyallâhu anh) mektubu O'na ne zaman ulaştı? Ariş'e ne zaman girdi?

Cevap: Amr b. Âs, Filistin'in son noktası ve Mısır'ın başlangıcı olan Refah'tayken, Hz. Ömer'in (radıyallâhu anh), onun ve müslümanların hakkındaki endişesinden dolayı müslümanlarla birlikte Mısır'dan ayrılmasını emreden mektubu ulaştı. Ancak Amr mektubu geç teslim almaya çalıştı. Mektupta ne olduğunu bilmiyordu, ancak hisleri O'na bunu söylüyordu. Refah'ı geçip Ariş'e yaklaşınca mektubu alıp okudu. Mısır'a geçmiş bulunduğundan yoluna devam etti ve Mü'minlerin emirine de bunu yazdı. Koruyucularının azlığı ve kalelerinin zayıflığından Ariş'i kolayca fethetti. Bu Hicrî 18 yılının Zilhicce ayının on sekizinde oldu.

Soru: Mesaîd kasabasına neden bu isim verilmiştir?

Cevap: Rivayete göre aynı yılın Zilhicce ayının yirmisinin gecesiydi. O gün Arefe günü, ertesi gün de bayram günüydü. Askerler Amr'a "Yarın bayram günü. Burada kalıp dinlenmemiz, dua edip yalvarmamız, tekbir ve tehlil getirmemiz uygundur" dediler. O ise "Bilakis bu gece bayramdır (Arapçası: elmesa îd) dedi ve onlarla köye yürüyerek daha sonra "Mesaîd" adıyla bilinecek bu kasabayı fethetti.

Amr b. Âs'ın gayreti çabuk ilerlemek ve asıl hedef olan Mısır'ın fethine çabuk nail olmaktı. Çünkü burası Roma baskısı, ve zulmü altındaydı. Halkı Kıptiler de fakir ve kötü bir haldeydiler. Servetleri ve zenginlikleri istemeyerek Roma'ya gidiyordu. Onlar da buna karşı koymaktan acizdiler.

Soru: Ferma[239] ve Balis muharebelerinden bahseder misiniz?

Cevap: Amr b. Âs, Ferma'ya varana kadar ilerlemeye devam etti. Burasını bir ay kuşatmadan sonra fethetti ve oradaki Rumları yenilgiye uğrattı. Sonra Balis'e doğru ilerledi. Senhur ve Tennis'i fethetti. Balis'te ise Mukavkıs'ın kızı Armanosa vardı. Yeni evlendiği ve kendisini beklemekte olan kocası Kostantin b. Heraklius'a gidecekti. Hizmetçileri, adamları, maiyeti ve kendisini koruyan iki bin süvariyle yola çıktı. Amr b. Âs güçleriyle onlara saldırdı ve binini öldürdü, kalanını esir aldı. Sonra Armanosa'yı izzet ve ikramla babasına gönderdi. Ona hiçbir kötülük dokundurmadı, büyük bir ihtimam ve inayet gösterdi. Bu da O'nun ve babasının kalbinde Arap fatihlere karşı son derece güzel etkiler bıraktı.

Soru: Amr b. Âs (radıyallâhu anh) Hz. Ömer (radıyallâhu anh)'dan yardım istedi mi? Askerlerinin sayısı kaça ulaştı?

Cevap: Mısır topraklarına bu şekilde dalış ve oradaki bu açılım asker sayısının artırılmasını zorunlu kıldı. Dört bin asker ihtiyacı karşılamıyordu. Amr bir yerden bir yere her intikalinde durumu halife Hz. Ömer'e (radıyallâhu anh) ulaştırıyor, O'nun

---

239   Ferma, Port Said'in doğusunda bir kara parçasıdır.

kendileriyle birlikte gibi olmalarını sağlamaya çalışıyordu. O yüzden halifeden yardım istedi, O da binlerce asker gönderdi. Sonunda askerlerinin toplam sayısı, aralarında cesur ve yetenekli komutanların bulunduğu komutanlarla birlikte on beş bine ulaştı.

Amr bunlarla yola çıktı ve Aynüşşems'e kadar ilerledi. O vakit burası devletin merkezi ve kalesi, hatta başkentiydi. Burası tarihte -şimdi de öyledir- Heliopolis adıyla biliniyordu (Aynüşşems ve Heliopolis şimdi Kahire'nin birer semtidir) . Orada O'nunla karşılaşmak için Rum komutanlar Teodorsios ile Anastasius hazırlandı

Bu arada Amr gözcülerini ve casuslarını gönderdi ve bunlar O'na düşmanın haberlerini ve sırlarını getirdiler.

Soru: Aynüşşems savaşı nasıl yapıldı? Bu savaşın önemi nedir?

Cevap: Bunun üzerine bu fatih komutan savaş planını yaptı. Ordusunu üçe ayırdı. Birinci kısmı Aynüşşems'te düşmanla çarpışması için kendi komutasına aldı. İkinci kısmı Ümmü Denin'e - bugünkü adıyla Özbekiyye-, üçüncü kısmı da şimdiki kalenin bulunduğu tepeye yerleştirdi. Tüm bunları tam bir gizlilikle yaptı. Düşman olsa olsa çatışmak üzere karşılarında bulunan birinci kısımdan haberdardı.

Savaş Abbasiyye'de Amr ile Rum ordusu arasında başladı. Savaşın tam şiddetlendiği bir anda ikinci ve üçüncü ordu meydana daldılar ve Rumları dört bir yandan kuşatıp, muhasara altına aldılar, sonra biçtiler. Çoğu savaş meydanından kaçıp firar etti ve eski Mısır mıntıkasındaki Babilyon kalesine sığındı. Müslümanlar onları karadan ve sudan takip ederek kuşatma altına aldılar.

Soru: Rumlar nereye kaçtılar, nereye sığındılar?

Cevap: Babilyon kalesi yüksek surları ve burçları olan sağlam bir kaleydi ve içinde çok miktarda erzak bulunuyordu. Burasını Mısır'ı istila ettikleri dönemde Farslılar bina etmişti.

Bu adın verilmesi ise Hz. İbrahim (a.s.) zamanına dayanır. O dönemde kale değil, Nil nehrinin geniş yatağıydı.

Babil bilindiği gibi bir mekan ve mıntıka ismidir. Burasını Fırat nehri yarıp geçer. Eski dilde büyük nehir anlamına gelir. İbrahim (a.s.) nil nehrini görünce "Burası Babilyon" demiştir. Yani bu Irak'takinden daha büyük, azametli ve güçlü bir nehir.

Soru: Amr b. Âs (radıyallâhu anh) burasını nasıl kuşattı? Kuşatma ne kadar sürdü?

Cevap: Amr karargâhını Babilyon kalesinin olduğu yere kurdu. Askerleri, kalenin nil nehrine bakan ve kuşatma altındakilere yardım gelen kısmı dışında her tarafını kuşattılar. Zira Mukavkıs'ın bulunduğu Menef'ten bunlara nehirden yardım geliyordu.

Çadırını, komutanlık merkezini askerî karargâhın tam ortasına kurdu. Bu çok büyük bir çadırdı.

Kuşatma aylarca sürdü. Hatta bunun altı, yedi ayı bulduğu söylenir.

Amr Mü'minlerin emirinden yardım istedi. O da dört bin asker gönderdi.

Soru: Hz. Ömer'in yardımcısıyken gelen ve her biri bin süvariye bedel sayılan dört kişi kimdir?

Cevap: Ömer (radıyallâhu anh) Amr'a (radıyallâhu anh) şöyle yazdı: "Ben sana bir grup Arap süvari gönderiyorum. Bunlar arasında dört kişi vardır ki bunların her biri bin süvariye bedeldir. Bu mektubum sana ulaştığında insanlara konuşma yap. Onları savaşa teşvik et, sabrı tavsiye et. Savaş için meydana Cuma günü öğleden sonra çık. Çünkü bu duaların kabul olunduğu bir vakittir.... Bil ki, şu anda askerlerinin sayısı on iki bine ulaşmıştır ve on iki bin asker azlıktan dolayı yenilmez."

Bu eşsiz dört şahsiyet Zübeyr b. Avvam, Mikdad b. Esved, Ubade b. Samit ve Mesleme b. Muhalled'dir (Allah hepsinden razı olsun).

Soru: Amr ile Rumlar arasında görüşmeler yapıldı mı? Amr'ın delegesi kimlerdi? Rumlar adına kim konuştu?

Cevap: Kuşatma tüm zorluklarıyla devam ediyordu. Rumlar Arapların ciddiyetini görünce aralarında konuştular, sonra Amr'la görüşmesi için bir delege gönderdiler. Delegedekiler şöyle dediler: "Siz ülkemize girdiniz, bizimle savaşta ısrar ettiniz. Ülkemizde epey kalmış bulunmaktasınız. Siz basit bir çetesiniz. Rumlar sizin için hazırlık yapmaktalar. Büyük teçhizatları ve silahları var. Şu Nil de sizi kuşatmış durumda. Siz elimize düşecek esirlersiniz. Bize adamlarınızı gönderin onları dinleyelim. Belki meseleyi sizin de bizim de razı olacağımız bir şeye bağlarız ve Rumlar sizi iyice kuşatmadan savaşı bizimle sizin aranızda sona erdiririz. Sonra sözümüz fayda etmez, hiçbir şey yapamayız. Belki de sonuç sizin talep ve arzularınızın aksine olur ve pişmanlık duyarsınız. Şimdi bize bazı adamlarınızı gönderin de meseleyi hem bizim hem sizin hoşnut olacağınız şekilde ele alsınlar."

Amr delegeyi iki gün yanında tuttu. Hatta Rumlar onlara bir zarar geldiğini sandılar. Sonra onları şu mektupla gönderdi: "Benimle sizin aranızda şu üç şeyden başka bir seçenek yoktur. Ya İslâm'a girersiniz. Bu durumda kardeşlerimiz olur, sahip olduğumuz tüm haklara siz de sahip olursunuz. Bunu kabul etmezseniz zelil bir şekilde bize cizye verirsiniz. Bu da olmazsa hakimlerin en hayırlısı Allah sizinle bizim aramızda bir şeyle hükmedene kadar sabır ve savaşla sizinle mücadele ederiz"

Rum delegesi ülkelerine döndüler ve Müslümanların azim ve sebatlarını ve görüş birliğinde olduklarını haber verdiler. Bunun üzerine Rumlar görüşmeler için Müslümanlardan delege istediler. Amr da onlara on tane adamını gönderdi. Onlar adına konuşacak emirleri de Ubade b. Samit idi. Bu zat uzun boylu ve cildi siyahtı. Rumlar bunu kendileri için bir uğursuzluk sayıp başka biriyle konuşmaya çalıştılarsa da arkadaşları bunu reddettiler.

Ubade onlara uzun uzun konuştu. Özetle neden geldiklerini söyledi ve üç seçeneği sundu: Ya İslâm, ya cizye, ya da harp!

Bu buluşma da sona erdi ve Müslüman delege karargâhlarına döndü. Rumlar kaleyle köprü[240] arasını kestiler ve korunmakta, savaşmakta ısrar ettiler.

Soru: Zübeyr b. Avvam (radıyallâhu anh) kaleye saldırı planını nasıl yaptı?

Cevap: Kuşatmanın uzaması Zübeyr b. Avvam'ı bir hile ve tuzakta düşünmeye itti. Bununla kale içindeki düşman neye uğradığını şaşırtılacak, üzerlerine saldırılacaktı. Bu, Halid b. Velid'in Dımeşk fethinde yaptığının aynısıydı.

---

240   Köprü birbirine bağlanmış gemilerden ibaretti.

Zübeyr bir gece çıktı ve atının üzerinde surların etrafında dönmeye başladı. Kolay çıkılabilecek bir yer görünce ipten merdivenler yaptı. Ucuna da surların ucuna atıldığında oraya tutunacak demirden çengel taktı. Sonra yukarı çıktı. Bunu yakın arkadaşlarına açtı. O'na yardım ettiler ve durumu gizlediler.

Yukarı çıkarken, tekbir getirdiğinde onların sura tırmanmalarını söyledi. Sonra bekçilerle savaşacaklar ve kapıları açacaklardı.

Öyle de oldu. Zübeyr surların üstüne çıkınca karşı koyanlarla dövüşüp, onları öldürdü. Sonra tekbir getirdi ve arkadaşları O'na yetiştiler. Sonra kaleyi sel gibi vurarak açtılar. Kale içindeki bekçiler neye uğradıklarını şaşırdılar ve Müslümanların eline düştüler. Açılan kapılardan yüzlerce ve binlerce Müslüman asker girdi. Bunun üzerine kale halkı teslim oldu.

Mısır'daki bu coğrafik intikalleriyle Amr b. Âs (radıyallâhu anh) Mısır'ın hassas ve önemli merkezlerini ele geçirmiş bulunuyordu. Geride sadece İskenderiye kalmıştı. Burası Rumların deniz yoluyla Mısır'a aktıkları gedik olduğundan en önemli yerdi.

Soru: Amr b. Âs Mısır'ı Hz. Ömer'e (radıyallâhu anh) nasıl anlattı?

Cevap: Amr b. Âs (radıyallâhu anh) Ömer'e (radıyallâhu anh) zafer ve fetihle müjdeleyen bir mektup gönderdi. Mektubunda, Hz. Ömer'in (radıyallâhu anh) talebi üzere Mısır'ı anlattı: "Bana Mü'minlerin emirinin -Allah ömrünü uzun eylesin- Mısır'ı soran mektubu ulaştı. Bil ki ey Mü'minlerin emiri, Mısır tozlu ve yeşil ağaçlı bir ülke. Eni bir aylık, boyu on günlük. İki tarafı toprak dağla ve tozlu kumla çevrili. Ortasını, sabah akışı bereketli, gece akışı uğurlu bir nehir çiziyor. Bunda ziyade ve noksanlık, Güneş ve Ay'ın akışı gibi akıyor. Köylerden köylere ancak küçük kayıklar ve hafif sallarla gidilebiliyor. Nehir, suyu en bollaştığı vakitte birden ökçesi üzeri dönerek ilk başta aktığı gibi az akmaya başlıyor. O vakit zelil ve hakir edilmiş bu millet Rabb'in (c.c.) büyütüp yetiştirmesi ümidiyle topraklarını sürüp tohum atıyorlar. Yorgunluklarının karşılığını fazlasıyla alıyorlar. Çünkü iyice ekilmiş ve bitmişse, onu kırağı suluyor, toprağın altı besliyor.

Mısır beyaz inci iken birden siyah bir anber oluyor, sonra birden yeşil bir zümrüte, sonra birden mavi ipeğe dönüşüyor. Dilediğini yaratan Allah ne yücedir! Bu memleketin maslahatı ve halkının huzuru için bayağılarının başları hakkında söylediklerini kabul etmemeli, ürünlerin haracı hemen zamanında alınmalı, gelirinin üçte biri köprülerine ve su arıklarına harcamalı. Valiler bu sistemi oturtabilirlerse malın geliri kat kat artar. Güzel akibete ulaştıracak Allah'tır."[241]

Soru: Amr b. Âs (radıyallâhu anh) ile düşman arasında sulh nasıl gerçekleşti? Sulhün şartların nelerdi?

Cevap: Mısır fethinden sonra yapılan sulhün metni şöyledir:

Bu, Amr b. Âs'ın mısırlılara, can, din, mal, kilise ve haçları, iyileri ve kötüleri için verdiği teminattır. Bunlardan (kilise vs.) hiçbirinde ekleme ve çıkarma yapılmayacaktır. Nûbe halkın-

---

241 Amr'ın (radıyallâhu anh) bu mektubunda; O'nun bu ülkenin ve halkının tabiatı hususunda ne kadar geniş kavrayışlı, dikkatli gözlemci ve akıllı bakışçı olduğu görülmektedir. Bu da daha sonra O'nu buraya vali olmaya ehliyetli kılmıştır. O'nunla Mısır halkı arasındaki muhabbetten dolayı O'nun döneminde Mısır müthiş derecede parlamış ve büyük gelişme kaydetmiştir.

dan kimse onlarla birlikte oturmayacak. Nehirlerinin artışı elli milyonu bulmuştur. Hırsızlarının yaptıklarından onlar sorumludurlar. Her kim zimmeti reddederse ondan ceza, miktarınca kaldırılır ve zimmetimiz onun hakkında geçerli değildir. Nehirlerindeki su eksilirse o miktarda cizyeleri eksiltilir.Rumlardan ve Nubelilerden kim bu şartlarda zimmet ehli olmak isterlerse kabul edilir ve diğerlerin görev ve hakları onlar için de geçerli olur. Halktan bu zimmeti kabul etmeyip gitmeyi seçen kimseler, güvenli yerlerine ulaşıncaya veya bizim otoritemizden çıkana kadar güven içerisinde olacaklardır. Borçları üçe bölünür, her defasında vermeleri gerekenin üçte birini verirler.

Bu akitte yazılı olanlar üzerinde Allah'ın ahdi, Peygamberi'nin, halifelerin ve mü'minlerin zimmeti (sözü) vardır. Bunu kabul eden Nubelilerin de şu kadar baş hayvan ile şu kadar at vermeleri gerekmektedir. Tabi savaş yapmamaları ve giren veya çıkan ticaret mallarını engellememeleri şartıyla. Bu akitte Zübeyr ile Amr b. Âs'ın Abdullah ve Muhammed oğulları, ayrıca Verdan hazır bulunmuş ve bunu kendisi yazmıştır."

Soru: Amr Cami'si ile Fustat arasında ne ilişki vardır?

Cevap: Amr b. Âs Ravza ile Babilyon arasındaki köprüyü yerine iade etti. Sonra İskenderiye'ye sefere hazırlık için karargahın kaldırılmasını emretti. Kendi çadırının da sökülmesini emretti. Ancak bir güvercinin üzerine yumurtladığını gördüler. Bunun üzerine Amr (radıyallâhu anh) "Komşular nedeniyle yasaklandık. Yavru uçana kadar çadıra dokunmayın" dedi; dokunmadılar. Bir de güvercini korumak için bir bekçi bıraktı.

Soru: Amr b. Âs (radıyallâhu anh) İskenderiye'ye nasıl gitti?

Cevap: Amr b. Âs (radıyallâhu anh) Nil nehrinin batısından kara yoluna girdi. Zira bu yol üzerinde su kanalı vb. engeller olmadığı gibi, Rumlarca korunan ve savaşçılarıyla, koruyucularıyla çatışmak zorunda kalınabilecek köyler ve şehirler de yoktu. Önündeki tek engel Menuf'un kuzey batısındaki Nikyus şehri idi. Burasının direniş gücüne ve Nil'den gemi ve kayıklarla gelen yardıma rağmen, burayla savaşa girdi. Komutanları Domintiyan kaçarak, ailesi ve bazı adamlarıyla bir kayığa binerek İskenderiyye'ye doğru gitti. Amr kayda değer bir direnişle karşılaşmadan buraya girdi.

Tarihçiler bunun M. 13 Mart 641 yılında olduğunu zikrederler ve Hicrî tarih vermezler.

Soru: Fetih nasıl gerçekleşti?

Cevap: İskenderiyye'nin fethi Hicrî 21 yılının başında, Muharrem ayında gerçekleşti. Bu hususta bir çok rivayet bulunmaktadır ki bunların çoğu tarihsel bir vakıayı anlatmaktan çok hikayeye benzemektedir.

Amr b. Âs (radıyallâhu anh) İskenderiye'ye giderken Demenhur'dan sonra Karyon savaşı yaptı ki bu en zor çatışmalardandı. Hatta Amr b. Âs burada arkadaşlarıyla korku namazı kıldı. Savaş on yedi gün sürdü. Müslümanlar burada büyük zorluklarla ve düşmandan büyük bir direniş ve sebatla karşılaştılar.

Sonra Allah (c.c.) onlara fethin kapılarını açtı. O gün sancağı taşıyan Abdullah b. Amr (radıyallâhu anh) bir çok yara aldı.

Amr b. Âs (radıyallâhu anh) yorulan askerleriyle bir gün dinlendikten sonra İskenderiye seferine devam etti.

Burasının kalelerini, surlarını, korumasını ve sürekli erzak ve yardım gelen ve Roma'ya kadar uzanan tünelini sorma... Kuşatma on dört ay sürdü ve hiç kimse diğerine üstünlük sağlayamadı.

Ancak Kıptilerin baskısından dolayı şehrin Rum koruyucu gücü güçsüz ve bitkin düştü; parçalandı. Sonunda teslim olmak ve sulh yapmak üzere Müslümanlarla görüşme yapmaya karar verdiler. Bunun için Kıptilerin başkanı ve Rum lideri Mukavkıs'ı seçtiler.

Soru: Bu hususta bir sulh andlaşması imzalandı mı, ne zaman?

Cevap: Amr ve Mukavkıs arasında günlerce süren görüşmeler sonunda sulhün maddeleri ve şartlarında ittifaka vardılar. Bu arada Amr Mü'minlerin emirine danıştı, O da şunları öğütledi: "Toprakları taksim edilmesin. Halkının haracı, Müslümanlara ganimet ve düşmanlara karşı cihadda onlara güç olacak. Her mısırlıya yılda iki dinar vergi koy. Hiç kimsenin cizyesi artırılmasın. Ancak İskenderiye başka; çünkü orasını savaşarak ve zorla fethettin."

Amr İskenderiye'de kalmayı ve orasını merkez edinmeyi arzuluyordu. Bunu Ömer'e (radıyallâhu anh) yazdı, ancak O reddetti. Bunun üzerine Amr b. Âs Müslümanlardan koruyucu bir gücü orada bırakarak gitti.

Soru: Ömer (radıyallâhu anh) müslümanların İskenderiye'de yerleşmelerine neden itiraz etti? Sonra müslümanlar nereye döndüler?

Cevap: Ömer'in (radıyallâhu anh) onlara cevabı "Müslümanlar, benimle onların arasını nehrin veya denizin ayırdığı bir yere yerleşmesinler" şekildeydi. Amr b. Âs da O'na itaat etti. Arkadaşları O'na "Peki nereye yerleşeceğiz?" diye sordular. Yine arkadaşları "Ey komutan, Fustat'a geri dönelim" dediler.

Ve…"Fustat'ın sağına soluna yerleşilsin" diyerek oraya geri döndüler.

Fustat o günden itibaren kuruldu ve Ubeydiler dönemine, Fatımi Muiz Mısır'a girene kadar tüm Mısır'ın başkenti oldu.

Soru: Fetih haberini Medine'ye kim götürdü? Hz. Ömer (radıyallâhu anh) ne yaptı?

Cevap: Fetih haberini Hz. Ömer'e (radıyallâhu anh) Muaviye b. Hudeyc taşıdı. Muaviye şöyle anlatır:

"Amr b. Âs (radıyallâhu anh) beni İskenderiye fethini ulaştırmak için gönderdi. Medine'ye öğle vakti vardım. Bineğimi mescidin kapısının önüne çöktürdüm. Sonra Mescid'e girdim. Orada otururken birden genç bir kız Ömer b. Hattâb'ın (radıyallâhu anh) evinden dışarı çıktı. Beni solgun, bitkin ve üzerimdeki yol kıyafetiyle görünce yanıma geldi ve "Kimsin sen?" diye sordu. "Amr b. Âs'ın elçisi Muaviye b. Hudeyc" dedim. Gitti, sonra hızlıca geldi. Öyle ki eteğinin bacağına çarpış sesini işitiyordum. "Evet, Mü'minlerin emiri seni çağırıyor" dedi. Arkasından gittim. İçeri girdiğimde baktım ki Ömer! Bir eliyle gömleğini alıyor, diğer eliyle peştemalini çekiyordu. "Sende ne haber var?" dedi. "Hayır ey Mü'minlerin emiri, Allah İskenderiyye'nin fethini nasip etti" dedim. Benimle Mescid'e çıktı ve müezzine "İnsanların toplanması için duyuru yap" dedi, o da "Haydin namaza toplanın" dedi.

İnsanlar toplandılar. Sonra bana "Kalk da arkadaşlarına haber ver" dedi. Kalktım ve onlara haber verdim. Sonra namaz kıldı ve evine girip kıbleye döndü, bir süre dua etti. Sonra oturdu ve "Ey cariye, yemek var mı?"dedi. Cariye ekmek ile zeytin getirdi. Ömer (radıyallâhu anh) "Ye!" dedi; utanarak yedim. Sonra "Misafir yemeyi sever. Canım isteseydi seninle yerdim." dedi. Ben de hayayla cevap verdim. Sonra "Ey cariye, hurma var mı?"dedi. O da tabakta hurma getirdi. Ömer (radıyallâhu anh) "Ye!" dedi yine sıkılarak yedim. Sonra bana "Mescide gelince ne dedin ey Muaviye?" dedi. "İçimden Mü'minlerin emiri kaylule uykusu uyuyordur, dedim" diye cevap verdi. "Ne kötü demiş, ne kötü düşünmüşsün! Gündüz uyursam halka yazık ederim, gece uyursam kendime yazık ederim. Bu iki durumla birlikte uyumak ne mümkün ey Muaviye!"dedi.

Soru: Dimyat nasıl fethedildi?

Cevap: Dimyat Nil nehrinin doğu kıyısındaki ikinci gedikti. İskenderiye gibi, korunan ve zor bir şehirdi. Ele geçirmek suretiyle bu gediği de güvence altına almak, Rumları Mısır'ın kıyılarından ve tüm topraklarından ümitsiz bırakmak gerekiyordu. O yüzden Amr b. Âs, buranın fethi için Mikdad b. Amr komutasında bir ordu gönderdi. Şehri kuşattılar. Yöneticisi Mukavkıs'ın akrabalarından biri idi. O, direnmede ve müdafaada kararlıydı. Ancak oğullarından biri Müslümanlara meyletti ve onlara surdaki bir açıklığı gösterdi. Kaleyi oradan deldiler ve içeri dalarak şehrin göbeğine vardılar. Şehrin valisi ve komutanı yönetimden elini çekmek zorunda kaldı. Şehir teslim oldu ve sulh yapıldı. Mikdad Allah'ın onlara bahşettiği zenginlikleri Amr b. Âs'a (radıyallâhu anh) gönderdi.

Bununla kalınmayıp yöredeki Berlis, Demirdaş, Aşmum, hatta Tennis'teki Rumlara ait her türlü direniş izi yok edildi. Bu savaşta, Dimyat komutanının Müslüman olan oğlu şehid oldu ve öldüğü yere gömüldü.

Soru: Nil'in gelini hikayesinin aslı nedir?

Cevap: Nil'in suyu normalden azalıp kuraklık alarmı verince Mısırlılar ilahlarının onlardan razı olması için, ömrünün baharındaki bakire bir kızı seçerler ve süsleyip güzelleştirdikten sonra Nil'e atarlardı. Bu hurafî adeti her yıl gerçekleştirirlerdi. Mısır fethedilip orada İslâm ortaya çıkınca halk alışageldikleri üzere kurbanlarını sunmak istediler. Amr b. Âs buna karşı çıktı ve kabul etmedi. Ancak su azalmıştı. Hz. Ömer'e (radıyallâhu anh), durumu bildiren bir mektup yazdı. Elçi Ömer (radıyallâhu anh)'dan bir kağıtla geldi. İçinde "Bismillahirrahmanirrahim. Mü'minlerin emiri Ömer b. Hattâb'tan bereketli Nil nehrine! Eğer kendinden akıyorduysan akma. Ama seni yüce, tek, Kahhar olan Allah akıtıyorduysa Allah'tan seni akıtmasını niyaz ederiz." yazılıydı. Amr b. Âs (radıyallâhu anh) nehre, kurbanlık genç kız yerine bu kağıdın atılmasını emretti.

Rivayete göre insanlar sabaha çıktıklarında -ki o gün Kıptilerin haç bayramı idi- Nil nehrinin o gece on altı arşın yükseldiğini gördüler. Allah'ın izniyle ve emriyle hayır, bereket aktı. Böylece Nil gelini adeti yok edildi ve bunun yerini "Allah'a vefa, şükür günü" adı verilen gün aldı.

Soru: İskenderiye kütüphanesinin yakıldığı iddiasının hakikati nedir?

Cevap: Taberi, İbn Esir, Ya'kubi, Kindi, İbn Abdülhakem, Belazuri ve İbn Haldun gibi kadim ve hepsi de güvenilir ve dürüst tarihçilerin hiçbiri Amr b. Âs (radıyallâhu anh)'ın, Hz. Ömer'in (radıyallâhu anh) emriyle kütüphaneyi yaktığına dair hiçbir şey zikretmemişlerdir. Ancak sonraki tarihçilerden, Miladî 13. yılda yaşamış İbn İberi adıyla meşhur Ebû Ferec el-Malti adındaki biri bu iftirayı, "Muhtasaru'd-Düvel" (Devletlerin kısa tarihi) adındaki kitabında, rivayetin kaynağını zikretmeden kaydetmiştir.

Bunun ismi ve nesebi Ğariğuryus, Malti ve İbn İberi... Bu kişiye, hepsinin bir aldatmaca ve sahtekârlık olduğu, Müslümanları töhmet altında bırakmak ve tarihi tahrif etmek için yazıldığı fikrini veriyor.

Ayrıca bu meseleyi araştıran Petlar gibi tarihçiler O'nun bu rivayetini yalanlamışlardır. Mesela bu şöyle demiştir: "İnsan Ebû Ferec'in iddiasının her türlü tarihi esastan uzak bir hurafe olduğunu itiraf etmek zorunda kalıyor."

Jeyobon da: "İslâm'ın öğretileri bu rivayete ters düşmektedir. Çünkü bu öğretiler savaşta alınan Hristiyan ve Yahudilere ait dinî kitapların yakılmasının caiz olmadığını söyler. Dinî olmayan pozitif bilim, felsefe, şiir ve başka bilim dallarındaki kitaplardan istifade etmede de bir beis yoktur." der.

Ayrıca bir çok Müslüman araştırmacı bu tarihçinin iddialarını çürütmüş, O'na tarihsel, bilimsel obiektif cevaplar vermiştir.

Soru: Müslümanların Fars diyarındaki fetihleri nasıl gidiyordu? Alâ b. Hadrami ne yaptı? O ve beraberindekiler nasıl kurtarıldı?

Cevap: Müslümanların ilerlemeleri Medain'de durmadı. Bilakis Fars diyarının derinliklerine kadar uzandı. Çünkü Farslıların kalıntı savaşçıları içeri kısımlara yöneliyor, sonra toplanıyorlardı. Kaleleri, servetleri ve kalabalık yığınları hep oradaydı.

Müslüman fatihler Kûfe ve Basra'yı şehirleştirince buraları, Mü'minlerin emiri Hz. Ömer'in (radıyallâhu anh) tavsiyesiyle başlangıç ve hareket noktası yaptılar. Çünkü buralar Arap yarımadasına daha yakındı.

Ancak Rasûlullah'ın (sallallâhu aleyhi ve sellem) zamanından beri Bahreyn valiliği yapan Alâ b. Hadrami, özellikle Kadisiyye savaşından ve Sa'd b. Ebi Vakkas'ın ortaya çıkmasından sonra, cihad ve fetihlerde kendisinin de payının olmasını arzuluyordu.

Halife Ömer (radıyallâhu anh)'dan izin almadan insanları Farslılarla savaşmaya çağırdı. Onları gemilere doldurdu ve maceralı bir yolculukla denizi geçtiler.

Sonra Fars diyarının en büyük ve en zengin şehirlerinden İstahar'a indiler. Orada Farslılar tarafından kuşatıldılar ve gemilerine gitmekten alıkondular. Orada kalakaldılar ve kendilerini müdafaa etmek için savaştılar.

Alâ'nın haberleri Hz. Ömer'e (radıyallâhu anh) ulaştı. Alâ'ya çok kızdı ve Basra valisi Utbe b. Gazvan'a, kuşatılan Müslümanları kurtarmak için hemen, şimşek hızıyla, kalabalık bir ordu göndermesini emretti. O da Müslümanların yardımına Ebû Sübre b. Ebû Rehm komutasındaki onbin kişilik süvariyle koştu. Bunlar Müslümanlara yetiştiler ve Farslarla yaptıkları şiddetli ve çetin savaştan sonra onları kurtardılar.

Sonra Ömer (radıyallâhu anh) Alâ'yı Bahreyn valiliğinden azletti ve O'na Sa'd b. Ebi Vakkas'a gidip O'nun komutasında cihad etmesini emretti.

Soru: Ehvaz şehrinin fethinde komutan kimdi? Hürmüzan'a karşı zafer kazanmaya nasıl muvaffak oldu?

Cevap: Hürmüzan Kadisiyye'de yenilgiye uğradıktan sonra Ehvaz şehrine sığındı. Orada askerlerini toparladıktan, saflarını düzene soktuktan veya nüfuzunu tekrar kazandıktan sonra şehirleri istila etmeye ve topraklarını genişletmeye başladı. Bununla Müslümanları tehdit etmiş oluyordu.

Bunun üzerine Basra valisi Utbe b. Gazvan, halifeden Hürmüzan'ın azgınlığına bir son vermek ve onlarla savaşmak için izin istedi. O da izin verdi ve iki ordu gönderdi. Birinin başına Selma b. Kayn, diğerinin başına da Harmele b.Mirita'yı getirdi. Bunlar Rasûlullah (sallallâhu aleyhi ve sellem) ile Mekke'den Medine'ye hicret eden kimselerdendi.

Bu arada Utbe, Sa'd b. Ebi Vakkas'tan da asker yardımı istedi. O da Nuaym b. Mukarrin ile Nuaym b. Mesud komutasında bir birlik gönderdi. Böylece Müslümanlar güçler Hürmüzan ve beraberindekilere karşı kenetlendiler. Ehvaz çarşısında karşılaşıldı ve orada savaş yapıldı.

Farslılar öylesine bir yenilgiye uğradılar ki toz duman oldular. Birçokları öldürüldü. Hürmüzan savaştan kaçan bazı adamlarıyla birlikte kaçtı ve Düceyl nehrini Müslümanlar ile Hürmüzan arasına engel yaptı.

Bunda Müslümanların komutanları Cüz b. Muaviye ile Harkus b. Züheyr idi.

Soru: Hürmüzan ile Müslüman güçlerin komutanı Cüz b. Muaviye arasındaki andlaşma nasıl gerçekleşti?

Cevap: Cüz b. Muaviye ile Harkus seri hareket edebilen ve hedefe çabuk ulaşabilen bir birlikle, Hürmüzan'ın ardından gitti. Hürmüzan onların önünden kaçabildiyse de sonra O'na yetiştiler. Bu Hz. Ömer'in (radıyallâhu anh) emriyle gerçekleştirildi.

Hürmüzan durumunun zayıflığını fark edince komutana haber göndererek sulh ve andlaşma talebinde bulundu. Müslüman komutanlar ise Hz. Ömer (radıyallâhu anh)'ın haberini bekledikleri nden oyaladılar. Sonunda Hz. Ömer (radıyallâhu anh)'dan izin geldi. Yapılan sulhe göre fethedilmeyen yerler Hürmüzan'ın emri altında olacaktı ve buranın haracını toplayıp verecekti. Bu iki komutan kendi yönetimlerindeki yerleri en güzel şekilde imar ve ıslah ettiler.

Soru: Hz. Ömer'e ehl-i zimmetin ahdi bozduğu haberi gelince ne yaptı? Ahnef b. Kays'a ne dedi?

Cevap: Irak, Cezire ve Farslıların fethedilen yerlerinde halk zaman zaman andlaşmayı bozuyor, başkaldırıyorlardı. Bu da Hz. Ömer'i (radıyallâhu anh) rahatsız ediyordu. Utbe b. Gazvan'a "Bana Basra'nın salihlerinden on bin kişilik kuvvet gönder" diye haber gönderdi. Bunlar geldiler. Başlarında Ahnef b. Kays vardı. O'na "Sen benim katımda sözüne güvenilir, erkek adamsın. Söyle bana, ehl-i zimmet haksızlık mı yaptılar, yoksa kendilerine yapılan bir haksızlıktan dolayı mı başkaldırdılar, yoksa başka bir şey mi oldu?" dedi. Ahnef "Hayır, bilakis hiçbir haksızlığa uğramadan başkaldırdılar... İnsanlar senin razı olacağın hal üzereler" dedi. Hz. Ömer (radıyallâhu anh) de "Pekala, o zaman siz yolunuza gidin" dedi.

Sonra Ömer (radıyallâhu anh) kılık kıyafetlerine, elbiselerine baktı. Kenarı peştemalinden çıkıp sarkmış bir elbise gördü. "Bu kimin?" dedi. Ahnef "Benim" dedi. Hz. Ömer (radıyallâhu anh) "Kaça aldın" dedi. Ahnef aldığından daha düşük, az bir fiyat söyledi. Hz. Ömer (radıyallâhu anh) "Bundan daha fazlaya satsan da kalanını bir Müslümanın ihtiyacını gören bir yere koysan. Mallarınızı ayırın ve fazlalıkları yerine koyun. Böylece hem kendiniz, hem malınız felaketten emniyette olur. Sakın israf etmeyin, sonra kendinize de malınıza yazık olur." dedi.

Soru: Hürmüzan Müslümanlarla savaşa tekrar neden döndü? Hz. Ömer (radıyallâhu anh) bu meseleye nasıl karşı koydu? Ordunun komutanlığına kimi getirdi? Hürmüzan nasıl esir edildi?

Cevap: Hürmüzan tilki gibi hileci, alçak ve dahi biriydi. Müslümanlarla ahdi ve sulhü bozmak için fırsat kolluyordu. Kisra Yezdicerd gücünü toparlamak ve topraklarını geri almak isteyip dört bir yandan adam topladığında bu O'nun için bir fırsat oldu. Hemen kabul ederek O'na katıldı.

Bu haberler Hz. Ömer'e (radıyallâhu anh) gelince O Sa'd b. Ebi Vakkas'a (radıyallâhu anh) şöyle yazdı: "Nu'man b. Mukarrin komutasında kalabalık bir orduyu Ehvaz'a gönder. Acele et!.. Hürmüzan'ın karşısında bir yere konaklasın ve durumunu öğrensinler."

Basra'da bulunan Sa'd b. Ebi Vakkas (radıyallâhu anh) O'na şöyle cevap gönderdi: "Ben Ehvaz'a kalabalık bir ordu gönderiyorum. Başlarına Sehl b. Adiy ile birlikte Berra b. Malik, Meczee b. Sevr ve Urcufe b. Hursume'yi tayin ettim…" Ömer (radıyallâhu anh) genel komutanın Ebû Sibr b. Ebi Rahem olmasını emretti.

Hepsi Tüster denen yerde karşılaştılar. Ordularıyla etraflarına hendek kazan Hürmüzan'ı bir ay kuşattılar. Savaş bir Müslümanlar lehine bir aleyhine dönüyordu. Seksenden fazla saldırı düzenlendi. Sonunda Müslümanlar hendekleri geçip Tüster'e girdiler. Hürmüzan kalesine girip oraya sığındı. Ancak Müslümanlar onu sıkıştırınca teslim oldu.

Hürmüzan "Ellerimi Ömer'in hükmü üzere ellerinize koyuyorum. Bana dilediğini yapsın." dedi. Sonra elleri bağlı, hakir ve zelil bir halde Medine'ye götürüldü.

Soru: Hürmüzan'ın Hz. Ömer (radıyallâhu anh) ile görüşmesi nasıl geçti?

Cevap: Taşıyanlar O'nu hazırladılar. Hz. Ömer'in normal haliyle görmesi için alışık olduğu en güzel elbiselerini giydirdiler. Başına tacını, boynuna kolyelerini taktılar. Sonra Mescid'e gittiler, ama O'nu bulamadılar. Hz. Ömer (radıyallâhu anh) elbisesini çıkarıp yastık yaparak dışarıya uzanmıştı. Hürmüzan O'nu böyle görünce tanımadı. Çünkü Ömer, böyle bekçisiz, korumasız ve üzerine oturacağı tahtsız biri olamazdı.

Hz. Ömer (radıyallâhu anh) insanların kargaşa ve gürültüsünden uyandı. Sonra Hürmüzan'ı görünce "Cehennemden Allah'a sığınır, O'ndan yardım isterim. O'nu ve taraftarlarını İslâm'la zelil eden Allah'a hamdolsun. Ey Müslümanlar bu dine tutunun, Peygamberinizin sünnetine göre yaşayın. Dünya sizi aldatmasın; o çok aldatıcıdır." dedi.

Hz. Ömer (radıyallâhu anh) süslerinden arındırılana kadar Hürmüzan'la konuşmaktan kaçındı. Hürmüzan tüm elbiselerinden soyuldu ve üzerinde sadece sık dokunmuş gömleği kaldı. Ömer (radıyallâhu anh) O'na "Evet ey Hürmüzan, ahdi bozmanın vebalini ve Allah'ın cezasını nasıl görüyorsun?" dedi. Hürmüzan: "Ey Ömer, siz ve biz cahiliyye dönemindeyken Allah sizinle bizi başbaşa bırakınca biz size galip geldik. Çünkü O ne bizimle idi, ne sizinle. Sizinle birlikte olunca bize galip geldiniz" dedi. Ömer (radıyallâhu anh) "Cahiliyye dönemimizde bize galip gelmenizin sebebi bizim paramparça olmamızdı. Peki ahdi tekrar tekrar bozmadaki gerekçen nedir?" dedi. Hürmüzan: "Haber verdiğimde beni öldürmenden korkarım" dedi.

Uzun uzun konuştular. Hürmüzanın cevapları hep, ölümden kurtulmak ve hayatta kalmak için hile ve tuzaklardan ibaretti.

Ömer (radıyallâhu anh), zorbalıkla öldürdü denmesin diye O'nu bekledi ve sabretti.

Soru: Hürmüzan hayatta kalmak için hilelere başvurdu mu?

Cevap: En son Ömer (radıyallâhu anh) O'na "Korkma" dedi. Hürmüzan içmek için su istedi. Büyük bir bardakta su getirdiler. "Susuzluktan öleceğimi bilsem yine de bu bardaktan içmem" dedi. Bu defa istediği bardakla getirdiler. Bardağı eli titriyormuş gibi aldı. "Ben su içerken öldürülmekten korkuyorum" dedi. Ömer (radıyallâhu anh) "İçip bitirene kadar korkma"dedi. Hürmüzan elindeki bardağı birden, kasıtsız elinden düşmüşçesine yere attı. Ömer (radıyallâhu anh) "Bardağını geri verin. O'na hem ölümü, hem susuzluğu birden yaşatmayın." dedi. Hürmüzan: "Benim suya ihtiyacım yok. Ben sadece eman almak istedim." dedi.

312. Soru: Hz. Ömer (radıyallâhu anh) ne cevap verdi? Enes b. Malik ne fetva verdi? Hz. Ömer (radıyallâhu anh) Hürmüzan'ın İslâmını kabul etti mi?

Cevap: Hz. Ömer (radıyallâhu anh) "Ben seni öldüreceğim" dedi. Hürmüzan "Ama bana güvence verdin" dedi. Hz. Ömer "Yalan söylüyorsun." dedi. Enes b. Malik de oradaydı, "Doğru söylüyor ey Mü'minlerin emiri, Sen O'na eman, güvence verdin" dedi. Ömer (radıyallâhu anh) "Vallahi, beni aldattı, vallahi ben Müslümandan başkasına aldanmam (aldanmak istemem)" dedi.

O vakit Hürmüzan Müslüman oldu ve İslâm'ını açıkladı. Ömer (radıyallâhu anh) de O'ndan bunu kabul etti ve O'na bağışladı. Gözetimi altında olması için de Medine'ye yerleştirdi.

Soru: Ömer (radıyallâhu anh) ile Hürmüzan arasındaki mütercim kimdi?

Cevap: İkisi arasındaki mütercim Muğire b. Şube (radıyallâhu anh) idi. Çünkü O Farsçayı iyi bilirdi.

Soru: Ömer (radıyallâhu anh) Müslümanların beldelere dalmalarından neden hoşlanmıyordu?

Cevap: Hz. Ömer (radıyallâhu anh) fetih adamıydı. Ancak, Müslümanların maslahatı haklarındaki endişesinden, onların fetihle tüm beldelere hızlı dalışlarını istemiyordu. O yüzden fetih görevini üstlenen komutanları sürekli takip ve kontrol ediyor, kendi bilgi ve izni olmadan hareket etmelerine izin vermiyordu.

Soru: Ahnef b. Kays O'na ne tavsiyede bulundu, O bunu kabul etti mi?

Cevap: Ahnef b. Kays O'na şöyle dedi: "Ey Mü'minlerin emiri, sen bizleri ülkelere dalmaktan nehyettin, elimizdekilerle yetinmemizi emrettin. Oysa Fars kralı hayatta ve aramızda. Kralları aralarında olduğu sürece bizimle rekabete ve kavgaya devam edecekler. Biri diğerini çıkarmadan bir ülkede iki kralın durması mümkün değildir. Sen de gördün ki, onlar kışkırtmadığı sürece biz onlardan hiçbir şey almadık ve onları asıl gönderen krallarıydı. Sen bize izin verene kadar da bunlar böyle devam edecekler. O yüzden bırak ülkelerinin her tarafını gezerek orasını Farslılardan temizleyelim; kralını ülkesinden ve halk desteğinden uzaklaştıralım."

Hz. Ömer (radıyallâhu anh) Ahnef'i dinledi ve düşündü. Sonra "Bana doğru söyledin. Meseleyi bana gereği gibi açıkladın..." dedi.

Bu arada Farslıların, Müslümanlara saldırmak üzere en büyük şehirleri Nehavend'de toplandıkları haberleri geldi. Ömer (radıyallâhu anh) de buranın tekrar ele geçirilmesi için emir verdi.

Soru: Nehavend savaşı ne zaman oldu? Tarihçiler neden bunu Kadisiyye seviyesinde bir savaş saydılar?

Cevap: Nehavend savaşı Hicrî 25 yılında yapıldı. Nehavend yüksek dağlar üzerinde, engebeli arazide yer alan, çıkılması zor bir şehirdi. Büyük koruma altındaki bu şehrin erzak imkanları da boldu.

Buradaki savaş Kadisiyye kadar önemlidir. O yüzden bunda bulunan veya o asırda yaşayan tarihçiler bunu fetihler fethi diye ifade etmişlerdir. Çünkü bundan sonra Farslıların bir daha belleri doğrulmadı. Ölülerin mücadelesi seviyesindeki basit saldırılar ve çatışmalar dışında önemli savaşlar yapa.madılar

Soru: Hz. Ömer (radıyallâhu anh) onda Müslümanların komutanlığına kimi seçti? Bu nasıl oldu? Başka bir isim de söyledi mi?

Cevap: Hz. Ömer (radıyallâhu anh) Nu'man b. Mukkarrin'i namaz kılarken görünce Müslümanların kumandanlığına O'nu atadı. O'nun çektiği sıkıntı ve işkenceleri, doğruluğunu, güzel komutanlığını ve cesaretini biliyordu. O'na, ordunun genel komutanı olarak Irak'a, oradan Nehavend'e geçmesini emretti.

Ömer'in (radıyallâhu anh) imani hissi O'na Nu'man'ın şehid olacağını söylüyordu; onun için "Nu'man şehid olursa komutan Huzeyfe, O da şehid olursa Cerir b. Abdullah el-Bicli komutan olsun." dedi.

Nu'man, beraberinde Huzeyfe b. Yeman, Muğire b.Şube, Eş'as b. Kays, Cerir b. Abdullah ve Abdullah b. Ömer (Allah hepsinden razı olsun) olduğu halde yola çıktı.

Soru: Nu'man askerlerine ne konuşma yaptı?

Cevap: Nu'man, askerlerine yaptığı konuşmada şöyle dedi: "Ey Müslümanlar! Bizzat şahid oldum, Rasûlullah (sallallâhu aleyhi ve sellem) gün başında savaşılmamışsa savaşı öğleye kadar geciktirirdi. Allahım! Müslümanlara verdiğin zafer ve fetihte bana şehadet nasip et. Onlara fetih kapılarını aç." İnsanlar da "Amin" dediler. Sancağı taşırken üç defa sendelersem üçüncüde elimden alın. Öldürülürsem kimse başımda durmasın, beni beklemesin...." Bunlar O'nun askerlerine son sözleri oldu.

Soru: Şehadeti nasıl oldu? Hz. Ömer (radıyallâhu anh) cenazesine geldiğinde ne dedi?

Cevap: Savaş başlayıp şiddetlendi. Numan ve beraberindekiler sancakla düşmanın üzerine, kartalın avına saldırması gibi saldırdılar. Numan beyaz takke ve beyaz elbise giymişti. Kılıçlarla dehşet verici bir savaş yaptılar. Evvelkiler daha önce böylesine şiddetli bir savaş işitmemişlerdir. Müslümanlar öğleden hava kararana kadarki süre içinde Farslılardan o kadar kişi öldürdüler ki savaş alanı onların cesetleriyle doldu.Meydan, savaş alanına giren insanların ve hayvanların ayaklarını kaydıracak şekilde kaygan oldu. Mesela; Müslümanlardan bir süvarinin atı kanda kayarak düştü. Numan'ın atı da kanlı yerde kaydı ve Numan yaralandı; sonra öldü.

Müslüman askerlerin sayısı otuz bin, kafirlerin sayısı yüz elli bindi.

Postacı, fetih ve Numan'ın şehadet haberini getirince Hz. Ömer (radıyallâhu anh) çok ağladı, O'nun için Allah'tan rahmet diledi. Söyledikleri arasında şu da vardı: "Nehavend'i kazandık, Nu'man'ı kaybettik!"

Soru: Savaş nasıl cereyan etti?

Cevap: Farslılar Nehavend'in etrafını hendekle çevirmişlerdi. Müslümanlar onları kuşattılar. Onları, hendeklerinden çıkıp meydanda savaşmaları için çağırdılar. Ancak onlar Müslümanların karşısına çıkmayıp güvenli yerlerinde kaldılar. Müslümanlar bu hal üzere ve sonuç almaksızın uzun kalış ve bekleyişten bıktılar. Sonunda Numan, düşmanı sığınağından çıkartacak bir plan hazırladı. Askerlerini hızlıca geri çekilme emri verdi. Düşmana kaçma zannı vermek için geride bazı değersiz eşyaları bıraktılar. Plan tuttu. Müslümanların izlerini takip ederek onlara saldırdılar. İkinci günde de aynı şekilde kaçma imajı verildi ve düşman da takip etmeye devam etti. Numan onları kalelerinden, kendileriyle savaşılabilecek kadar uzaklaştırdığına inanınca ordusuna gündüzleyin hücum emri verdi. Çünkü Farslıların olduğu yer akşamdı. Ertesi günü de iki ordu birbirine girdi ve dehşet verici bir savaş yaptılar.

Numan'ın atının kaymadığı, kendisine isabet eden bir ok-tan şehid olduğu da rivayet edilir

Soru: Ondan sonra sancağı kim taşıdı? Farslar nasıl yenilgiye uğratıldı?

Cevap: O'nun şehadet haberi askerlerden gizlendi. O'ndan sonra sancağı Huzeyfe b. Yeman taşıdı. Farslıların saflarında büyük hezimet yaşandı. Kurtulabilenler, beraberlerindeki Firuzan ile komşu belde Hemedan'daki dağlara sığındılar. Ancak Müslümanlar Ka'ka b. Amr komutasında onları takip edip, aralarında Firuzan'ın olduğu bir çoğunu öldürdüler. Müslümanlar yüklü miktarda ganimet elde ettiler ve Hemedan'ı da ele geçirdiler.

O gün her bir süvarinin payı altı bin, yayanın payı iki bin dirheme ulaştı. Beytü'l-malın payı humus da Medine'ye gönderildi.

Soru: O gün Müslümanların ele geçirdikleri ganimetler nelerdir?

Cevap: Humus olarak beytü'l-mala götürülen ganimetler arasında iki adet içi mücevher dolu sepet vardı. Bunu Hz. Ömer'e (radıyallâhu anh) Saib b. Akra taşıdı. Hz. Ömer (radıyallâhu anh) bunları beytü'l-mala koydu, ancak bir gün rüyasında bunların yandığını gördü. Dehşet içerisinde uyandı ve içindekilerin satılıp parasının Müslümanlara dağıtılmasını emretti.

Saib der ki: Bunları götürüp Kûfe mescidine koydum. Bunları benden Amr b. Hureys iki milyon dirheme satın aldı. Sonra Acem diyarına götürüp orada dört milyon dinara sattı.

Soru: Hz. Ömer (radıyallâhu anh) bundan sonra Fars diyarında dört bir tarafa dalmaya izin verdi mi? Belirlediği sancaklar hangileridir? Komutanlar kimlerdir?

Cevap: Nehavend savaşından, Firuzan'ın öldürülmesinden ve Farslıların darmadağın olup dört bir yana dağılmasından sonra Hz. Ömer (radıyallâhu anh) Fars diyarına dalınmasını emretti. Bunun için ordular hazırladı, sancaklar belirledi. Komutanlar tayin etti ve her bir komutanın gideceği yeri belirledi. Bunlar sırayla şöyle idi:

1- Ahnef b. Kays; Horasan'a.

2- Mücaşi' b. Mes'ud es-Silmi; Erdeşirhar'a (Sabur).

3- Osman b. Ebû'l-As es-Sekafi; Istahar'a.

4- Sariye b. Zenim el-Kinnani; Fesa ile Daru Ebcerd'e.

5- Sehl b. Adiyy; Kirman'a.

6- Asım b. Amr et-Temimi; Sicistan'a.

7- Hakem b. Umeyr et-Teğalebi; Mikran'a.

Bunlara Kûfe'den asker desteği verdi. Başkomutanlığa da Ebû Musa Eş'ari (Abdullah b. Kays)'ı atadı.

Soru: Sa'd b. Ebi Vakkas (radıyallâhu anh) Hz. Ömer'e (radıyallâhu anh) şikayet edildi mi? Şikayet konusu şey ne idi?

Cevap: Başlarında Cerrah b. Sinan el-Esedi'nin bulunduğu bir grup insan Irak valisi Sa'd b. Ebi Vakkas'ı şikayet etmek için Irak'tan Medine'ye geldi. Bunlar O'nu, malı adaletli taksim etmemek, hükümde adil olmamak, savaşlara katılmamak, hatta namazı düzgün kılmamakla suçluyorlardı.

Hz. Ömer (radıyallâhu anh) onlara "Vallahi meşgalelerim yine de benim sizin şikayetlerinize bakmama engel teşkil etmeyecek" dedi. Çünkü O'nun asıl meselesi ordu ve fetihlerdi. Bu O'nun açısından daha önemli, daha ehemmiyetliydi. Çünkü bu haber, Müslümanların genelini ve o diyarlarda İslâm'ın geleceğini ilgilendiriyordu!

Bununla birlikte Hz. Ömer (radıyallâhu anh) şikayeti göz ardı etmedi; ihmalkâr davranmadı. Çünkü ülkelerdeki valilerin ve görevlilerin örnek ve önder kimseler olmaları gerekiyordu.

Soru: Durumu araştırması için Irak'a kimi gönderdi? O'ndan neler duydu? Sa'd b. Ebi Vakkas'ı iftiracıya karşı kışkırttı mı? Bunun sonuçları ne oldu?

Cevap: Hz. Ömer (radıyallâhu anh)'ın devlet yönetiminin değişik alanlarında güvendiği ve genel hususlarda kendilerine başvurduğu özel kimseler vardı. Bunlardan Muhammed b. Mesleme (radıyallâhu anh) de vali ve yöneticilerin idaresine bakıyordu. Şikayetleri araştırması için Hz. Ömer (radıyallâhu anh) bunu bir heyetle birlikte Kûfe'ye gönderdi.

Muhammed meseleyi üstlenerek araştırdı ve insanların çoğuna sordu. Herkes Sa'd b. Ebi Vakkas'ı (radıyallâhu anh) övmekte hemfikirdi. Sadece az sayıda bir insan, şikayetçi Cerrah b. Sinan'ın iddialarını destekledi. Bir de Beni Abes kabilesinden bir grup adına konuşan Üsame b. Katade de bu meyanda sözler söyledi.

Sa'd b. Ebi Vakkas (radıyallâhu anh) da şikayetçi için "Allahım! Bunu riya, yalan ve şöhret için söylediyse gözünü kör et, evlatlarını çoğalt ve saptırıcı fitnelere maruz bırak..." diye beddua etti. Sa'd b. Ebi Vakkas (radıyallâhu anh), Rasûlullah'ın (sallallâhu aleyhi ve sellem) duasını almış biriydi. O'nun için "Allahım! Okunu isabetli, duasını makbul kıl" diye dua etmişti. Onun için duası hep kabul olurdu. Bu, Abesli bu adamda da tahakkuk etti. Gerçekten de gözü kör oldu. Kızları çoğaldı ve O'na ulaştı. Kendisi kadınları taciz eder, onları gizli gizli takip ederdi! Zaman zaman "Bu mübarek adam Sa'd'ın duasıdır" derdi.

Onunla birlikte gidenler için de şu bedduayı yapmıştı: "Allahım! Eğer ortaya kibir, gurur, şımarıklık ve riyadan dolayı çıktılarsa yurtlarını yor". Bu da gerçekleşti. Bu fitne ve iftiraya karışan herkese Sa'd b. Ebi Vakkas'ın (radıyallâhu anh) duası isabet etti ve hepsinin ürünü telef oldu.

Soru: Ömer (radıyallâhu anh) ile Sa'd b. Ebi Vakkas (radıyallâhu anh) arasındaki görüşme nasıl gerçekleşti?

Cevap: Muhammed b. Mesleme bununla yetinmedi ve Hz. Ömer'in (radıyallâhu anh) emrini yerine getirmek için yanına Sa'd b. Ebi Vakkas'ı alarak heyetle birlikte Medine'ye döndü. Karşılaştıklarında Ömer (radıyallâhu anh) O'na "Namazı nasıl kıldırıyorsun ey Sa'd?" diye sordu. Sa'd "İlk iki rek'atı uzatıyor, son iki rek'atı kısa kesiyorum" dedi. "Senin hakkındaki zan(nımız) da böyledir ey İshak'ın babası! İhtiyatlı davranmasaydık onların tuzağı yol bulacaktı." dedi. Sonra "Kûfe'deki vekilin kimdir?" dedi. O "Abdullah b. Utban." dedi. Ömer (radıyallâhu anh) da bunu onayladı.

Sa'd b. Ebi Vakkas ve heyetle yaptığı konuşmadan Ömer, (radıyallâhu anh) Sa'd'ın doğru söyleyip ihbarcıların iftira attıklarını anladı. Sonra onları beldelerine gönderip Sa'd'ı yanında tuttu.

Soru: Hz. Ömer (radıyallâhu anh) Onu valilikten neden azletti?

Cevap: Hz. Ömer'in (radıyallâhu anh) Sa'd'ı azli, iftiracıları tasdiklediğinden değil, uzak görüşlülüğü ve hikmetli düşünmesiyle fitneyi önlemek ve olabilecek sonuçlarına mahal vermemek içindi.

Hz. Ömer (radıyallâhu anh) Cerrah'a "Kötülük düşündüğünüzün delili bu mesele için ortaya çıkmanız. Sizin için hazırlanan hazırlandı. Vallahi bu beni sizin meselenize bakmaktan alıkoymuyor…"

Çünkü savaşlar ve ordular Hz. Ömer'in (radıyallâhu anh) tüm vaktini ve enerjisini alıyordu. Hile ve entrikalar ise ikinci sırada idi. Onun da çözümü, vakti ve zamanı vardı.

Fitne ateşi küllendikten sonra Ömer (radıyallâhu anh) Sa'd'ı önceki gibi Kûfe valisi yapmak istedi, ancak Sa'd bunu kabul etmedi ve Rasûlullah'ın (sallallâhu aleyhi ve sellem) yanında Medine'de kalmayı tercih etti.

Soru: İsbahan ne zaman ve nasıl fethedildi?

Cevap: Nehavend'in fethinden sonra Hz. Ömer (radıyallâhu anh) Abdullah b. Abdullah b. Utban'ı İsbahan'a -veya İsfahan- gönderdi. Zira orada da Farslıların kalıntıları bir araya toplanmıştı. İsbahan Farslıların önemli şehirlerindendi. Ömer (radıyallâhu anh) daha sonra O'na yardımcı olarak Ebû Musa Eş'ari'yi (radıyallâhu anh) gönderdi; şehri kuşattılar. Sonra şehir halkı teslim olmayı ve sulhü kabul ettiler. Bunu sadece otuz erkek reddeti. Onlar da şehri terk edip Kirman'a kaçtılar.

Soru: Bu saldırının komutanı kimdi?

Cevap: Biraz önce geçtiği üzere komutan Abdullah b. Abdullah b. Utban'dı ve Ebû Musa Eş'ari de (radıyallâhu anh) yardımcı komutandı. Onlar burayı fethettikten sonra Hz. Ömer (radıyallâhu anh) Süheyl b. Adiyy'in kuşatma altında tuttuğu Kirman'a gitmelerini emretti.

Soru: Sulhün metni nasıldı?

Cevap: İsbahan ve Cey'lilerle[242] yapılan sulhün metni şöyleydi: "Bismillahirrahmanirrahim. Bu Abdullah'ın Fazusfan'a ve İsbahan halkı ile çevre halkına mektubudur. Siz cizyeyi ödediğiniz sürece güvende olacaksınız. Sizden büluğa ermiş her kişi için gücünüz yettiği miktarda malı cizye olarak her yıl komşu şehre ulaştıracaksınız. Müslümana yol gösterecek, yolunu ıslah edecek, (istediğinde) bir gün bir gece misafir

---

242   Cey Selman-ı Fârîsi'nin memleketidir.

edecek, yaya olanı iki merhale mesafe taşıyacaksınız. Hiçbir Müslümana sataşmayın. Müslümanların size nasihat etme ve borcunuzu ödemek için soruşturma hakkı vardır ve cizyeyi verdiğiniz sürece de siz eman içerisinde olacaksınız. Şayet bir şeyi değiştirerek veya sizlerden birileri değiştirerek cizyeyi vermemeye kalkarsanız eman hakkınızı kaybedersiniz. Kim bir müslümana söverse O'na eziyet etmiştir. Kim Müslümana vurursa onu öldürürüz."

Soru: Bu akde kim şahitlik etmiştir?

Cevap: Bunu Ebû Musa Eş'ari (radıyallâhu anh) yazmış, Abdullah b. Verka ile İsme b. Abdullah da şahitlik etmiştir. Dikkat edilirse farklı bölgelerde yapılan andlaşmaların tümünde katibinin ve şahitlerinin ismi yazılmıştır.

Soru: Azerbaycan nasıl fethedildi? Müslümanların komutanı kimdi?

Cevap: Büyük savaşlardan ve uğradıkları büyük hezimetlerden sonra Farslıların arta kalan güçleri Müslümanları kovmak ve hakimiyeti tekrar ele geçirmek adına ümitsiz bir çabayla Fars'ın uzak şehirlerinde bir araya toplandılar. Bu arada Nehavend şehidi Numan b. Mukarrin'in kardeşi Nuaym on bin kişilik ordusuyla Hemedan'daydı. Farslıların Hemedan ile Kazvin arasındaki Vacirud denen yerde yığınak yaptıkları haberi gelince onların üstüne yürüdü ve savaşı başlattı. Nehavend'den daha şiddetli olduğu söylenen savaşta Farslılar büyük bir yenilgiye uğradılar.

Soru: Ömer (radıyallâhu anh) O'na daha sonra nereye yönelmesini emretti?

Cevap: Nuaym b. Mukarrin (radıyallâhu anh) Hz. Ömer'e

fetih ve zafer müjdesini ulaştırınca, O'nu tebrik ve O'nun için dua etti. Sonra Reyy kentine gitmesini ve fetih nasip olursa valisi olmak üzere orada kalarak şehrin düzenini sağlamasını, işlerini düzenleyip yoluna koymasını ve yönetmesini emretti.

Soru: Reyy şehri nerededir, önemi nedir?

Cevap: Reyy Tahran'a çok yakın mesafededir. Şehirlerin analarından ve ünlülerinden olan bu şehir İsbahan'dan büyük ve kalabalıktır. Kazvin denizine yakın olup yolların kavşağında yer alır.

Soru: O vakit Farslıların komutanı kimdi?

Cevap: O vakit Farslıların komutanı Kadisiyye savaşı komutanı Rüstem'in kardeşi İsfendiyar'dı. Etraftaki Farslılardan yardım talebinde bulunmuş, dört bir yandan gelen Farslılar O'nunla birlikte büyük bir kalabalık oluşturmuştu.

Soru: Burası nasıl fethedildi?

Cevap: İki ordu şehir dışındaki Reyy dağının eteğinde karşı karşıya geldi ve savaş burada oldu. Adamları ve saygınlığı olan Zinbi adında Reyy'li bir adam Farslılardan ayrı davranarak Nuaym'ın yanına gitti ve şöyle diyerek O'nunla ittifak kurdu: "Farslılar çok, sen ise azsın. Şimdi sen benimle atlılar gönder. Ben onlar farkına varmadan bu atlıları şehre sokarım. Sen de savaşmaya devam et. Zira biz onlardan ayrılırsak senin önünde duramazlar." Bunun üzerine Nuaym geceleyin, başında kardeşi oğlu Münzir b. Amr'ın olduğu atlıları O'nunla gönderdi. Zinbi bunları, onlar farkında olmadan şehre soktu. Onlarla savaştılar ve düşmanı yenilgiye uğrattılar... Sonunda halk teslim oldu. Nuaym onlarla barış andlaşması yaptı ve durumu Hz. Ömer'e (radıyallâhu anh) bir mektupla bildirdi.

Soru: Nuaym b. Mukarrin bu andlaşmada onlara ne yazdı?

Cevap: Nuaym onlara şöyle yazdı: "Bismillahirrahmanirrahim. Bu Nuaym b. Mukarrin'in Reylilere yazdığı emandır. Rey ve etrafındaki beldelerin halkı, büluğa ermiş her bir kimse için cizye ödeyecek. Müslümanlara iyi davranacak veya ihtiyaç duyduğunda yardım edecekler. Aldatmayacak, kovmayacaklar. Müslümanları bir gün bir gece konuk edecekler. Müslümanlara saygı gösterecekler. Kim bir Müslümana söver veya onu küçümserse tazir cezası görür. Kim de onu döverse, öldürülür. Kim de topyekün andlaşmaya aykırı davranır ve teslim olmazsa sizden ayrılmış (ahdini bozmuş) olur.

Soru: Bab'ın fethi nasıl gerçekleşti? Daimi komutan kimdi?

Cevap: Bab -Ebvab da denir- Hazar gölü kıyısında büyük bir şehir ve önemli bir gediktir. Farslı savaşçılardan kaçanların sığınak ve korunma yeri olmaması için mutlaka fethedilmesi gerekiyordu. Ömer de (rh.a) Süraka b. Amr'ı genel komutan olarak gönderdi. Ön birliğin başına Abdurrahman b. Rebia'yı, sağ ve sol kanatlara da Huzeyfe b. Üseyd ile Bükeyr b. Abdullah'ı atadı. Oraya yaklaştıklarında kralları Şehriberaz eman dilemek için çıkageldi. Komutan Bükeyr b. Abdullah'la görüştü ve O'na "Ben şeref sahibi olmayan köpek gibi düşmanların ve farklı milletlerin bulunduğu insanlarla muhatabım. Şeref ve akıl sahibi hiç kimseye bunlara yardım etmesi, şerefli ve asil insanlara karşı onlardan yardım istemesi yakışık almaz. Nerede olurlarsa olsunlar şereffliler şereflilerin akrabalarıdırlar. Ben Kapçı da Ermeni de değilim. Siz benim ülkeme ve milletime hakim oldunuz. O yüzden bugün ben sizdenim. Elim elinizin üzerinde, yardımım size olacaktır. Allah bize ve size güzellikler versin. Size vergi verecek ve istediklerinizi yapacağız; fakat bizi cizyeyle zelil ederek sizin düşmanlarınız karşısında küçük düşürmeyin."

Soru: Süraka b. Amr'ın şehir halkına yazdığı akdin metni nasıldır?

Cevap: Abdurrahman krala "Benim üstümde başka birisi var, o seni himaye edecektir, ona git" dedi. Kral da genel komutan Süraka'ya gitti ve Abdurrahman'dan istediğini O'ndan da istedi. Süraka O'na şöyle dedi: "Bunu seninle bu fikir üzere olanlar hakkında, böyle oldukları sürece kabul ediyorum. Ancak çıkmayıp yurdunda kalanlardan cizye alınması şarttır" dedi. Kral da kabul etti.

Bunun üzerine Süraka O'na şu akdi yazdı:

"Bismillahirrahmanirrahim. Bu, Mü'minlerin emiri Ömer b. Hattâb'ın valisi Süraka b. Amr'ın, Şehriberaz ile Ermenistan'da oturanlara ve Ermenilere verdiği emandır. Bunu, canlarının, mallarının ve dinlerinin güvencede olması için vermiştir. Ancak zarar vermemeleri ve başkaldırmamaları şartıyla. Yerleşikler, göçebe olup buradan geçenlerden ve çevre bölgelerden andlaşmaya girmek isteyenler aynı konumdadırlar. Bunların her savaşa katılmaları, her emri uygulamaları gerekmektedir. Bu andlaşmaya evet diyenlerin cizye vermesi şarttır. Ancak kuraklık durumunda bir şey vermeleri gerekmez. Burada kalıp şartlara razı olanlar Azerbaycanlılar gibi cizye vermek, Müslümanlardan yol soranlara yolu göstermek ve Müslüman yolcuları bir gün bir gece ağırlamakla mesuldürler. Kıtlık olduğunda bu onlardan alınmaz, normal hale dönülünce alınır.... Abdurrahman b. Rebia, Süleyman b. Rebia ve Bükeyr b. Abdullah'ı buna şahit kılıyorum... Bunu Mardiy b. Mukarrin yazmış ve şahit olmuştur.

Soru: Süraka'nın vefatından sonra komutanlığa kim geldi?

Cevap: Süraka vefat etti. Bunun üzerine Ömer (radıyallâhu anh) O'nun yerine Abdurrahman b. Rebia'yı getirdi. O da Süraka gibi "Zünnur" (nurlu) lakabıyla meşhurdu.

Soru: Mü'minlerin emiri Ömer (radıyallâhu anh) O'na ne direktifler verdi?

Cevap: Fars ülkesinin çoğunluğu Müslüman fatihlerin hakimiyeti altına girmiş, Fars direnişi -tehlike arzetmeyen basit savaş kalıntıları dışında- bitmişti. Böyle olunca Hz. Ömer (radıyallâhu anh) Abdurrahman b. Rebia'ya daimi şekilde Türk ülkelerine ilerleme emrini verdi.

Hedef belli ve anlaşılırdı. O da İslâm dinini insanları sömürmeden, ezmeden ve fakir bırakmadan dünyanın dört bir yanına yaymak!

Soru: Komutan Abdurrahman b. Rebia nasıl şehid oldu? Nereye defnedildi? Kardeşi ne yaptı?

Cevap: Abdurrahman çıkmak üzere hazırlık yaparken Bab'ın kralı Şehrebzar çıkageldi ve O'na "Ne yapmayı düşünüyorsun?" diye sordu. Abdurrahman "Belencer'e gitmeyi" dedi. Şehrebzar "Biz onlardan memnunuz. Bab şehrimize dokunmuyorlar" dedi. Abdurrahman "Ancak biz onlara ülkelerinde gitmezsek bu kadarısıyla onlardan memnun değiliz. Vallahi bizim öyle adamlarımız var ki, Mü'minlerin emiri izin verecek olsa onlarla Çin Seddi'ne ulaşırım." Dedi.

Şehrebzar "Kimdir onlar?" dedi. Abdurrahman "Rasûlullah (sallallâhu aleyhi ve sellem) ile arkadaşlık yapan ve bu dine isteyerek girenlerdir. Bunlar cahiliyyede hayalı ve cömert kimselerdi; İslâm'dan sonra haya ve cömertlikleri daha da arttı. Bu onların her zamanki halleri olmaya devam ediyor. Onlara galebe çalanlar onları değiştirmediği sürece zafer bunlarla olmaya devam edecektir."

Abdurrahman (radıyallâhu anh) ordusuyla Türk diyarına doğru ilerledi ve Belencer'de onlarla savaştı. Sonra şehid oldu ve kardeşi onu defnetti. Kardeşi askerlerinin az olması sebebiyle ilerleyemeyeceğini görünce kalan askerlerle geri döndü.

Soru: Mecusî Ebû Lü'lüe kimdir?

Cevap: İsmi Feyruz, lakabı Ebû Lü'lüe'dir. Sahâbelerden Muğire b. Şu'be'ye Kûfe valisi iken hizmet etmiştir. Farslı kölelerdendir ve müslüman olmayıp mecusîliğine devam etmiştir. Hz. Ömer'i (radıyallâhu anh) mihrapta namaz kılarken öldüren budur.

Soru: Mü'minlerin emiri Ömer (radıyallâhu anh)'ı öldürmeye neden kastetmiştir?

Cevap: Hz. Ömer (radıyallâhu anh) ergenlik çağına ermiş hiçbir kölenin Medine'ye girmesine izin vermiyordu. Bu, Muğire b. Şube'nin Kûfe'den gönderdiği mektupla, demircilik, marangozluk ve işlemecilikte usta olan Ebû Lü'lüe adındaki kölesinin Medine'ye girmesi için O'ndan izin istemesine kadar sürdü. Hz. Ömer (radıyallâhu anh) kabul etti.

Muğire, Ebû Lü'lüe'ye aylık yüz dirhem haraç yüklemişti. Bir gün Ömer (radıyallâhu anh)'a geldi ve haracın ona ağır geldiğinden ve Muğire'nin zulmünden şikayet etti. Hz. Ömer (radıyallâhu anh) "Hangi işlerde mahirsin?" dedi. Söyleyince Ömer (radıyallâhu anh) "İşine nazaran haracın çok değil" dedi. Bunun üzerine Ebû Lü'lüe sinirlenerek gitti.

Birkaç gün sonra Ömer (radıyallâhu anh)'a uğradığında Ömer (radıyallâhu anh) "Bana söylendiğine göre "Dilesem rüzgarla çalışan bir değirmen yapabilirim" diyormuşsun" dedi. Ebû Lü'lüe: "Sana öyle bir değirmen yapacağım ki, onu insanlara anlatıp duracaksın" dedi. Ömer (radıyallâhu anh) etrafındakilere dönerek "Bu köle beni tehdit ediyor" dedi.

Soru: Hz. Ömer (radıyallâhu anh) şehadeti temenni ediyor muydu?

Cevap: Hz. Ömer (radıyallâhu anh) uyanık ve zeki biriydi ve o alçağın ne ima ettiğini anladı.

Soru: Son haccı'nda nasıl dua etti?

Cevap: O'nun son Haccı'nda şöyle dua ettiği meşhurdur: "Allahım! Yaşlandım ve gücüm azaldı, halkım çoğaldı. (Sana kulluk görevimde) gevşeklik ve ihmalkârlık yapmadan beni katına al."

Soru: Döndükten sonra insanlara ne konuşma yaptı?

Cevap: "Ey insanlar! Ben size farzları uygulattım, sünnetleri koydum ve sizi apaçık bir yol üzere bıraktım." Sonra sağ elini sol elinin üzerine vurdu ve "Ancak, insanları sağa sola saptırırsanız, başka. Ayrıca sizi, recm (zina eden evliyi taşlayarak öldürme) âyetinden dolayı helak olmaya ve birilerinin tutup "Allah'ın Kitabı'nda bu cezayı görmüyoruz" demesine karşı uyarıyorum. Ben Rasûlullah'ı (sallallâhu aleyhi ve sellem) recmederken gördüm ve biz de O'ndan sonra recmettik. Vallahi, insanlar "Ömer Allah'ın Kitabı'ndan yeni şeyler çıkardı" demeyecek olsalardı bunu O'na yazardım. Biz şu ayeti okuduk: "Evli erkek ve evli kadın zina yaptıklarında onları mutlaka recmedin"

Soru: Hz. Ömer'in (radıyallâhu anh) gördüğü rüya nedir? Rüyasını kim ve nasıl tabir etti?

Cevap: Rivayet edildiğine göre Hz. Ömer (radıyallâhu anh) yaralanıp şehid edilmeden önce bir rüya gördü ve şöyle dedi: "Rüyamda bir horozun beni iki defa gagaladığını gördüm de Allah (c.c.) bana şehadeti getirecek ve beni bir Acem öldürecek, dedim.

Rüyasını başkası da yorumlamıştır. Rivayete göre, kocası Cafer-i Tayyar'ın şehadetinden sonra Hz. Ebû Bekir'in (radıyallâhu anh) nikahı altında bulunan Umeys kızı Esma (radıyallâhu anh) da yorumlamıştır. Zira Ebû Bekir (radıyallâhu anh) rüya tabirinde ustaydı ve Esma rüya tabirini ondan öğrenmişti[243].

Soru: Hz. Ömer (radıyallâhu anh) nasıl yaralandı?

Cevap: Ömer (radıyallâhu anh) namaz için mescide girdiğinde "safları düzeltin" diyerek safları düzene koyar, ardından öne geçip tekbir getirirdi.

İşte bu esnada Ebû Lü'lüe insanlar arasından çıktı ve Hz. Ömer (radıyallâhu anh)'ın üzerine atlayıp hançerini sapladı. Ömer (radıyallâhu anh) "Beni köpek yaraladı" diye haykırdı ve yere düştü. Bedeninden kan akıyordu. Ebû Lü'lüe geri çekildi ve O'nu tutmaya çalışan herkesi hançerlemeye çalıştı. Büyük bir gürültü koptu ve ortalık karıştı.

---

243 Esma sonra Hz. Ebû Bekir'in oğlu Muhammed'le evlenmiş ve O'ndan çocukları olmuş, daha sonra Hz. Ali ile evlenmiş, O'ndan da çocukları olmuştur.

Soru: Ebû Lü'lüe Hz. Ömer (radıyallâhu anh)'dan başkasını yaraladı mı?

Cevap: Ebû Lü'lüe çift uçlu ve zehirli hançeriyle on üç kişiyi yaraladı. Bunların dokuzu Hz. Ömer (radıyallâhu anh) ile şehid oldular. Allah yaptıklarından dolayı onları cennetle mükafatlandırsın.

Hz. Ömer (radıyallâhu anh) "Köpeğe yetişin" diye bağırıyordu.

Muğire'nin kölesi Ebû Lü'lüe olduğunu bilmeksizin öldüren için "köpek" dedi. Çünkü hava karanlıktı ve henüz gün ışımamıştı.

Soru: Müslümanlardan biri O'na ne yaptı?

Cevap: Tam mescidin kapısına vardığı ve neredeyse kaçıp kurtulacağı bir esnada, hareketsiz hale getirmek için üzerine abasını attı.

Soru: Yakalandı mı yoksa intihar mı etti?

Cevap: Hareket edemediğini ve kesinlikle tutuklanacağını hissedince hançerini kendisine sapladı. Yere yığıldı ve çırpınmaya başladı. Sürekli kan kaybediyordu. Nihayet, ardında kendisi için üzülecek birini bırakmadan öldü.

Soru: Müslümanlar namazı nasıl tamamladılar?

Cevap: Ömer (radıyallâhu anh)'ın şuuru hala yerindeydi. Müslümanlara namazı tamamlamalarını emretti. Abbas b. Abdulmuttalip, Abdurrahman b. Abdurrahman b. Avf'ı elinden tutup öne geçirdi. O da Müslümanlara kısa bir namaz kıldırdı.

Daha sonra Hz. Ömer (radıyallâhu anh) evine taşındı. Temiz ve pak kanı elbisesini ıslatmıştı.

Soru: Hz. Ömer (radıyallâhu anh) hemen vefat etti mi?

Cevap: Zehir bütün bedenine yayılmaya başladı. Hiçbir ilaç ve tedavi fayda vermiyordu. Birkaç saat daha şuuru yerinde yaşadı. Kolay nefes alıp verememeye karşı direniyordu.

Soru: Hz. Ömer (radıyallâhu anh) Müslümanlardan ne istedi?

Cevap: Allah'ın (c.c.) huzurunda iken O'nu bu şekilde hile ve alçaklıkla öldürenin kim olduğunu söylemelerini istedi.

Soru: Ebû Lü'lüe'yi kim haber verdi?

Cevap: Yanına ilk giren İbn Abbas (radıyallâhu anh) idi. O'na "Araştır, beni kim öldürmüş?" dedi. İbn Abbas (radıyallâhu anh) çıktı ve araştırdı. Sonunda katilin kim olduğunu, sonunun nasıl olduğunu, namaz kılarken şehid ettiği başka Müslümanları öğrenip geldi ve "Katil Muğire b. Şu'be'nin zanaatçi kölesi..." diye haber verdi.

Soru: Hz. Ömer (radıyallâhu anh) ne dedi?

Cevap: "Allah kahretsin, ne istemiş? Oysa onun iyiliği için emirler vermiştim[244]." dedi. Sonra "Allah'a hamdolsun ki ölümümü Müslüman denen biri eliyle yaptırmadı."dedi.

Soru: Oğlu Abdullah'tan (radıyallâhu anh) ne istedi?

Cevap: Sonra oğlu Abdullah'ı çağırdı ve "Araştır bakalım ne kadar borcum varmış?" dedi. Oğlu araştırıp hesapladı ve borcunu seksen altı bin dirhem olarak çıkardı. Oğluna "Abdullah, bunu Ömer'in (radıyallâhu anh) parası öderse onunla öde; ödeyemezse kalanını Adiyy b. Ka'b oğullarından (Ömer'in

---

244 Medine'ye gelmesine ve kalmasına izin vermek suretiyle.

aşireti ve kavmi) talep et. Onların malı yetmezse Kureyşli olanlardan iste. Onlarınki de yetmezse başka kimselerden isteme." dedi.

Soru: Kendisinden sonrası için birini belirledi mi?

Cevap: Hz. Ömer (radıyallâhu anh) kendisinden sonra için sahâbelerden birini halife tayin etmedi; bu hususta kimsenin ismini anmadı. Sadece, kendi görüşüne dayanarak, Rasûlullah'ın (sallallâhu aleyhi ve sellem) kendilerinden razı olarak vefat ettiği altı sahâbeyi söyledi. Bunların aralarında istişare yaparak kendilerinden birini seçmelerini söyledi.

Soru: Bu altı sahâbî kimdir?

Cevap: O değerli ve aziz sahâbîler şunlardı: Osman b. Affan, Ali b. Ebû Talib, Abdurrahman b. Avf, Sa'd b. Ebi Vakkas, Zübeyir b. Avvam ve Talha b. Ubeydullah.

Soru: Neden başkalarını değil de bunları söyledi?

Cevap: Çünkü bunlar Rasûlullah'tan (sallallâhu aleyhi ve sellem) rivayet olunan cennetlik on sahâbenin (Aşere-i mübeşşere) zikredildiği hadiste geçen isimlerden hayatta kalanlardı: "Ebu Bekir, Ömer ,Osman, Ali, Said b. Zeyd, Sa'd b. Ebi Vakkas, Ebû Ubeyde b. Cerrah, Abdurrahman b. Abdurrahman b. Avf, Talha b. Ubeydullah ve Zübeyir b. Avvam."

Soru: Oğlu Abdullah'ı neden zikretti? O'na bir hak verdi mi?

Cevap: Abdullah'ı bunlarla birlikte yedinci olarak zikretmesi, tarafların üçe üç berabere kaldığında birinin diğerine ağır basmasını sağlamak içindir. Kaldı ki O, takvalı, salih ve üstün görüşlü biri olduğuna Rasûlullah'ın (sallallâhu aleyhi ve sellem) ve sahâbelerin şahitlik ettikleri bir kimsedir. Hz. Ömer (radıyallâhu anh) O'na seçilme hakkını vermemiştir. Zaten Hattâb ailesinin yüklendiği mesuliyet ve zorluklar onlara yeterdi.

Soru: Hz. Ömer (radıyallâhu anh)'ın, bunlardan biri seçilmediğinde hepsinin öldürülmesi emrini verdiği iddiası doğru mudur?

Cevap: Hz. Ömer'in (radıyallâhu anh), ihtilaf etmeleri ve üç gün içerisinde müşaveredeki görevlerini yerine getirmemeleri, birini seçemedikleri durumunda hepsinin öldürülmesini emretmesi dinen,aklen ve mantıken kabul edilemez ve Hz. Ömer (radıyallâhu anh)'ın ahlâkına yakıştıralamaz bir şeydir.

Üç gün ile sınırlamasına gelince bunu onların birinde ittifak etmede acele davranmalarını sağlamak için yapmıştır; zira Müslümanların kendilerini yönetecek bir halifesiz bırakılmamaları şarttı.

Soru: Hz. Ömer (radıyallâhu anh) oğlu Abdullah'tan (radıyallâhu anh) defniyle ilgili ne istedi?

Cevap: Abdullah'a şöyle dedi: "Mü'minlerin annesi Âişe'ye (radıyallâhu anh) git ve O'na şöyle de: "Ömer sana selam söylüyor -mü'minlerin emiri, deme; çünkü ben bugün onların emiri değilim- ve senin için iki arkadaşının yanına gömülmek için izin verir mi? diyor"

Soru: Abdullah (radıyallâhu anh) Mü'minlerin Annesi Âişe'ye ne dedi?

Cevap: Abdullah (radıyallâhu anh) yanına gittiğinde O'nu oturmuş ağlar halde buldu. Selam verdikten sonra "Ömer b. Hattâb iki arkadaşının yanına defnedilmek için izin istiyor" dedi.

Soru: Hz. Âişe (radıyallâhu anhâ) ne dedi?

Cevap: Âişe (radıyallâhu anhâ): "Vallahi onu kendim için istiyordum. Ancak bugün O'nu bana tercih edeceğim" Ddedi. Nitekim Âişe (radıyallâhu anhâ) kabrinin kocası Muhammed Mustafa ve babası Ebû Bekir es-Sıddık'la aynı odada olmasına karar vermişti.

Soru: Hz. Ömer (radıyallâhu anh) nasıl defnedildi?

Cevap: Abdullah babası Ömer (radıyallâhu anh)'ın yanına döndü. O'na "Abdullah Âişe'nin yanından döndü" dediler. "Beni kaldırın" dedi. Orada bulunanlardan biri O'nu göğsüne dayadı. Abdullah'a "Sende ne haber var?" diye sordu. Abdullah "Sana izin verdi" dedi. Bunun üzerine "Benim için bu yatıştan önemli bir şey yoktu!" dedi.

Soru: Vefatından önce Müslümanlara ne vasiyet etti?

Cevap: Son tavsiyeleri şu idi: "Size Allah'ın Kitabı'nı tavsiye ediyorum. Çünkü siz O'na tutunduğunuz sürece sapmazsınız. Size Muhacirlere iyiliği tavsiye ediyorum; zira insanlar çoğalıyor, onlarsa azalıyorlar. Size Ensara iyiliği tavsiye ediyorum; çünkü onlar İslâm'ın sığındığı kaledirler. Size bedevilere iyiliği tavsiye ediyorum; çünkü onlar aileleriniz, etiniz kemiğiniz, kardeşleriniz ve düşmanlarınızın düşmanlarıdırlar. Ehl-i Zimmet'e iyi davranmanızı tavsiye ediyorum; zira onlar Peygamber'inizin emaneti, evlatlarınızın rızık sebebidirler... Bunları benim adıma yerine getiriniz."

Soru: Ardından yönetime gelecek kimseye ne tavsiyede bulundu?

Cevap: Hz. Ömer (radıyallâhu anh) şura ehli altı kişiye de şu tavsiyede bulundu: "Benden sonraki halifeye Allah'tan korkmasını, ilk muhacirlerin haklarını korumasını ve saygınlıklarını bilmesini tavsiye ediyorum. Farklı İslâm ülkelerindeki halka iyi davranmasını tavsiye ediyorum; çünkü onlar İslâm'ın destekçileri, düşmanın öfkeleri, gelir kaynağıdırlar. Onlardan sadece mallarının fazlasını onların da gönül hoşluğu ile alsınlar. Yurtlarını ve gönüllerini açan Ensarın da iyilerin (iyiliklerini) kabul edip, kötülerini affetmelerini tavsiye ediyorum. Bedevi Araplara da iyi davranmalarını tavsiye ediyorum; çünkü onlar Arap milletinden olup İslâm'ın da materyalidirler. Artakalan mallarından alınıp fakirlerine verilmesini tavsiye ediyorum. Ona, Allah'ın (c.c.) ve Rasûlullah'ın (sallallâhu aleyhi ve sellem) ahdine sadakat göstermesini, onlara ancak güçlerinin yettiğini yüklemesini, ardlarından savaşmamasını tavsiye ediyorum."[245]

Soru: Ebû Lü'lüe hançeri Hz. Ömer (radıyallâhu anh)'ın nerelerine sapladı?

Cevap: Ebû Lü'lüe hançeri Ömer (radıyallâhu anh)'ın iki yerine sapladı. Önce sırtına sapladı. Hz. Ömer(radıyallâhu anh) ona doğru dönünce karnına, tam göbeğinin olduğu yere sapladı. Mide ve bağırsakları parçalayan ve zehirin bedene yayılmasına sebep olan da bu darbeydi. Evet... Allah'ın (c.c.) Hz. Ömer (radıyallâhu anh) hakkındaki takdiri mihrapta şehid olması şeklindeydi.

Soru: Ömer (radıyallâhu anh) Ebû Lü'lüe'ye haksızlık etmiş miydi?

Cevap: Ebû Lü'lüe'nin Hz. Ömer'e (radıyallâhu anh) düşmanlığı, O'ndan gördüğü bir zulümden dolayı değil-

---

245 İki vasiyetin lafzen ve manen birbirine yakınlığına rağmen mesele okuyucunun kafasını karıştırabilir; birincisi halka ve insanlara, ikincisi ise yöneticiye ve halkından mes'ul halifeye tavsiyesidir.

di. Çünkü bir Mecusî olarak Medine'de kalması Hz. Ömer (radıyallâhu anh)'dan O'na bir iyilik ve hoşgörüydü.

Bir çok ve çeşitli zanaatlerde iş yapması ona büyük gelir ve çok miktarda para kazandırıyordu. Ancak muhtemelen onun Hz. Ömer'e (radıyallâhu anh) karşı kin ve düşmanlığının kaynağı Mecusî olmasıydı. Bu O'nun kara kalbinde Ömer (radıyallâhu anh)'a ve Müslümanlara karşı kinini harekete geçiriyordu. Müslümanlar Fars diyarında her bir şehri fethettiklerinde ve o topraklarda her ilerlediklerinde O'nun kin, nefret ve düşmanlığı daha artıyor ve ihanet düşüncesi daha canlanıyordu.

Nitekim hançerini keskinletip zehirlettiğinde Hürmüzan'a gelmiş ve O'na "Bunun hakkında ne düşünüyorsun?" demiş, O da "Öyle inanıyorum ki O'nu kime saplasan öldürür" demişti.[246]

Soru: Hz. Ömer'in (radıyallâhu anh) oğlu Ubeydullah, Hürmüzan'a neden düşman olmuştur?

Cevap: Hürmüzan ile Ebû Lü'lüe'nin Ömer (radıyallâhu anh)'ı öldürme projesinde ortak olduklarını pek çok tarihçi rivayet etmiştir. Örneğin İbn Sa'd, Tabakat'ında şöyle anlatır: Ebû Bekir'in oğlu Abdurrahman Hz. Ömer'e (radıyallâhu anh) saplalan hançeri görünce "Ben bu bıçağı dün Hürmüzan ile Cüfeyne'de[247] gördüm ve onlara "Bu bıçakla ne yapıyorsunuz?" dedim. "Et kesiyoruz. Zira biz ete elimizi sürmeyiz" dediler." dedi. Bunu duyan Ömer'in oğlu Ubeydullah O'na "Yani sen bunu onlarda gördün, öyle mi?" diye sordu, O' da "Evet" dedi.

---

246 Üsüdü'l-Ğabe.
247 Cüfeyne, Hire Hristiyanlarındandı. Medine'ye Sa'd b. Ebi Vakkas ile gelmişti ve okuma-yazma öğretiyordu.

Sonra kılıcını alıp yanlarına gitti ve ikisini de öldürdü.

Onların bu entrikasını Said b. Müseyyeb'in, Abdurrahman b. Ebû Bekir'den yaptığı rivayet de desteklemektedir.

Soru: Bu aslen Hürmüzan'ın hazırladığı bir entrika mıydı?

Cevap: Evet, şüphesiz O'nun hazırlayıp Ebû Lü'lüe'yi kullandığı bir entrikaydı.

Oysa Ömer (radıyallâhu anh) her ikisine de iyilikte bulunmuştu. Birincisine; Müslüman olduğunu söyledikten sonra affedip maaş bağlamasıyla, ikincisine de Muğire b. Şu'be'nin onun hakkındaki ricasını kabul edip ve Medine'ye gelmesine izin vermesiyle.

Daha sonra asırlar boyunca nice ateşetapar Mecusî, Müslümanlara karşı fitneleri körüklemiştir. Tarih sayfaları onların taassup ve entrikalarıyla doludur. Ama Allah işinde galiptir.

374. Soru: Hz. Ömer'in (radıyallâhu anh) cenaze namazını kim kıldırdı? Mübarek kabri Rasûlullah (sallallâhu aleyhi ve sellem) ile Hz. Ebû Bekir'in (radıyallâhu anh) kabirlerinin neresindedir?

Cevap: Hz. Ömer (radıyallâhu anh) Hicrî 24 yılının Muharrem ayının ilk günü Pazar sabahı vefat etti. Hançerle yaralanması ise Zilhicce ayının bitimine dört gün kala haftanın Çarşamba günü idi. Vefat ettiğinde 63 yaşını doldurmuştu.

Cenaze Namazını Suheyb b. Sinan (radıyallâhu anh) kıldırdı.

O'nu kabre Ali, Osman, Zübeyr, Abdurrahman b. Avf, Sa'd b. Ebi Vakkas ile oğlu Abdullah b. Ömer indirdi. Defnini de bunlar gerçekleştirdiler.

Başı, arkadaşı Sıddık'ın(radıyallâhu anh) omuzunun hizasına gelecek şekilde kondu.

Soru: Hz. Ömer (radıyallâhu anh) aile efradına ne vasiyet etti?

Cevap: Ailesine ve arkadaşlarına, Rasûlullah'ın (sallallâhu aleyhi ve sellem) "Her kim için ağlanırsa O'na azap edilir" hadisinden ve "Kendisi için çığlık atılıp bağırılan kimse azap görür" hadisinden dolayı, öldüğünde çığlık atarak ağlamamalarını vasiyet etti.

Kendisini miskle yıkamamalarını veya miske yaklaştırmamalarını vasiyet etti.

Üç defa suyla yıkandı, üç beze kefenlendi. Ardından ateşle gelinmemesini, defin için kabre hiçbir kadının gelmemesini vasiyet etti.

Soru: Oğlu Abdullah'a ne vasiyet etti?

Cevap: Oğlu Abdullah'a: "Oğlum! İmanın hasletlerinden ayrılma" dedi. O "Onlar nelerdir babacığım?" dedi. "Yazın zor günlerinde oruç tutmak, düşmanları kılıçla öldürmek, musibete sabretmek, kışın soğukta tam ve güzel abdest almak, bulutlu günde namazı geciktirmeden hemen kılmak, aklın çalışmasını engelleyen şeyi bırakmak" dedi. Oğlu: "Aklın çalışmasını engelleyici nedir?" dedi. Ömer (radıyallâhu anh) "İçkidir" diye cevap verdi. Zira o, Rasûlullah'ın buyurduğu gibi kötülüklerin anasıdır.

Soru: Hz. Ömer'in (radıyallâhu anh) kerametleri var mıydı?

Cevap: Hz. Ömer (radıyallâhu anh)'ın imanı berraklaşmış, saflaşmış ve ince olmuştu. O yüzden basireti gerçekleri gözünden önce görüyordu.

Bir Cuma günü hutbe veriyordu. O'nun kalbi Fars diyarında savaşmakta olan Müslüman ordusuylaydı. Birden onlara şefkatinden paniğe kapıldı ve "Ey Sariye dağa dağa" dedi. Cemaat bunu işitince garipsediler.

Sariye b. Zeynem Farslılarla çetin çatışmalara giren komutanlardan biriydi. Bir savaşında arkasında dağ vardı ve oraya sığınacak olurlarsa dağ onun için koruyucu ve himayeci olacaktı.

Birden kalbine dağa sığınma fikri geldi. Uzaktan da böyle bir ses işitir gibiydi.

Hz. Ali (radıyallâhu anh) der ki: Ben bu sözün tarihini yazdım. Derken bir gün o ordunun öncü birliğinin elçisi geldi ve şöyle dedi: "Ey Mü'minlerin emiri, Cuma günü hutbe esnasında savaşırken yeniliyorduk. Birden bir insanın "Ey Sariye dağa, dağa" sesini işittik. Bunun üzerine sırtımızı dağa verdik de Allah bu sesin bereketiyle bizi kafirlere galip getirdi; büyük ganimetler ele geçirdik!"

Soru: Hz. Ömer'in (radıyallâhu anh) vefatında neler söylendi, ne mersiyeler yazıldı?

Cevap: Aynı zamanda amca kızı olan hanımı Zeyd b. Amr kızı Atike şöyle ağıt yaktı:

Nesli kesilesi Feyruz canımı yaktı,

Kur'an'ın en pak okuyucusuyla, tevbekârla.

En güçsüze merhametli, düşmana katıydı.

Felaketlerde güvenilir kardeş, yardıma koşucuydu.

Her ne söylese fiili sözünü yalanlamazdı.

Hayırlara koşandı; kaşları çatık değildi.

Şu mersiye de O'na aittir:

Ey göz! Cimrilik yapma ve bıkma sakın,

Bol bol ağla, feryad et O asil imam için.

Beni yaktı bitirdi; eğitilmiş Farslının eliyle,

Kargaşa ve fitne gününde gelen bu ölüm.

İnsanların güveniydi, belalarda yardımcısı,

Felaketzedenin ve savaşılanın imdadı.

Sevinenlere ve üzülenlere söyle: Ölün, ne yaşıyorsunuz!

Ölüm ona "halk kadehi"ni içirmişken.

Soru: O'nun hakkında insanlar ne demişlerdir?

Cevap: Sahâbelerin O'nun hakkında söylediklerini nakledelim:

Abdullah b. Selam (radıyallâhu anh): "İslâm'ın ne güzel kardeşiydin sen ey Ömer! Hakta cömert, batılda pintiydin. Hoşnutluk gerektiren yerde hoşnutluk gösterir, kızılacak yerde kızardın. Gözün iffetli, kalbin hoş idi. Kimseyi aşrı övmez, kimsenin gıybetini yapmazdın."

Hz. Ali (radıyallâhu anh): "Yeryüzünde Allah'ın sahifesini dürdüğü insanlar arasında benim, şu örtü altındaki zattan daha çok sevdiğim kimse yoktur."

İbn Abbas (radıyallâhu anh): "Allah Ebû Hafsa'ya (Hz. Ömer) rahmet eylesin. Vallahi O İslâm'ın dostu, yetimlerin sığınağı, imanın mekanı, iyiliğin zirvesi, zayıfların kapısı ve halifelerin kalesidir."

Yine İbn Abbas (radıyallâhu anh): "O hakka kale, insanlara yardımcı idi. Allah'a karşı görevini sabır ve sebatla yerine getirerek dini galip kılmış ve diyarları fethetmiş; güçlü ve yüce

Allah'ın tepelerde ve beldelerde zikredilmesini sağlamıştır. Genişlik ve darlıkta Allah'a saygılıydı ve her vakit O'na şükrederdi. Allah O'na buğuz edene kıyamet gününe kadar pişmanlık bırakmıştır."

Abdullah b. Mesud (radıyallâhu anh): "Ömer (radıyallâhu anh) aramızda Allah'ın kitabı'nı en iyi bilen ve Allah'ın dinini en iyi anlayan idi." "Onun İslâma girişi bir fetih, hicreti zafer ve halifeliği rahmetti."

Ebû Talha el-Ensari (radıyallâhu anh): "Vallahi, Ömer'in (radıyallâhu anh) ölümüyle her Müslüman ev halkına dinde noksanlık ve geçimde zillet girmiştir".

Muaviye b. Ebû Süfyan (radıyallâhu anh): "Ebu Bekir dünyayı istemedi. Ömer'i (radıyallâhu anh) dünya istedi, ama O dünyayı istemedi. Biz ise boğazımıza kadar dünyaya battık."

Mü'minlerin annesi Âişe (radıyallâhu anhâ): "Kim Ömer'i (radıyallâhu anh) görseydi O'nun İslâm için bir zenginlik ve kazanç olarak yaratıldığını bilirdi. Vallahi, her şeyin üstesinden gelen, zamanının eşsiz ve her işe alternatiflerini hazırlayan bir şahsiyetti"

Vefat ettiği gün Ümmü Eymen (radıyallâhu anh) şöyle dedi: "İşte bugün İslâm zayıf düştü".

Abdullah kızı Şifa: "Vallahi, Ömer konuştuğunda dinletir, yürüdüğünde hızlı yürür, vurduğunda acıtırdı. O gerçek bir abiddi."

Kubeyse b. Cabir (radıyallâhu anh): "Ömer (radıyallâhu anh) ile arkadaşlık yaptım da Allah'ın Kitabı'nı O'nun kadar çok okuyan, Allah'ın dinini O'nun kadar iyi anlayan ve Allah'ın dinini O'nun kadar iyi okuyan, mütalaa eden birini görmedim."

Hasan-ı Basri: "Sohbetinize güzellik katılmasını istiyorsanız onda bol bol Ömer'den bahsedin".

İbn Sirin: "Kendisinin Ömer'den bilgili olduğunu söyleyen birini görürsen ona karşı dikkatli ol. "Rasûlullah'tan (sallallâhu aleyhi ve sellem) sonra bilmediklerine karşı Ebû Bekir kadar çekingen ve korkak olan biri yoktu. Ebû Bekir'den sonra da bilmediklerine karşı Ömer (radıyallâhu anh) kadar dikkatli ve çekingen biri yoktu."

Soru: Hz. Ömer'in (radıyallâhu anh) bazı hutbelerini zikretder misiniz?.

Cevap:

a. "Ey insanlar! Ben sizin başınıza geçirildim. Sizin için en hayırlı, üzerinde en güçlü ve işlerinize en vakıf olduğum ümidim olmasaydı başınıza kesinlikle geçmezdim. Ömer'e (radıyallâhu anh) dert ve hüzün olarak, haklarınızı nasıl aldığım, aldıklarımı yerlerine verip vermediğim ve aranızda nasıl bir hayat sürdüğüm hususunda Allah'a nasıl hesap vereceğim endişesi yeter... Rabbimden yardım diliyorum. Çünkü Ömer'in artık, -Allah (c.c.) rahmet, yardım ve desteğiyle O'nunla olmadığı taktirde- hiç bir güç ve çareye güveni kalmadı.

b. "Ey insanlar! Bazı tamahkârlıklar fakirlik, bazı ümitsizlikler ise zenginliktir. Siz yemeyeceklerinizi topluyor, ulaşamayacaklarınızı düşlüyorsunuz. Oysa sizler, bu aldanma yurdunda kendilerine bir müddet mühlet verilmiş kimselersiniz.

Rasûlullah (sallallâhu aleyhi ve sellem) zamanında vahiyle uyarılıyordunuz. Kim gizlerse gizlediğiyle sorumlu tutulur, kim de açığa vurursa açığa vurduğuyla muamele görür. Öyleyse bize en iyi halinizi gösterin. Allah ise gizli olanları bilir. Kim bize kötü halini gösterir, sonra iyi olduğunu iddia ederse, O'nu tasdiklemeyiz. Kim bize iyi halini gösterirse, onun hakkında iyi düşünürüz. Bilin ki bazı cimrilikler nifaktan bir parçadır. Öyleyse kendiniz için infak edin: "Her kim nefsinin bencilliğinden korunursa kurtuluşa ermişler işte onlardır" (Haşr: 9)."

Ey insanlar! Yuvanızı hoş hale getirin, işlerinizi yoluna koyun ve Rabbiniz Allah'tan korkun. Hanımlarınıza Kıbati elbisesini[248] giydirmeyin; çünkü o göstermese de vücut hatlarını belli ediyor.

Ey insanlar! Ben ne lehime ne de aleyhime olacak şekilde, kendime yetesi bir rızık arzuluyorum. Aranızda az veya çok kalayım, aranızda -Allah'ın izniyle- hakla amel etmeyi umuyorum. Evinde de olsa her Müslümana Allah'ın malından hak ve nasibinin, o hiçbir gün oraya gitmeden ve dikilip beklemeden evine ulaştırılmasını arzuluyorum. Allah'ın nasip ettiği mallarınızı iyi kullanın, çar çur etmeyin. Vallahi dikkatlice kullanılan az mal alelacele ve rastgele kullanılan çok maldan hayırlıdır. Öldürülmek iyiye de kötüye de isabet eden, doğal ölümlerden bir ölümdür. Şehid Allah'tan sevabı ümit ederek sabreden kişidir. Kim bir deve alacaksa büyük ve irisini alsın ve ona sopayla vursun. Onu demir yürekli bulursa delik açsın (kulağını delsin)"

c. "Ey halk! Sizin bize karşı sorumluluğunuz gıyabımızda bizim için iyilik düşünmeniz, hayırda bizimle yardımlaşmanızdır. Allah'ın en sevdiği ve faydası en çok olan yumuşaklık ve nezaket yöneticinin halkına gösterdiği yumuşaklık ve nezakettir.

Ey halk! Allah'ın, yöneticinin cehaletinden ve hurafeciliğinden daha çok kızdığı ve şerri daha fazla bir cehalet yoktur.

---

248 Mısırda örülen yün elbise.

Ey halk! Kim elindekini afiyetle alırsa Allah ona üstünden afiyet yağdırır."

d. Hz. Ömer (radıyallâhu anh) kadı Şurayh'a şöyle yazdı:

"İmdi...Sana Allah'ın Kitabı'ndan bir şey ulaştığında onunla hüküm ver. Sakın ola insanlar seni ondan çevirmesin. Sana Allah'ın Kitabı'nda bulunmayan bir mesele gelirse Rasûlullah'ın (sallallâhu aleyhi ve sellem) sünnetine bak ve onunla hükmet. Sana Allah'ın Kitabı'nda ve Rasûlullah'ın (sallallâhu aleyhi ve sellem) sünnetinde bulunmayan bir mesele gelirse insanların (alimlerin) ittifak ettiğine bak ve onunla hükmet. Sana Allah'ın Kitabı'nda ve Rasûlullah'ın (sallallâhu aleyhi ve sellem) sünnetinde bulunmayan ve de daha önce hakkında kimsenin konuşmadığı bir mesele gelirse şu iki şeyden dilediğini seç: istersen bilgilerin ışığında zihnini yorarak bir görüşe ulaşmaya çalış (içtihad et), istersen de ertele, hüküm verme. Şu kadarını söyleyeyim ki ben, hükmü ertelemenin senin için hayırdan başka bir şey getirmeyeceğine inanıyorum".

e. Ebû Musa Eş'ari'ye (radıyallâhu anh) şöyle yazdı:

"İmdi...Yargı, değişmez sağlam bir farz ve uyulagelmiş bir sünnettir. Sana bir mesele getirildiğinde onu anla. Çünkü pratiğe geçmeyen hak sözü konuşmak bir fayda vermez. Meclisinde ve huzurunda olan kişiler arasında dengeli davran ki asil ve güçlü kişi senin onu kayıracağın ümidini beslemesin, güçsüz de senin ona haksızlık edeceğinden korkmasın. Delil getirmesi gereken davacıdır, yemin de davalıya düşer. Müslümanlar arasında sulh helaldir. Meğer ki haramı helal, helalı haram kılan bir sulh olsun.

Dün verdiğin bir hükümden sonra kendi kendine düşündüğünde hakkın başka olduğu sonucuna varmışsan, dün hüküm vermiş olman seni bundan dönmekten alıkoymasın. Çünkü hak eskidir ve hakka dönmek batılda ısrardan hayırlıdır.

Anlamaya, anlamaya bak... Sana Allah'ın Kitabı'nda ve Rasûlullah'ın (sallallâhu aleyhi ve sellem) sünnetinde bulunmayan bir mesele gelip ne yapacağını bilemediğinde ve tereddüt ettiğinde... (meseleyi iyi anlamaya ve ona göre hüküm vermeye bak.)

Birbirine benzer ve yakın şeyleri öğren ve bunları ölç biç. Sonra sence Allah'ın en beğeneceği ve hakka en yakın olanla hükmet. Davacıya dışardan delil getirme hakkı ver veya ona belli bir süre tanı. Sana (geçerli) bir delil getirirse ona hakkını verir, yoksa aleyhinde hükmedersin. Çünkü bu, şüpheleri uzak tutmakta ve kapalılığı aydınlatmada daha etkilidir ve bununla sen daha mazur görülürsün.

Müslümanlar(birbirlerine şahitlik yapmakta) güvenilir sayılırlar. Ancak bir had cezasına çarptırılmış veya iftirası görülmüş ya da dostluğunda ve akrabalığında taraftarlığı zannen tecrübe edilmiş kimse müstesna! Çünkü iç halinizi ve işin gerçeğini Allah üstlenmiştir ve şüpheli durumlarda sizden cezayı kaldırmıştır. Sonra, insanlardan rahatsız olmaktan, daralmaktan ve sabırsızlanmaktan sakın. Allah'ın onunla (c.c.) sevabı vaat ettiği ve büyük ödül sakladığı hakikatlerde karşıdakilere kaba davranmaktan sakın. Zira kim -aleyine de olsa- kendisiyle Allah (c.c.) arasındaki ilişkisinde niyetini saf ve güzel yaparsa, Allah (c.c.) onunla insanlar arasındaki ilişkilerinde ona yeter. Kim Allah'ın aksini bildiği hususlarda kendisini insanlara güzel göstermeye çalışırsa Allah onun maskesini düşürür ve yaptıklarını ortaya çıkarır".

Hz. Ömer (radıyallâhu anh)'dan rivayet edilen bazı hikmetli sözleri zikreder misiniz?

- Allah (c.c.) fazla lafı kendinde tutup, fazla amel sunana rahmet etsin.

- Allah'tan sakının, korkun; çünkü takva korunmaya çalışmakla olur. Kim Allah'tan sakınmaya çalışırsa Allah da onu korur.

- Tevekkül eden kişi; tohumunu toprağa atıp Allah'a dayanan kimsedir.

- Siz yalın ayak veya ayakkabıyla, mutlaka yürüyün. Siz ani tehlikenin ne zaman olacağını bilemezsiniz.

- Sizden hiç kimse rızık kazanmayı bırakıp "Allahım! Bana rızık ver" demesin; biliyorsunuz ki gök altın veya gümüş yağdırmaz ve Allah (c.c.) insanları birbirleriyle rızıklandırır.

- Kur'an'ı ezberlediğiniz gibi i'rabını da (cümle yapısını) öğrenin.

- İlmi öğrenin ve insanlara öğretin. Vakar ve sükuneti de öğrenin. İlim öğrendiğiniz kimseye karşı mütevazi olun. İlim öğrettiğiniz kişiye de mütevazi olun. Gaddar alimlerden olmayın; çünkü ilminiz cahilce davranışlarınızla ayakta kalamaz.

- Bir alimi dünyayı sever görürseniz onun dini haline şüpheyle bakın; çünkü her seven sevdiği şeye dalar.

- Sevgin yük olmasın, öfken boşa gitmesin.

- Sabır ve şükür birer hayvan olsaydı hangisine bineceğimi önemsemezdim (fark etmezdi).

- Fırat kenarında bir deve sahipsizlikten ölse Allah'ın (c.c.) bana hesabını sormasından korkarım.

- İyi kişi kötü kişi üzerinde başkandır.

- Kardeşlerin buluşması hüzünlerin dağılmasına yol açar.

- Yeryüzünü (toprağı) bitirmeyin, yormayın; zira yerin yağı, canı yüzündedir.

- Çok gülenin heybeti azalır.

- Önderleri ve rehberleri düzgün olduğu sürece insanlar da düzgün olurlar.

- İnsanlardan en çok, kusurlarımı bana ulaştıranları severim.

- İnsanların en akıllıları insanlardan en çok özür dileyenidir.

- Şişmanlıktan sakının; çünkü o hayatta ağırlık, ölümde pisliktir.

- Bir valim birisine zulmeder, o da bunu bildirdiği halde ben valiyi görevden almazsam o kişiye ben zulmetmiş olurum.

- Sanat ve iş öğrenin; çünkü kişi sanatına her an ihtiyaç duyabilir.

- Şu üç şey helak edicidir: İtaat edilen cimrilik, uyulan heva ve kişinin kendisini beğenmesi.

- İnsanlara iyi ahlakınızla katılıp, karışın. Onlara amellerinizle katkıda bulunun.

- Bahanelerden kaçının; zira çoğu yalandır.

- Kim kralların huzuruna girerse yanından, Allah (c.c.) ona gazaplı halde çıkar.

- Kişi sırrını gizlediği sürece ipi kendi elindedir.

- Ebû Musa el-Eş'ari'ye yazdığı mektupta şöyle demiştir: "Akrabalara emret birbirlerini ziyaret etsinler; birbirlerine zulmetmesinler"

- İmam insanları Allah'a götürdüğü sürece insanlar imama yaklaşırlar. İmam otlattığı sürece halk otlanır.

- Kardeşinin ağzından çıkan bir sözü, güzel bir anlamı taşıma ihtimali olduğu sürece kötü sayma sakın!

- İçki insanların akıllarını başlarından almada hırs kadar etkili değildir.